世界海洋强国·海军强国战略译丛

史常勇 陈炎 主编

〔英〕杰弗里·蒂尔/著
BY Geoffrey Till

海上战略
与核时代

Maritime Strategy and
the Nuclear Age

世 界 海 军 战 略 经 典 著 作

史常勇/译

山东城市出版传媒集团·济南出版社

图书在版编目（CIP）数据

海上战略与核时代／（英）杰弗里·蒂尔著；史常勇译.
—济南：济南出版社,2021.1(2022.3 重印)
（世界海洋强国·海军强国战略译丛／史常勇，陈炎主编）
书名原文：Maritime Strategy and the Nuclear Age
ISBN 978 – 7 – 5488 – 4467 – 9

Ⅰ.①海…　Ⅱ.①杰…　②史…　Ⅲ.①海洋战略 – 研究
②核战略 – 研究　Ⅳ.①E815②E817

中国版本图书馆 CIP 数据核字(2020)第 271839 号

山东省著作权合同登记号:15 – 2019 – 7 号

First published in English under the title *Maritime Strategy and the Nuclear Age* by
Geoffrey Till, the 2ⁿᵈ edition by Palgrave Macmillan, a division of Macmillan Publishers
Limited

Copyright © Geoffrey Till 1982,1984

This edition has been translated and published under licence from Palgrave Macmillan, a division of Macmillan Publishers Limited.

All Rights Reserved.

出 版 人　崔　刚
责任编辑　李　敏　马永靖
特约校对　朱　丹
装帧设计　侯文英

出版发行　济南出版社
地　　址　山东省济南市二环南路 1 号（250002）
编辑热线　0531 – 82803191
发行热线　0531 – 86922073　67817923
　　　　　86131701　86131704
印　　刷　山东新华印务有限公司
版　　次　2021 年 1 月第 1 版
印　　次　2022 年 3 月第 2 次印刷
成品尺寸　170mm×240mm　16 开
印　　张　21.25
字　　数　324 千字
定　　价　89.00 元

（济南版图书,如有印装错误,请与出版社联系调换。联系电话:0531 – 86131736）

译丛总序

    21 世纪是海洋的世纪。 海洋在国家安全战略中的地位，从未像今天这样凸显；海洋对于国家的可持续发展，从未像今天这样重要；海洋方向的大国竞争，也从未像今天这样激烈；经略海洋、发展海权、建设强大海军的历史重任，从未像今天这样紧迫。 2012 年，党的十八大报告首提"建设海洋强国"，为我国海洋事业发展定准航向。 2017 年，党的十九大报告强调"要坚持陆海统筹，加快建设海洋强国"，深化了海洋强国战略目标的重点和方向。 2018 年，习近平主席发出了"全面建成世界一流海军"的伟大号召，为人民海军现代化建设确定了目标。

    中华民族是最早开发利用海洋的民族之一。 春秋名相管仲在回答齐桓公关于如何治理国家的问题时，提出"唯官山海为可耳"的主张，即国家应统筹开发陆地和海洋资源，才能实现富强。 连通中西方的"海上丝绸之路"延续了上千年，通过海上贸易和文化交流促进了人类社会的共同发展。 明朝初年郑和七下西洋，更是人类航海史上的壮举。 因此，中国不是一个天然的封闭的大陆国家，我们曾经创造过灿烂的海洋文化，曾经驰骋、笑傲于远海大洋。 但我们在明朝中叶海权独步天下之际，主动告别海洋、走向闭关锁国，直至近代饱受列强欺凌，逐步沦为半殖民地半封建国家。 而与此同时，西方世界刚刚走出中世纪的漫长黑暗，就开始扬帆启航，在"谁控制了海洋，谁就控制了世界贸易，谁就控制了世界财富，谁就最终控制了世界本身"的海权理论指导下，不断走向远海、走向强大。这段历史令无数志士扼腕叹息！

    为什么拥有强大海上力量的大明帝国，却没有像葡萄牙、荷兰和英国那样走上海洋强国的道路？ 为什么在郑和之后不足百年，嘉靖帝却为东南沿海的一小撮倭寇伤透了脑筋？ 为什么在第一次鸦片战争中，面对万里迢迢而来的数千英军，清政府举全国之力迎战却一败再败？ 为什么位居世界前列、亚洲第一的北洋海军，成军仅仅六年就在"一夜之间"烟消云散？ 为什么国力远不如中、俄的日本，能够先在黄海打败中国、再在对马战胜俄国？

这数百年的历史进程反复向我们昭示：大国的发展与海洋息息相关。 一个国家在从海洋大国迈向海洋强国的过程中，离不开科学的理论支撑。 欲建成海洋强国和一流海军，就必须挺立于时代潮头，善于借鉴全世界的先进理论成果，加速构建起具有中国特色的海权理论和海军理论，用科学的理论武装头脑、指导实践。

在汲取百家之长、学习外国先进思想理论时，读者一般会遇到两大难题：一是不清楚哪些书值得看，以致浪费了许多宝贵时间；二是阅读原著时存在一定的语言障碍。 作为理论研究人员，我们对此感触颇深。 早在十年之前，我们就曾计划翻译一批此类著作，无奈因种种条件限制而未能实现。 万幸的是，几经周折，在济南出版社的大力支持下，我们搁置已久的计划得以启动。

我们精心挑选了五本具有广泛代表性的海权、海军和海战方面的经典著作，进行翻译，编成这套丛书，以飨广大读者。 这些著作具有很高的学术价值，其理论观点经受住了历史的检验，也被众多关心海洋事务的人士所认可。 这些著作的作者，既有阿尔弗雷德·塞耶·马汉、赫伯特·里奇蒙德等古典大家，也有杰弗里·蒂尔、米兰·维戈等现代学者；有的来自美、英等老牌海洋强国，有的来自印度等发展中国家；有的是职业军人出身，有的则是纯粹的学者。 阅读这些不同时代、不同国家和不同流派的著作，对于我们完整把握海权、海军和海战理论的发展脉络，深入理解和思考当代中国面临的海上问题，具有很好的参考、借鉴作用。

为了把经典著作原汁原味地呈现给大家，我们在翻译过程中未做删改，但这并不代表我们认同作者的所有观点，也希望大家在阅读时，能够辩证地看待一些观点，在批判的基础上加以吸收、借鉴。 由于我们的水平有限，书稿难免存在一些不准确、不传神之处，敬请大家批评指正。

史常勇于南京半山园

2020 年 8 月 19 日

翻译说明

　　杰弗里·蒂尔，1945 年出生，是国际知名的海权理论家和海军战略理论家，至今仍然活跃在国际学术舞台。 曾任英国国王学院科贝特研究中心主任、格林威治皇家海军学院教授、联合指挥参谋学院学术主任等职务。 这本《海上战略与核时代》是蒂尔的代表作之一，1982 年首次出版，1984 年再版。 书中部分内容被美国国防大学战争学院收入 1985 年版《海军战略》教材之中。

　　本书以海上战略的历史发展为主轴，围绕如何夺取制海权、如何行使制海权这两个千年难题，对有史以来西方各个流派的海上战略家和海军思想家的重要著作、主要观点和时代背景，进行了简明、客观的系统梳理；对海权理论和制海权理论中的核心概念进行了深入辨析；对二战之后世界新格局、新技术、新武器和新战术对海上战略的影响，进行了深刻剖析。 作者提出的许多观点颇有见地，经受住了时间的检验，今天看来依然具有很高的学术价值。

　　本书引用了大量的学术观点，既有科洛姆、科贝特、马汉、戈尔什科夫等名家的思想，也有卡斯泰、罗辛斯基等众多不为国人所熟悉的学者的观点，也包括马汉学派、青年学派和苏维埃学派等多个学术流派的理论。 经粗略统计，书中共实际引用了 150 名作者的 197 部著作或论文，可谓西方古今海上战略思想的集大成者。 作者严谨的治学态度和广博的知识，着实令人钦佩。 尤其值得称赞的是，作者并没有给出解决海上战略问题的现成答案，更没有将自己所谓的正确观点强加于人，而是向读者客观地呈现了各个时期的海上战略家和理论家们在面对这些问题时的思考过程、解决方法和争论焦点。 这种历史的、对比的和实证的研究方法，保证了本书较高的学术质量。 读者可从中收获关于海上战略的专业认知，并避免囿于一家之言。

这本书不但为广大读者全面了解西方海上战略思想提供了一个很好的捷径，而且为职业军人，特别是海军军官和海军军事理论研究者深入思考当代海上战略问题提供了很有价值的参考借鉴。同时，也应该看到，受到时代背景、军事文化等因素的影响，作者的观点并非完全正确，某些甚至已然不成立，这需要读者在阅读时批判地吸收。为了尽可能把这本著作原汁原味地呈现给大家，我们全文翻译未做删节。当然，这并不代表我们赞同作者的所有观点。

为了便于广大读者更好地理解作者的某些观点，我们在书中做了一些注释，仅供参考。由于水平有限，译文之中尚有诸多不准确、不传神之处，敬请读者谅解、指正。

在本书即将付梓之际，谨向海军指挥学院原学术研究部张可大和熊梦华两位前辈表示衷心的感谢！他们在 30 多年前的开创性工作，为本书的顺利成稿提供了莫大的帮助。向热情、专业的海军指挥学院法语翻译黄燕女士表示感谢！向为本书出版发行付出辛苦努力的济南出版社的编辑们，表示衷心的感谢！

史常勇于南京半山园

2020 年 6 月 19 日

前　言

　　十多年前，内维尔·布朗（Neville Brown）指出，英国曾经有一项计划，试图利用飓风摧毁敌人的舰队，利用海啸淹没敌人的基地。他认为，当海军界注意这些稀奇古怪的主张的时候，说明海军还缺少某种东西。这种东西就是一个正确的当代海军学说（naval doctrine）。对于战列舰的消失和大量热核武器的出现，我们的海军官兵必须做好知识上的调整。太多的关于海权的书籍和文章，仍然在沿用昨天的定理去推导今天的结论。①

　　撰写本书的目的之一就是探讨上述情况是否果真如此。当代海军学说是什么？它是否如内维尔·布朗所说，仍然存在着 1964 年就已存在的那些缺陷？它是否过分拘泥于那些"老的定理"（theaxioms of yesterday）？海军的现实与过去之间存在或者应该存在哪些区别？这些问题对于海军发展的每个方面都将产生影响，特别是对海军官兵和那些关心海军的人们来说，这些问题自始至终都是非常关键的问题。

　　本书通过研究过去海上战略家的著作，试图首先弄清这些"老的定理"都有些什么内容，然后考察这些定理能够在多大程度上经得起现代条件的检验，进而成为适用于今天的定理。接下来进行的全面考察非常必要，目的是找出过去和现在有哪些问题值得深入思考。这样做有助于保持思路清晰，避免被那些所谓的海上战略普遍原理误导。既然在特定时间内能否正确回答特定问题首先取决于能否正确地提出问题，那么至少对我来说，这个有限的目标既是必须的，也是值得

_____

　　①　Brown（1964）p. 107.

的。

首先要感谢我的支持者们，他们的名字已另外列出。感谢他们辛勤的工作和全面的支持。声明一点，除了他们自己撰写的具体章节之外，他们不需对书中的学术观点承担责任，也不必同意这些观点。他们的观点，或者说本书实际上所表达的任何观点，并不一定反映本国或其他国家的官方政策。

我还要铭记过去几年来，在与我讨论问题时提供了确实帮助的那些海军军官们。尽管因数量太多而无法在此一一列举他们的名字，但他们必定明白这些人都是谁，希望他们接受我的谢意。对本书部分内容提出宝贵建议的人们，我在此也要表达特别的感激，他们是：荷兰皇家海军少校菲利普·博世切尔（Philip Bosscher）；弗吉尼亚州匡提科镇的美国海军陆战队指挥参谋学院少校唐纳德·F.比特纳（Donald F. Bittner）；美国康涅狄格州布里奇波特大学教授克思·W.伯德（Keith W. Bird）；加利福尼亚州蒙特瑞美国海军研究生学院教授唐纳德·C.丹尼尔（Donald C. Daniel）；美国弗吉尼亚州阿林顿海军分析中心的詹姆斯·M.麦康内尔（James M. McConnell）；英国国家救生船协会和英国海关与消费税局报刊《闸门》主编雷·凯普林（Ray Kipling）；格林尼治国家海洋博物馆的艾伦·皮尔索尔（Alan Pearsall）及法国海军少将F.德奎拉（F. de Queylar）。

我曾经多次麻烦格林尼治皇家海军学院图书馆的朱迪思·布莱克劳（Judithe Blacklaw）、伊恩·米切尔（Ian Mitchell）和鲍勃·德拉姆（Bob Durham），以及历史系秘书凯茜·梅森（Kathy Mason），对他们为我付出的辛苦劳动谨表谢意。

最后，我要感谢我的妻子彻丽（Cherry），她用心辨认我潦草的手稿，校对文字，找出引文并仔细打印。谨以此书献给她。

杰弗里·蒂尔

1980 年 7 月 28 日

目录

第一章

导论

一、 海权对历史的影响

历史上不乏富有时代精神的书籍在万千民众中传播，使整整一代人从中受益。1890 年，美国海军上校阿尔弗雷德·塞耶·马汉（Alfred Thayer Mahan）出版的《海权对历史的影响 1660—1783》，正是这样的一本书。

马汉，作为一个优秀的美国人，撰写该书的主要目的是向同胞们宣传他的思想观念，没想到这部著作在欧洲和其他地区也引起了巨大反响，尤其是在英国、德国和日本。1894 年，德国皇帝①说："我不是在看，而是在狼吞虎咽地吞食马汉上校的书，并努力把它背下来。这是一本一流的著作，每个论点都很中肯。所有德国军舰上都有这本书，我的舰长和军官们经常引用其中的内容。"

尽管马汉只是集中探讨了一个非常有限的历史片断，但他期望，甚至鼓励读者运用这些观点进行更长历史周期的思考。马汉希望他们首先能够认识到海洋在过去是何等重要，然后再认识到海洋在未来仍然何等重要。他写道，在此以前，"海权对历史进程的深远的决定性影响"一直被忽视，因为历史学家们过去"不了解海洋的作用"，他们对此普遍不感兴趣，也缺乏必要的知识。然而，当美国接受这些观点并认识到海洋在美国过去和未来命运中的重要作用时，美国必将走向繁荣。

这是所有马汉的拥趸，也被称为"海军主义者"的主要观点。他们试图列举历史实例来说服人们，一些国家由于遵守这些"永恒真理"而获益巨大，而另外一些国家因不这样做而经历了何等的苦难。英国往往被称作这方面的典型例子。法国海军部长德·兰纳桑（de Lanessan）在 1901 年写道：

　　自路易十六统治末期以来，它（英国）成为世界上最大的商业国，

---

① 译者注：德皇威廉二世，1888—1918 年在位，德意志帝国末代皇帝和普鲁士王国末代国王。

我们的殖民地都落入它的手中。数以千计的英国商船航行在世界各地，英国舰队如果不是让我们经受血的洗礼和灾难性的失败，就是把我们封锁在港内无法动弹。而造成这一切的原因，就是法国不能掌握自己的海上命运，而是按照统治者膨胀的野心、特权阶级的利益和世代传承的激情，不断地在大陆进行灾难性的冒险行动。①

70 余年后，苏联海军元帅谢尔盖·格奥尔基耶维奇·戈尔什科夫（Sergei G. Gorshkov）在其著作中阐述了类似的观点。他写道，历史证明，没有强大的海军，俄罗斯就不能成为一个强国。每当沙皇治下的俄国忽视海军的时候，政治上的衰落和军事上的失败就会出现。② 相反，今天的海权，赋予了苏联从海洋中获取全部资源和机遇用于国家经济发展的能力。此外，"不断发展和日益完善的苏联海军"可以遏止侵略，保卫共产主义建设，捍卫工人阶级取得的伟大成就。③

海军主义者显然确信，海权可以带来三大好处。首先，海权是建立殖民地、控制贸易和繁荣国家的有效手段。马汉写道，殖民地是"在海外陆地上的立足点，是新的商品销售地，也是航运范围的新拓展，为本国人民带来了更多的就业机会，让生活更加舒适和富裕"④。朱利安·斯泰福德·科贝特（Julian Stafford Corbett）在阐述海权的作用时指出，海权能够让"陆军较弱的小国（如英国）获得地球上最想得到的地方，而且是用最强的军事力量"⑤，随之而来的必然是国家的繁荣与富足。

从 15 世纪开始，欧洲人把自己的势力范围不断向东拓展，进入印度洋、东南亚和中国海域。在研究他们的动因以及如何实现这个目标时不难发现，海权与国家的兴衰密切相关，这也正是海军主义者的一贯观点。因为伊斯兰教控制了通往东方的陆上通道，欧洲人不得不经由海路涌向亚洲去淘金。尽管每次远航都会有大批的人死去，但是海路仍然更容易、更便宜而且更安全

① de Lanessan（1903）.
② Gorshkov（1979）pp. 59, 66, 68, 152-155.
③ Ibid. p. 2.
④ Quoted in Jane（1906）p. 179.
⑤ Corbett（1918）p. 49.

一些。当时正值亚洲各国走向衰落的时期，欧洲人用几艘炮舰就能够轻松赶跑当地的战舰，并击溃该地区最强的海军。在葡萄牙人的带领下，欧洲人控制了印度洋，建立了一连串的海军基地，用游弋在大洋上的战舰控制了那些最赚钱的贸易航线。[①]

第一艘荷兰"香料船"为船主赚到了25倍的利润。这就不难理解在那样一个年代，欧洲人为什么会为控制亚洲资源而进行激烈的竞争了：为保护自己的投资，就必须逐步控制海上贸易所到达的陆上地区。在开拓殖民地的最后阶段，海权仍然一如既往地有效。在18世纪征服印度时，海权确保英国能够把部队从海上运达某地，并为其提供后勤补给，在需要时也可把部队从一个地方运达另一个地方。这种能力使得英国能够在逆境中及时得以恢复，这是取得最后胜利的重要条件。

海军主义者认为，海权的第二个巨大好处是，它可以让海权的主人保住既得利益。德·兰纳桑指出：

> 如果我们想成为一个伟大的商业民主国家，那就需要大力发展我们的商船队，并在我们帝国的殖民地上取得重大进展。我们必须拥有十分强大的海军，确保任何其他强国都无法控制我港口所在的欧洲水域，或者我商船经常航行的大洋。[②]

海权是遏制或战胜潜在竞争对手的一种有效手段。没有它，海上贸易将会衰退，殖民帝国也行将崩溃。海权包括军事实力和非军事实力，海权的最后一个好处，是在冲突中作为决定性手段赢得胜利。马汉声称，"不可否认，几乎在整个这段时期（1660—1793），英国都没有有效地控制海洋，海权无疑是各种军事因素中最具决定性的因素"[③]。他还认为，在战胜拿破仑的过程中，海权扮演了非常重要的角色。[④] 正如英国一位官方的二战海战史学家所指出的那样："历史反复出现这种情况，当一个陆权强国在陆上取得一系列辉煌胜利之后，统帅们突然发现，与海权国家进行的战争，是一场完全不同以往、难

① Spear（1970）p. 62 ff.
② de Lanessan（1903）.
③ Mahan（1890）pp. 63-67.
④ Mahan（1899）p. 272.

以理解、无法掌控的战争。海上战略是对海上数百年作战经验的总结，它能够确保我们彻底打败敌人。"①

这些关于海权好处的论证并不能说服所有人。事实上，海权之道并非唯一的或者毋庸置疑的引领国家走向繁荣强盛的康庄大道。某些国家不借助海权也可实现繁荣，另外一些国家拥有了海权却并未取得成功。每个国家从海上向外扩张势力所能及的范围差别很大。英国海军上将赫伯特·威廉·里奇蒙德（Herbert William Richmond）认为，某些"天然"（natural）的海权强国，如雅典、迦太基、威尼斯、荷兰和英国，自然地理上的需要迫使它们建立海权。另外一些国家，如罗马、奥斯曼土耳其和西班牙，则是缘于统治者自觉的深思熟虑的决策而建立了海权。② 甚至还有这样一些文明和国家，如阿兹特克③（Aztecs）、印度和中国，他们都曾主动地放弃了海洋，但依然实现了繁荣。

中国的情况特别有趣。中国具备足够的海洋探险能力，很早就在航海中使用了直角器④和磁罗盘，而这些仪器后来才成为欧洲舰船上的常用设备。在15世纪初，明朝曾派出过强大的远征舰队驶往印度洋和其他地方，因此，中国被认为是当时"世界上最强大的海权国家"显然是合情合理的。⑤ 然而，中国的海权过于主观而无法持续。中国海权的发展不是来自社会、地理或经济的需求，而明显是出于一名宫廷太监为了赞美他所侍奉的朝廷而提出的政治幻想。他的海上努力，除了从国外搜集珍禽异兽之外，没有对中国社会发展产生明显影响。因此，在此后的400年里，中国的当权者实际上都在回避国际贸易和国际交流，除非是为了彰显皇恩浩荡而对一些外国人做出些许让步。⑥ 在19世纪和20世纪，中国不是海权国家的代表，而是海权的受害者。

然而，尽管没有海权作为装饰，除了最后那段时期，中华文明却长期保持了繁荣昌盛。这个以及其他类似的情况表明，天然的海权与国家的繁荣昌

---

① Roskill（1954）p. 1.

② Richmond（1934）pp. 17.

③ 译者注：生活在今天墨西哥地区的印第安人建立的文明。

④ 译者注：用来测量距离。

⑤ Graham（1978）pp. 408-409.

⑥ 译者注：作者这个非常片面的结论，充分暴露了他对中国历史的无知。

盛之间并无必然联系，或者说，即使有联系，最好也应把海权看作国家繁荣昌盛的结果，而不是后者的原因。这不得不让人产生一个疑问：海军主义者也许过分夸大了少数西欧国家海权的作用，那不过是出现在特定历史时期的、此后可能再难以复制的独一无二的经验。海权在特定情况下肯定能够带来巨大的好处，但这些经验能否推而广之，却很难说清楚。怀疑论者认为，用粗暴的征服殖民地的方式去扩张领土的时代已经过去了，因此海权的某些重要优势也随之消失。也许随着形势的自然发展，海权的普遍性作用正在从过度拔高的高度上降下来。

　　另一些怀疑论者之所以批判海军主义者，主要不是因为他们对未来的看法不靠谱，而是因为他们对历史的结论是混乱的。甚至一位受到广泛赞誉的马汉传记作家也承认，马汉的某些论述，有时过于夸大了海权在与陆权冲突时的决定性作用。[①] 事实上，海权很少独立地发挥作用，进而决定战争走向。美国独立战争的史例表明，"如果没有盟军增援部队去牵制或阻止敌军，英国海军没有也从来不会有足够的实力，确保英国在主要战争中取得最终的胜利"[②]。"毫无疑问，英国凭借海权就能够在相当程度上对敌施加超越自身实力的影响，能够破坏敌人的海上贸易，破坏其经济，夺占其海外领土。但是如果没有大陆盟国和陆军，英国难以在任何一场重大的欧洲战争中取胜。"[③] 为了战胜拿破仑，英国需要的不仅仅是驰骋大洋的制海权。

　　科贝特清晰明了地阐述了这个观点，他写道：

　　　　近年来，全世界都对海权的巨大效能印象深刻，以至于我们会忽视以下现实情况：海权是在反对大陆强国的战争中才会如此重要，如果不与陆军压力和外交压力恰当地协调起来，海军行动所能施加的压力将会非常单薄……纳尔逊在热那亚湾写道："作为英国人，我们对于始终不能在海上决定帝国命运而感到遗憾至极。"[④]

　　简而言之，海权对于世界大事具有决定性影响，但其影响范围到底有多

---

① Puleston（1939）p. 110.

② Graham（1965）pp. 26-27.

③ Graham（1965）pp. 8-9.

④ Corbett vol. 1（1907）p. 5.

大，显然是一个很有争议的问题。问题之所以如此复杂，是因为海权的影响程度就像潮汐一样，在不同的历史时期有时会变大，有时会变小。海权的影响方式也各不相同。随着环境的变化，海权的某些好处会慢慢消失，而新的好处又会渐渐出现。

今天，海权在夺取和保持殖民地方面的效用似乎已经没有任何意义了。然而，这种效用可能在更大程度上被海权所带来的现实好处所代替：海权可为某些国家提供压倒性的军事威慑力量，或者为另外一些国家提供他们所急需的近海资源安全。因此，海权对于世界大事的影响程度和影响形式各不相同。然而，海权论者仍然坚持认为，海权的作用自始至终都非常重要，这些学者在努力探究，在某种程度上海权为什么和怎样一直发挥作用。

二、 历史对海权的影响

许多海权论者认为，海权不仅对历史有重要影响，反过来，历史也对海权有重要影响。历史，或至少是对历史的研究，能够对海权产生重要影响。因为历史不仅能说明海权何等重要，而且还能说明应该如何运用海权。有些人研究历史，是为了揭示真理。英国海军上将西普瑞安·布里奇（Cyprian Bridge）写道："了解海军的历史知识非常必要，这不仅仅是为了收获研究的喜悦，也是为了汲取海战的经验教训。"[1] 其他一些人，则运用历史来验证或论证那些明显的独立见解。无论哪种方法都表明，对海军历史的研究和战略思想的形成紧密相关。

虽然这两者在 19 世纪末都不是什么新鲜事物，但却仿佛是新生一般，因为之前的许多代人对它们忽视了太久。除了歌颂英雄的故事以外，人们几乎看不到海军的历史。至于严肃的战略或战术思想，在发达海军中几乎变成了

---

[1] Bridge（1907）p. viii.

自相矛盾的词语。这些理论再次受到重视，是一个长期的、困难的过程。伊舍尔（Esher）勋爵在 1915 年的一封贺信中写道：

> 朱利安·科贝特用我们的语言，完成了一部关于政略和战略的最好著作。从这本书中总结出来的各种经验教训，具有无法估量的重要价值。也许除了温斯顿之外，没有人关心现在是否有人读完了这本书……很显然，历史是为学究们和空想战略家们写的，而政治家和军事家则要在迷雾中摸索。[①]

蒙昧势力所带来的长期阻力由多种原因造成，过去和现在都是如此。首先，存在这样一种认识：对此类理论性的东西无须多虑，因为一切都显而易见。传说在 1797 年坎珀当（Camperdown）海战中，一名舰长被海军上将邓肯（Duncan）发来的一连串难以理解的信号搞晕了，他一边大爆粗口，一边恶狠狠地把信号簿摔到甲板上，命令舵手把军舰驶入敌舰队中央。当然，这样的行动恰恰是当时所需。根据已有的和熟悉的先例，并结合常识形成的指导，能够以同等方式让干练的军官认识到应当采取怎样的行动。18 世纪的英国海军既不愿在战略反思上花费时间，也不愿去创建一个常识理论体系。一言以蔽之，他们只关注完善一个必需且有效的制度。

但像赫伯特·里奇蒙德这类的思想家，则唯恐出现这种情况，特别是当今时代已经完全不同于 18 世纪，那时的科技发展是停滞的，有太多的海战需要资深军官去指挥。他认为，现在出现了重复已有错误和忽视过去教训的不良倾向，第一次世界大战中的达达尼尔海峡之战和对德的反潜作战就是最好的例证。这些战例也表明，常识不能代替真知，常识往往不可靠。[②]

院校军官与部队军官之间，在思想观念和行为方式上的差别也是引发问题的原因之一。院校军官往往更喜欢感受到达目的地之前迂回曲折的历程；部队军官则承受着巨大的工作压力，需要的是最后的答案，而不是严谨的论证过程。正如一句谚语所说："别管争论，答案在哪?"更糟的是，人们对历史的认知经常存在明显的似是而非，历史经验往往不像那些专业人士所说或

---

① Quoted in Schurman (1965) p. 190.
② Richmond (1939).

大多数海军军官所要求的那样明确肯定、毫不含糊。这些经验教训可能被误解、误用，甚至在情况发生变化时产生误导。因为不愿意做这种明显无效的努力，许多实用主义的海军军官更愿意把自己淹没在清理舰底、钉铆钉或维修晶体管等具体的日常工作之中，而把对历史和战略的研究交给那些有时间干这些事的人。因此，里奇蒙德认为，海军的物质统治了海军的思想，手段决定了目的。①

还有一种具有迷惑性的观点，即里奇蒙德所说的"经验学派"（School of Experience）毕业生的观点。这些人认为，海军军官的正确位置是在大海上，海军需要的是各类海上人员，而不是书呆子，大海才是学习战略和战术的地方。在风浪里锻炼若干年后，一名干练的海军军官会如醍醐灌顶一般，或者更准确地说像圣灵降临一般，突然就明白了什么是海战。这种观点误导人们片面地看待海军理论研究的必要性和海军理论家的成果价值，甚至对理论家的人品产生偏见。比如，马汉在1891年就被认为"不是一个好军官"，因为他的"注意力完全放在了他本就不甚上心的工作范围之外"。②

这类观点，导致人们对海军少将斯蒂芬·B.卢斯（Stephen B. Luce）和马汉创办的美国海军战争学院这类院校的价值充满了怀疑。③ 这类观点因过于夸大事实而受到批判，因为这显然是基于如下设想：海军军官应当"在书桌旁读书，在课堂上听课，在实验室和研讨室里学习，尽管偶然也会出海，那也只是为了缓解岸上极度紧张的脑力学习而进行的必要放松"④。

对海军军事理论的轻视和反感，主要是英国、荷兰和美国海军的特点，法国、俄国和德国等其他国家海军并非如此。这也许是因为前三个国家所谓的实用主义在起作用，也许是因为这些国家缺少"兜售"海军的需求，也许是因为他们"陆军贵族"的传统明显缺乏海军文化的特质。然而，他们仍然辩解说，忽视理论研究似乎并不会妨碍他们取得全面胜利，除非他们之间互相作战。因此，这些国家的经验表明，理论研究不是确保打赢的要素之一。

---

① Quoted in Marder (1952) p. 296.
② Puleston (1939) p. 150.
③ Puleston (1939) p. 200；Taylor (1920) p. 28.
④ Clarke and Thursfield (1897) pp. 246-247.

不管怎样，海军思想家的观点得以保留下来。在他们看来，对海权的本质和历史的经验教训进行系统思考，仍然是论证、谋划和筹备海军运用时首先要做的事情。基于历史分析而来的一般性观点，也许是一种易被误用的并不完美的手段，不能确保成功，引发的问题却可能比答案还多。但是这种历史分析法仍然不失为现有的好方法之一，这正是那些海军思想家们勤奋工作的基本动因。里奇蒙德总结道："正是从历史记录之中，我们找到了激励和指南。"[1]

三、　海上战略原则

对理论分析的价值秉持怀疑态度的原因之一，就是真正具有内涵且放之四海而皆准的海上战略原则是否存在。在普遍原理的推导中是否由于变量太多，以至于结论难以超出老生常谈的水平？海上战略不是在真空中而是在现实世界中发挥作用，后勤工作、政治纠纷、管理效率、人员健康状况等因素都会对海军行动的成败产生较大影响。比如，1689 年，英国舰队付出了 2558 人受伤、553 人死亡的重大损失，被迫退入托贝（Torbay）[2]。这相当于一次大规模作战的损失，原因竟然是在啤酒桶内"发现了大量疑似人类内脏的东西，水兵们惊恐万状"；在这种情况下，意外崩溃的后勤工作给舰队带来了灾难性后果。[3] 天气对海战也能起决定性作用。马汉写道："纳尔逊……顶着西风拼命追赶法国舰队，而在 200 海里之外，逃命的维尔纳夫（Villeneuve）却顺着突然大作的东风快速穿过了直布罗陀（Gibraltar）。陆上作战的变化已经够多

---

① Richmond（1939）.

② 译者注：托贝，位于英国英格兰西南部的德文郡，东滨英吉利海峡，大约位于埃克塞特和普利茅斯的中间点。现为英国著名的海滨度假胜地。

③ Quoted in Richmond（1953）p. 205.

了，但也不会如此变幻莫测，让人永远摸不着头脑。"① 这些例子清楚地表明，海上作战的情况太复杂、太多变，难以预见，因而无法用简单的几条原则来准确概括。

这样的原则即使能够拟定出来，严谨的验证也会表明，它们根本不可能普遍适用，只能适用于特定的时间和地点。甚至马汉的整个理论都已被描述为："只适用于美国和英国，而不是那些在利用海洋的需求和偏好方面并不强烈的国家。"② 有没有一个关于海权的基本的、普遍的哲学性原理，这也是在俄国革命刚刚成功之后学术界争论不休的一个重大主题。当时托洛茨基（Trotsky）曾经徒劳地发出警告：试图"用纯理论的方法从无产阶级革命的本质中推测出一个新战略"是危险的。"苏维埃新学派"（The Soviet New School）言之凿凿：现在的形势已经完全不同，海上作战的理论原则今后必须"以马克思列宁主义的方法论为基础，符合共产党的总路线"。实际上，他们所谓的新方法论始终存在争议，但争论过程强化了这一观点：所谓的战争原则实际上不过是实用主义的一种掩饰而已，这个实用主义是特定国家为了满足特定时间的特定需求而做出的选择。③

然而，人们普遍认为技术进步已经改变，而且将继续改变世界。这的确是怀疑是否存在海上战略原则的主要原因。A. C. 杜瓦（A. C. Dewar）在1904 年写道：

> 正确的战略不能根据过去的情况制定出来……前提条件是透彻地了解我们手中的武器、兵力及各种工具的效能和局限，然后逐渐形成试验性方法，在对抗演习和不断实践中锤炼成顶用的方案……一旦手段、工具发生了变化，就必须仔细斟酌，重新拟制战略原则。④

人们对这种"异端邪说"的反应多种多样。有趣的是，马汉相信，既然技术进步降低了海战的不可预知的程度，那么它实际上使得战略理论的形成

---

① Mahan（1911）p. 114.
② Booth（1976）p. 6.
③ Herrick（1968）; also Woodward（1965）p. 207 and MccGwire（1978）.
④ Dewar（1904）.

有了更多的而不是更少的合理性。① "其他人，如英国海军上校斯蒂芬·罗斯基尔（Stephen Roskill），承认战争工具发生了很大变化，但仍然强调，'之前确立的关于战争运用的老的原则看来并不需要修改'。"② 甚至还把物质器材变化对战术和战略的影响加以区别。马汉写道："我们需要不时地对战术这个上层建筑加以完善，甚至是推倒重来，但是老的战略基础却依然长期存在，坚如磐石。"③ 我们可以预见，技术与抽象的战争原则之间相互关系的复杂争论，在海军理论的发展过程中将会不断出现。

所有这些反对意见的要点在于，寻求关于海上战略的普遍原理是没有意义的甚至是危险的事情。约翰·基根（John Keegan）写道："遗憾的是，这些早期形成的准则及其所有的固有局限性和错误观点，都会被保留下来，必然与现代军人学习和讨论的观点相矛盾。"④ 如果存在普适性原则的信念助长了僵化的教条主义思想，那么它对于海军军官而言是危险的。纳尔逊说过，海军军官的目标就是要"抓住偶尔出现的有利时机"⑤。僵化的教条主义思想会阻碍谨慎的指挥官抓住战机，因为抓住机会似乎会违反原则。有时，专注于术语和教条只会搞乱思路，而不是厘清思路。英国空军参谋部在1936年含糊其词地写道："空军部长的主要关注点是如何始终如一地坚持主动进攻，这可能是取得最后胜利的唯一手段。""海军的整个战略，基本是以存在舰队的方式实现防御目标，而空军的目标是直接打击敌方空军的一切资源，是通过进攻来实现这个目标的。"如果对于战争原则的执着坚持导致了让人思维混乱的术语和概念，会误导人们写出类似上面的胡言乱语的话，那最好还是没有这些原则。⑥

虽然承认所谓的战争原则有可能被滥用、被误解，甚至在特定情况下是错误的，但是大多数的海军学者仍然坚持认为存在这样的原则。马汉直言不讳：海军战略是以普遍真理为依据的，"当这些真理被正确地阐述出来时，其

---

① Mahan（1911）p. 114.

② Roskill（1954）p. 4.

③ Mahan（1890）p. 88.

④ Keegan（1961）pp. 71-72.

⑤ Quoted in Mahan（1899）p. 192.

⑥ Air Staff Memo of 12 Feb 1936, in Air 9/2, Public Record Office, London.

恰当的名称为原则。这些真理在确定之后自身不可更改"，重要的是要了解这些原则是什么。[1] 战争充满了太多的不确定性，因此这些原则不是一成不变的教令，也不是毫无弹性的戒律。当然，并不是每个人都同意上述观点。F. W. 兰彻斯特（F. W. Lanchester）博士在 1916 年提出的"N 平方定律"（部队战斗力的大小，与部队数量的平方和部队各单元作战效能的乘积成正比），以及在第二次世界大战中产生的运筹学，都以下述前提为基础：作战行动都可以折算为数字，进行科学的量化分析。计算结果能够成为作战行动的精确指南，从而大大降低战争的不确定性。[2]

然而，马汉关于"什么是原则"的理解与之完全不同。他写道："最好的法则（产生于战争之中），在应用于战争时不能生搬硬套，必须要从纯粹的法则中提炼出原则，而后加以自由运用。"战争不是科学，而是一门艺术；战争中的指挥官艺术，就是在任何情况下都能够准确运用这些原则和法则。[3] 因此，战争原则应当是那些源于历史实例和独立思考的一般性指南，独立思考是对确需思考的问题集中精力进行思考的结果。对这些原则的性质和内容，最好不要抽象地去理解，而要放到大量的、可信的历史实例中去理解。大多数海军理论家都把找出这些原则和实例，作为支撑自己著作的主要论据。

事实上，对于个人来说，他们相信，如果能鉴别这些原则，"将会有助于增强对战略问题的理解"，能促进自己从别人的经验中吸取教益，促进舰船设计的复杂问题条理化。纳尔逊尽管比普通人强一些，但在他早年的职业生涯中，也特别需要在思想方面得到"更为系统的培养和训练"[4]。换言之，能够有效地鉴别海战原则，将会给指挥官带来直接的、实实在在的好处。按照多数海军战略家的观点，这些原则应该是具有普遍价值的总结，而不是那些易逝的、只适用于一时一地的具体内容。有人认为，第二次世界大战中的日本海军战略具有某些"独一无二的日本特质"。为了驳斥这种观点，伯纳德·布

---

① Mahan（1911）p. 2.
② For these arguments see Lanchester（1916）；Waddington（1947）.
③ Mahan（1911）p. 2, pp. 299-301；also Corbett vol. 1（1907）pp. 332-333.
④ Mahan（1899）p. 200.

罗迪（Bernard Brodie）① 指出："任何关于海权的正确的理论概念，都不会因民族心理或国家文化的不同而发生变化。海权概念要么是正确的，符合战争的实际；要么就是错误的。"② 大多数战略家都支持布罗迪的上述观点。

四、 对海权的剖析

为了让"基辅"号（Kiev）顺利通过达达尼尔海峡，苏联海军把这艘军舰称作反潜巡洋舰而不是航空母舰，因为他们不希望被认为这是在破坏《蒙特勒公约》③（Montreux Convention）。很明显，在对诸如军舰这类显而易见的事物命名时，苏联人拥有令人瞠目的自由，并从中获得了实实在在的好处。

对海上战略中"海权""制海权"和"存在舰队"等组成概念进行命名时，自由度更大。因为这些概念都很抽象，看不见也摸不着。尽管对抽象术语进行准确辨析并不是海上战略所特有的难题，但海上战略的倡导者却明显感到，很难为本学术领域内那些不太具体的理论内容，创造出普遍的、始终如一的、明确的专业术语。他们所用的词语可能是相同的，但一般情况下说的却不是一回事。当海军上将彼得·格雷顿（Peter Gretton）运用里奇蒙德的"海权"定义去解释海上战略时，海上战略的某些术语和概念的含义却没有多

---

① 译者注：布罗迪是二战后美国最有影响力的军事战略家之一，素有"美国核战略之父"的美誉。其代表作是《海军战略指南》，对核战争背景下传统的海军战略理论是否依然有效、哪些需要调整、哪些可以继承等问题，进行了深入探讨。

② Brodie（1965）p. 115.

③ 译者注：1936 年 6 月 22 日，土耳其、英国、法国、苏联、希腊、罗马尼亚、保加利亚、南斯拉夫、日本等国在瑞士的蒙特勒召开会议，制定新的海峡制度。7 月 20 日，与会 9 国达成协议，签署了新的海峡制度公约，通称《蒙特勒公约》。公约确认了海峡自由通行的原则。商船在平时和战时都可自由通过黑海海峡。非黑海沿岸国军舰同时通过的总吨位不得超过 1.5 万吨，在黑海停留的船只总吨位不得超过 3 万吨。战时，如果土耳其是中立国，则各交战国军舰均不得通过海峡；若土耳其是参战国，则由其决定是否允许别国军舰通过。该公约至今仍是土耳其管理海峡的国际法依据。当年中国从乌克兰购买的"瓦良格"号空壳子，就是被土耳其以此为借口拒绝通过的。

少一致性，简直无法深入讨论。① （爱丽丝对汉普蒂·邓普蒂说，"我使用这个词时，这个词正好是我所表达的意思，没有别的意思"。②）

对术语的不同理解甚至导致准确的交流都很困难，因为作者可能按不同的理解使用同样一个术语：有时一本书与另一本书不同，偶尔甚至出现这一页与那一页都不同的情况。在另外一些情况下，术语识别是一项繁重的工作，因为人们会从自身所处的特定时代和特定文化出发，把相同的现象看成不同的事物。

这种术语混乱带来的结果显然是不利的，它妨碍了共识性战略理论的形成。有一点非常重要，众多的海军战略理论家都必须从练习"下定义"开始。这说明，在现行的北约军事术语里，概念混乱已经影响了军事理论的可操作性。人们通常采取的解决办法是发明一些新词和新概念，希望它们能够更清楚地说明问题。有时候，这种做法导致前辈的海军军官们更难参与当代人的工作，而且是用新的混乱代替了旧的混乱，根本于事无补。美国海军作战部副部长威廉·克劳（William Crowe）中将曾以令人难堪的直率态度指出："你们绝对正确，我们是我们那个时代语法的受害者……我们写的有些东西在海军中未必能让人看懂。"③ 比这后果更严重的是，概念性错误导致在政治上和行动上损失惨重的例子也经常发生。

当然，找出弊病要比纠正弊病容易得多。法国海军上将拉乌尔·卡斯泰（Raoul Castex）的办法也许是最好的解决办法。他非常讨厌对术语的定义进行喋喋不休的争辩。他认为，概略地提出要点并验证所提的假设，才是令人满意的方法。④ 这的确是明智之举。

事实上，在所有关于海上战略的著作中，作者们都有海权要素或组成部分的论述。马汉就提出了影响海权发展的六个因素：地理位置、自然形态、领土范围、人口数量、民族特性和政府性质。他还谈到海权所包含的三个闭合循环，这一观点最早由里奇蒙德和罗斯基尔共同提出。他们证明，商船队、

---

① Gretton（1965）p. 21.
② 译者注：出自《爱丽丝梦游仙境》。
③ Quoted in George（1978）p. 86.
④ Castex vol. 1（1929）p. 9.

海外殖民地或基地，以及战舰（merchant shipping, overseas possessions or bases and the fighting instruments）是海权的三个物质要素。"能熟练操作战舰的人"是经常补充进去的要素。德国天才海军思想家沃尔夫冈·韦格纳（Wolfgang Wegener）① 中将指出：舰队、战略位置和走向海洋的意志（fleet, position and a sea-orientated mentality）是海权的构成要素，这个观点与大量论述该内容的著作类似。本文集合这些观点绘制示意图如下（见图1），并展开讨论。②

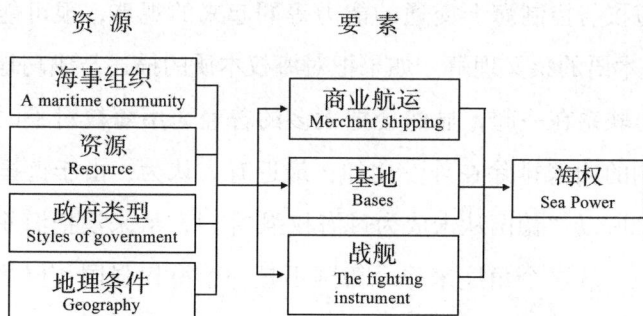

图 1　海权的来源与构成

该图展示了海权的所有组成要素，"海权"也许是海上战略的所有术语中最模糊的一个概念。这个名词是马汉"为了吸引大众眼球……实现广为传播"③ 而创造出来的。④ 马汉确实做到了这一点，但遗憾的是，从那时起，正如弗雷德·T. 简（Fred T. Jane）所说的那样："海权已经变成了一个玄妙难懂的术语，难以准确解释它的含义，也许对不同的人来说意味着不同的内容。"⑤ 或许像科贝特那样避开这个词，才是明智之举。

海权难以名状的主要原因在于"实力"（power）这个词，这是一个很难把握的抽象概念。那些从事国际关系研究的人们，围绕这个词的争论早已费墨成河了，有时还掺杂着露骨的讽刺。"实力"的派生词——"海权"——

---

① 译者注：沃尔夫冈·韦格纳（1875—1956），德国著名的海军战略思想家，著有《世界大战中的海军战略》。

② Respectively, Mahan（1890）pp. 25-59；Richmond（1946）p. x；Roskill（1954）pp. 6-7；James（1948）p. 395；Wegener（1975）pp. 2-4.

③ Quoted in Taylor（1920）p. 42.

④ 译者注：据《大不列颠百科全书》记载，英国人格罗特在1849年发表的《希腊史》中最早使用了 sea power 这一术语。因此，作者此处的观点值得商榷。

⑤ Jane（1906）p. 21.

有各种各样的用法：可以作为一个与"陆权"和"空权"相对应的抽象名词，可以表示拥有强大海军实力的国家（海权强国），也可以表示一个国家用于实现海上目标的物质手段。最经常的做法是根据海权能让一个国家实现什么来下定义。里奇蒙德写道："海权能够确保它的主人在本国与理想目的地之间自由地进行军事的或商业的海上航运，同时阻止敌人这么做。"① 这种能力，通常被视为拥有"控制海上行动的实力"所带来的结果。②

这种把海权与控制海上交通的能力等同起来的观点，很可能被认为是对"海权"这一术语的狭义理解。如果把对海权本质的描述与成功地实现最终目标和雄心壮志联系在一起，显然会把太多的曾经运用海权对平时和战时局势产生重大影响的国家排除在外。比如，最近有人认为，由于德国坚持以大陆为主的思想，所以"德国从未成为过海权强国"③，从来没把海军放在军队建设的优先地位。从这个角度来看，德国不是一个海权强国，但德国海军在两次世界大战的海上行动中所发挥的作用，比那个草率判断所表述的作用要大得多。

事实上，把"海权"看作一个相对概念而非绝对概念，似乎更为合理。各个国家都可能拥有不同等级的海权，他们通过军舰在海上的行动，能够在平时和战时施加或大或小的影响。不管怎样，从现在开始，我们在使用这个术语时应当注意到这一点。也许还应当强调，海权和实力一样，在特定情况下和特定国家之间都是相对的。里奇蒙德指出："不能做绝对的比较……日本的海权，在亚洲北部的战争中比美国的海权更强，但在加勒比海的战争中，显然比美国的要弱小。"④ 尽管最成功的竞争者可以"控制"海上航行，让自己成为海权的主宰，但这毕竟只是一个程度问题。

这样做，有时可以让"海权"变成一个排他性比平时看上去要小得多的术语。这也许不是坏事，因为这样会引导人们把注意力放在可能性上，而不是只停留在海军优势上；同样也可以促使人们把注意力集中于"海权"的各

---

① Richmond（1943）p. 8.
② Richmond（1934）p. 252.
③ Wegener（1975）p. 4.
④ Richmond（1934）p. 258.

种实力工具上，而不仅仅放在海军的实力工具上。马汉采用这个术语的一个理由，归根结底是想强调非海军因素在取得海上成功中所发挥的作用。拥有一支庞大的商船队，就意味着拥有一定级别的海权。就这一点来说，拥有一支岸基空军也能起到相同的作用。正是缘于上述原因，一些学者特别是英国学者，倾向于把各种可能都包含在"海权"之中；另外一些学者，更倾向于把这一术语区分为"海上力量"（sea power）（船舶、港口等非军事因素）和"海上兵力"（sea force）（海军）。韦格纳将军提出，应把"海军"（naval）看作与战争相关的活动，把"海洋"（maritime）看作与和平相关的活动。[①] 关于这个问题没有一致的学术观点——由此可能引发的问题显然非常棘手。

再次综合相关观点，可能得出如下结论：海权的影响力是军事力量（主要是海军，但也包括相关的空军和陆军）与非军事力量联合运用的结果。"海上战略"是指国家借以保持或增强海权，以及在平时和战时运用海权以实现预定目标的方式方法。

五、　海上战略的构成要素

海上战略的直接目的，至少在某种程度上是争夺海上控制权（control of the sea，简称"控海权"）[②]。实现这一目标的最直接方法，就是寻找敌海军主力并在一次大规模交战或决战中消灭他们。伯罗奔尼撒战争（Peloponnesian War，公元前431—前405年）中有许多例证，可以证明"海上战略"的概念。这些概念简要地标示在图2上。雅典与斯巴达之间的阿吉纽西海战（Arginusae，公元前406年）看起来确实像一场决战，双方参战的战船共有300艘。

---

① Respectively Reitzel（1977）p. 95；Wegener（1975）p. 74.
② 译者注：海上控制权的实质是在特定时间对特定海域的有效控制，其内涵与外延均与强调绝对性和排他性的制海权明显不同。为方便论述，本书以下内容把海上控制权简称为"控海权"。

这是希腊人（Grecians）与希腊人之间最伟大的一次海战，任何史书都会记载。顷刻之间，所有号手在统一指挥下吹响号角，双方的水手轮流呐喊，以无比的热情和坚定的信念全力划桨、奋勇向前，力争先敌攻击。许多人在长期的战争历练中形成了强悍的海上作战能力，战斗非常激烈，双方都十分顽强。最优秀和最勇敢的人并肩战斗，胜负在此一举。毫无疑问，无论谁赢，这次战斗都将终结这场战争。①

阿吉纽西海战并不像参战者所认为的那样，具有完全的决战性质，直到第二年又经过一场战斗之后，才最终解决问题。事实上，通过一次决战彻底解决问题的情况很少出现，普遍的方式是经过一连串的某种"准决战"，逐渐累积而决出胜负。雅典人与对手在锡拉库萨港（Syracuse）②入口附近的一次海战，是更具典型性的"决战"战例。

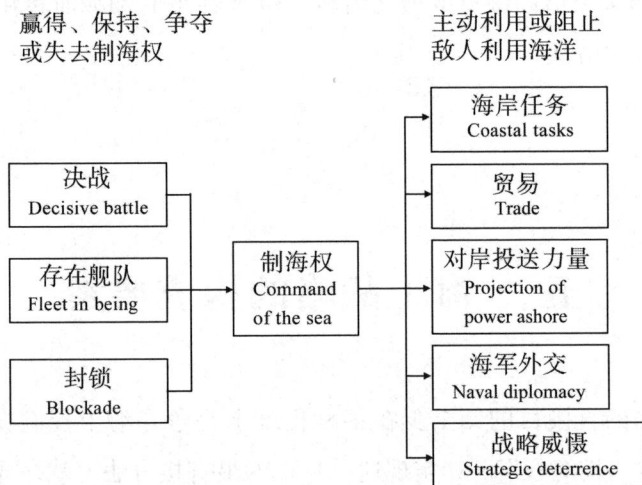

图 2　海上战略的构成要素

然而在许多情况下，实力较弱或缺乏进取心的一方，在筹划作战时肯定不会配合对手。他们会采取回避战略，远离极度危险的境地，尽最大可能保存自己的兵力。这种谨慎态度并不意味着整个海军的策略都是无所作为。即使是一支弱小的海军，如果执行众所周知的"存在舰队战略"（the fleet-in-be-

① Diodorus Siculus, quoted in Rodgers (1937) pp. 188-189.
② 译者注：锡拉库萨港位于意大利西西里岛东部。

ing strategy），也能为国家带来巨大的战略好处，甚至有希望取得一定程度的控海权。在伯罗奔尼撒战争中，当海军采取守势能够获得更多的战略好处时，双方都会避免海战。弗瑞尼切斯（Phrynichus）说道："只要形势需要，雅典人从敌方舰队眼前撤退时，连脸都不会红一下。"然而不久之后，形势发生了逆转。"雅典人希望打一场决战，但没有人出来应战，无奈之下雅典人只能悻悻地返回萨摩斯岛（Samos）。"① 在这两种情况中，交战双方看来都运用了"积极"的"存在舰队战略"，这个战略的重点是保存实力以备明日作战，而不是消极地追求能够活下去。

　　不管对方采取哪一种"存在舰队战略"，实力较强的一方都可能用封锁来限制敌方舰队的行动。封锁既可能是"严密"（close）封锁（舰队位于敌人的港口入口附近），也可能是"远距离"（distant）或"开放"（open）封锁（舰队部署在敌人与其可能的目的地之间）。这样可以有效地牵制敌人，防止其海上兵力在争夺制海权的斗争中发挥更大作用。在远征锡拉库萨的过程中，雅典舰队就试图对锡拉库萨人实施海上封锁。他们遇到了实施近距离封锁行动时通常会遇到的所有困难，而且还受到了其他的敌意海军从背后形成的威胁。希腊远征舰队的指挥官之一尼西阿斯（Nicias）抱怨说："我们没有办法让我们的战舰保持队形、炫耀武力，因为敌人的兵力数量与我们差不多，甚至更多，我们随时都在担心敌人会发动攻击。"② 事实上，直到此次作战结束，到底是谁在封锁谁，这个问题依然争论不休。简而言之，雅典的封锁战略未能实现远征作战所必需的海上控制。

　　掌握了制海权，就意味着己方海军能够以轻松的状态对利用海洋实施更多的控制，比任何对手更多的控制。制海权在程度上差别很大，主要根据如我所愿利用海洋且拒绝敌方按其所愿利用海洋的效果大小来区分。制海权是一个利用海洋的问题，而不是占有海洋的问题。在伯罗奔尼撒战争初期，雅典海军的确对海上交通实现了相当程度的控制。他们的商船队往来自由；他们能够支援盟军，并占领像米洛斯岛（Melos）这样的地方。"因为我们是海

① Jowett（1900）book Ⅷ, lines 27 and 29.
② Jowett（1900）, book Ⅶ, line 7.

洋的主宰，你们是岛民，而且是无足轻重的岛民，绝不允许你们逃出我们的手心。"① 然而，雅典对于海洋的控制程度从来也不是绝对的，因为 "克里特海②（Cretan Sea）是一片宽广的海域，海洋主宰者消灭那些企图逃走的船只，要比消灭那些正在逃走的船只面临更大的困难"。③ 雅典指挥官尼西阿斯对锡拉库萨远征并不热心，他从一开始就怀疑雅典人是否掌握了充分的可支持远征作战的制海权。他指出："我们的海军优势必须是压倒性的，这样我们不仅能够进行战斗，而且能够毫不费力地获得补给。"④ 事实证明，他的担心不无道理。

过去，制海权的行使主要体现为能够在战时实施与海洋的两种用途相关的作战行动。这些行动或者是自己利用海洋，或者是阻止敌人利用海洋。首先，要能够通过海洋运送货物、人员和补给品，这就必然导致大量的保护或攻击运输船只的海上战斗。雅典的整个海上贸易，都得到了舰队及在爱琴海（Aegean）和科林斯湾（Gulf of Corinth）的海军基地网的保护。在锡拉库萨作战中，雅典人没有掌握充分制海权的有力证明，就是他们既不能阻止敌人运输增援部队和补给品，也不能保证己方增援部队和补给品安全及时地到达。"锡拉库萨的舰船在旁边虎视眈眈，雅典再也不能安全地运送给养，舰队不得不为运输船只的通过而战斗。整个陆军普遍丧失斗志，士气涣散。"⑤

战时利用海洋的另一个原则是，从对岸火力打击到支持大规模登陆作战，都要运用所有手段由海向陆投送军事实力。对正在实施或企图实施这种由海向陆作战的敌人进行攻击，一直是海上战略传统的重要组成部分。当然，对锡拉库萨的整个远征，是运用数百艘战舰和数万名士兵实施两栖作战的一次尝试。雅典人按照惯用方式进行此次作战，却遇到了意想不到的困难，进攻时畏首畏尾，尽管调来了增援部队和补给品，但攻击部队还是陷入了困境，并最终遭遇失败。在这个战例中，值得关注的是赫摩克拉底（Hermocrates）

---

① Jowett (1900), book V, line 97.
② 译者注：即爱琴海。
③ Jowett (1900), book V, line 110.
④ Jowett (1900), book VI, line 22.
⑤ Jowett (1900), book VII, line 24.

的建议，他认为从意大利南面派出一支舰队就能慑止雅典人的进攻。这个富于远见的建议（我们以后再谈）被忽视了。但锡拉库萨人阻挠雅典增援部队和补给品运输的能力越来越强，极大地影响了后来的陆上作战进程。这次作战充分展示了海洋对决定陆上作战胜败的作用，以及从海上支援陆上作战的价值。

当然，这些并不是海军过去的唯一功能。海军的任务是在和平时期保护海洋资源，行使海洋管辖权和维护海洋秩序。随着海洋法和海洋技术的最新发展，此类"海岸"任务将更加繁重。

同理，海军经常被直接用作国家外交政策的工具，海军在平时和战时的许多活动与其说是军事性的，不如说更具有外交性。锡拉库萨会战开始后不久，尼西阿斯就提出，如果舰队只是用来遏制锡拉库萨各盟国的干预，那么胜利将会来得更快些、更容易些。"他们（指舰队）当时就应该沿着那些城邦前面的海岸航行，以充分展示雅典眼见为实的力量。"[1] 在实际运用武力已经变得日益危险的核时代，"海军外交"的重要性无疑将更加突显。

也许有人认为，可以把支援或者打击某个国家的海基核力量作为"海军外交"或"海军实力投送"功能的一个组成部分（可能是政治强制和对岸打击的极端形式），但实际上这是一项崭新的任务。关于这些问题的指导，以及现代海军重点关注的最新需求等内容，在当代海上战略文献中几乎都可以找到。

---

[1] Jowett（1900），book ⅵ，line 47.

第二章

文献述评

一、 桨船时代的海上战略

从一个人思考并撰写一部完整的海上战略著作的角度来看，古代没有产生过海权理论家。当然，对于海权的普适性作用和军事上的重要意义，人们还是有充分理解的。这些古代的海军人员清楚地知道必须做什么。然而据我们所知，那时的人们并没有意识到，应当对海上作战的本质规律进行归纳，或者努力揭示海上作战所必须遵循的指导原则。

最接近于探究上述问题的书籍，也许是修昔底德（Thucydides）所著的《伯罗奔尼撒战争史》（*History of the Peloponnesian War*），该书向读者阐述了某些海上战略的基本思想。修昔底德（公元前460—前404年）本人甚至还有一段海军经历。公元前424年，他被任命为一支分舰队的指挥官，该舰队的基地是塔索斯岛①（Thassos），之后他因防卫安菲波里斯城（Amphipolis）失败而被革职。由于在执行海上战略的行动中存在明显失误，修昔底德被放逐到色雷斯（Thrace）长达20年。在此期间，他完成了这部巨著。在这部记叙雅典与敌人的长期战争史的著作中，他或他所代表的观点，只在很少几个地方试图归纳整个海战的本质。

相反，修昔底德对于海权的重要性以及运用海权的各种可能方法，均进行了阐述。其中确实不乏必要的证据，足以支持海上战略的基本原理。例如，英国海军上将雷金纳德·卡斯坦斯（Reginald Custance），从修昔底德关于远征锡拉库萨的论著中，总结出英国在19世纪末至20世纪初很有意思的几个结论。他写道："雅典人即将运用以海军为主的军事力量去扩张领土，也就是说，海军将进行一场本该由陆军来执行的陆上战争。"这个海洋帝国对于资源

---

① 译者注：该岛位于色雷斯附近。古代的色雷斯，即爱琴海与黑海之间的地区。现代的色雷斯，东部属于土耳其，西部属于希腊。

的错用，最终只能收获失败，这说明想当然地运用海军去支援兵力不足的陆军，是非常愚蠢的。海权的局限性是显而易见的。卡斯坦斯写道，雅典人的经验表明，"仅靠海军一支力量，并不能对一个陆上强国的独立构成威胁"①。正如卡斯坦斯在本书副标题中所说，"在这个方面和其他许多方面，伯罗奔尼撒战争都是现代理论与古代实践相结合的经典案例"。

马汉也受到了古代海战实践的启发。很显然，这个启发始于英格兰俱乐部（English Club）的图书馆。该图书馆位于秘鲁的首都利马（Lima），马汉在那里读到了西奥多·蒙森（Theodore Mommsen）所著的《罗马史》（*History of Rome*）。这部书让马汉深刻地认识到，探究海上控制的历史性的重要作用，必须要从特殊情况升华到一般情况。② 这是阅读古代海上战略著作的通常反应，因为那些作者的主要工作仅仅是提供素材资料，却把更重要的总结归纳工作留给了后人。

二、 帆船时代的海上战略

在欧洲黑暗的中世纪里，海权始终是平时繁荣和战时取胜的源泉。但海权的重要性、海权的性质以及如何运用海权等问题，在这段时期还没有形成系统的理论。海战大多是自发进行的，双方都是一次次在对方海岸实施没有任何联系的劫掠行动，海战简直就是在船上进行的陆战。战舰本身很难保存下来，因此没有人试图制定或执行一个海上战略。

当时各国的领导者当然知道海上事务的重要性。关于这个问题，最有名的书面证据就是《对英国政策的控告书》（*Libelle of Englyshe Policie*）。据说该书是奇切斯特③（Chichester）沿海教区的主教——亚当·德·莫林斯（Adam

---

① Custance（1918）pp. 67，109.
② Puleston（1939）pp. 83-84.
③ 译者注：英格兰南部城市，是西萨塞克斯郡的首府。

de Moleyns）在 1436 年左右所写。书中写道：

> 我们的先贤留下了四样财富：
>
> 国王、战船、刀剑和海上力量。
>
> 控制海洋，那是英国的城墙，
>
> 然后才会神佑家邦。

然而技术的迅速发展，尤其是装备了火炮的风帆战舰，很快就迫使人们以更加积极的方式来思考海上的战略战术。首先涉足这一领域的是西班牙人阿隆索·德·查维斯（Alonso de Chaves），他大约在 1530 年撰写了《水手的镜子》（*Espejo de Navagantes*）一书。查维斯认为，清楚自己正在干什么而且能够始终得到理性指导的舰队，更有可能取得胜利。他批驳了以下观点："在海上既不可能指挥军舰和运用战术，也不能为即将发起的攻击提前进行妥善的安排……既然无法在海上保持舰队队形，那么也无须在作战秩序方面花费精力。"从这个方面来看，该书或许是尝试为风帆舰队制定明确战斗队形和整套战术原则的第一部著作。①

在英国，沃尔特·雷利（Walter Raleigh）和弗朗西斯·培根（Francis Bacon）等人也曾探索过帆船时代的海上战略。他们与伊丽莎白一世时期②（Elizabethans）的其他人，比如德雷克（Drake）、霍金斯（Hawkins）和威廉·蒙森（William Monson）等人一样，都是实践家而非理论家。在一些著作中，他们急切地论述这样的观点：是海上战略能够为国家带来可靠的利益，而不是大陆战略。

霍金斯写道："在这场持续的战争中，我希望能够这样安排：在海外各地除了必须要做的事情以外，我们做得越少越好。因为做得越多，花费也就越大，事实上却根本无利可图。"③ 英国不能像雅典远征锡拉库萨那样，在变化无常的陆上战争中浪费自己的资源，而应当最大限度地利用好自己的海上资源。弗朗西斯·培根写道："谁掌握了控海权，谁就能够拥有更大的自由，可

---

① Corbett（1905）pp. 3-13.

② 译者注：伊丽莎白一世，都铎王朝的最后一位君主，英格兰女王，1558—1603 年在位。在她统治期间，英格兰成长为欧洲最强大的国家之一。

③ Quoted in Richmond（1953）pp. 30-31.

以随心所欲地发动或大或小的战争。"① 也就是说，掌握了控海权就掌握了战略主动权，在顺境中，控海权能给你提供赢得更大利益的机会；在逆境中，控海权能为你阻止事态的进一步恶化。

1593 年，马修·萨特克利夫（Mathew Sutcliffe）概括了海军优势（naval mastery）的种种好处。这也许是最好的概括：

> 在和平时期，海军的用处很大，在战争时期则更大。海军能够确保本国与友邦之间交通和交流的持续顺畅，我们需要的食物、武器、弹药及其他必需品能够得到供给，而运往敌国的粮秣物品却被禁止；敌国的海岸将毁于战火，而我们的海岸却安然无恙；敌国靠海而生的沿海城镇将陷入绝境，而我们的城镇却一切如常……（如果没有海军优势）则商品贸易无法维持，既不能围困敌国的沿海城镇，也不能掌握敌人的动向，也无法帮助或保卫我们的友邦和我们自己。②

在伊丽莎白一世时期，海权的两大任务之一就是挽救国家免遭敌人入侵，这个需求迫在眉睫。按照雷利的观点，单纯地依赖陆军在敌登陆点实施抗击，是很不明智的。海上兵力的灵活性和机动性要比陆军强得多，"可以轻易地超越那些沿海岸线调动的陆军士兵"。所有英国人必须牢记："只要君主握有制海权，英国就永远不可征服。"③

如何取得并行使制海权呢？是在英吉利海峡守株待兔，还是在海上实施前沿防御？伊丽莎白一世时期的海军人员以行动证明，第二种方法是正确的选择。对西班牙的港口和商船进行持续的攻击，将迫使敌人把主要资源用于防御而不是进攻，"（西班牙国王菲利普的）大臣们将面对无尽的烦恼、不满和指责……对行动后果进行充分考虑后，我们确信只要能够迫使西班牙人在国内奔忙不迭，他们就会对入侵英格兰和爱尔兰的行动连想都不敢想了"④。不过，客观情况却总是一再迫使我们采用第一种无法令人满意的方法。

伊丽莎白一世时期的英国面临着另一项伟大的战略任务，即如何更彻底

---

① Quoted in Clarke and Thursfield（1897）p. 120.

② Sutcliffe（1593）.

③ Quoted in Colomb, P.（1899）pp. 22-23；Clarke（1897）p. 1.

④ Sir William Monson quoted in Colomb, P.（1899）p. 22.

地摧毁敌国繁荣的根基。德雷克的建议成为后世夺取海上胜利的经典模式：夺取合适的海军基地，而后在西班牙海域建立制海权，最终彻底切断敌人的海上贸易。另一些人则建议采取更加直截了当的方法：在海上抢掠西班牙的运宝船。在卡塔赫纳或哈瓦纳（Cartagena or Havana，均在古巴）的英国舰船，集中攻击西班牙的运输船队；或者如霍金斯所言，对亚速尔群岛（A-zores）① 与西班牙之间的海域，用强大的舰队实施永久性的海上封锁，"截获每一艘企图通过这片海域的西班牙船只"。霍金斯指出，如果西班牙试图以武力驱逐这些英国舰船，我们应当努力避免战斗，让存在舰队"每天航行在他们的视线之内，扰乱他们，使他们疲惫不堪"。最终，西班牙舰队将会离开，英国则能重新占领封锁位置。②

这些主张之中肯定有一些被认为是误导。例如，科贝特对于霍金斯运用巡洋舰实施封锁的主张，持强烈的批判态度。③ 此外，缺乏战争的全面指导、经费短缺和物资有限，这些因素造成了当时的理论与实践之间存在着较大差距。完美的作战计划被一群自以为是的海军头头脑脑们彻底搞砸，诸如此类的情况不胜枚举。尽管如此，有关海上战略的各种思潮正在不断涌现，并得到广泛讨论。

沿着这条道路更进一步发展的很可能是法国人。尽管伊丽莎白一世治下的英国，以及英国的对手及其盟国，显然对于海战战术已经形成了行之有效的思想认识，但是他们的理论和实践往往具有极端的特性。一直到"战列线"战术在 17 世纪英荷战争中形成时，有关舰队管理与战斗实施的规章制度才真正出现。至于探索理论成果及随后应用等问题，基本上都留给了法国人。

尽管保罗·奥斯特神父（Paul Hoste，1652—1700）可能是世界上缜密地研究海军战术的第一人，但他仍然认为，"海军机动的艺术"（an art of naval evolutions）显然非常必要。他指出，如果没有这门艺术——

---

① 译者注：亚速尔群岛是葡萄牙孤悬海外的土地，也是欧洲最西端的土地，面积约 2344 平方千米，由 9 个岛屿组成。群岛距离葡萄牙海岸约 1450 千米，距北美约 3200 千米，位于欧洲至北美大陆的 1/4 处的位置，是欧美和非洲之间海、空航线的中继站。

② Quoted in Richmond (1953) pp. 30-31.

③ Corbett vol. 2 (1898) p. 129.

舰队就像一队清洁工那样，工作毫无秩序，以至于任意而为或投机取巧。没有这门艺术，无论是迎敌接战，或是穿插分割、欺骗敌人、避开敌人、引诱敌人，还是追击敌人，海军将领们都将难以有效发挥舰队的作用。所有这一切，都要求海军将领必须成为舰队指挥的灵魂，就像人的大脑与四肢一样。[①]

早于英国很长时间，法国就已经认识到应当把这种艺术坚决地贯彻到海军之中，必须对海军军官进行关于这种艺术的职业教育，即便是在舰船设计专业的学习过程中也应当进行此种教育。因此，法国在早期的舰队战术理论方面，毫无意外地走在了各国的前列。

曾经担任过法国海军上将图维尔伯爵（Comte de Tourville）的牧师和耶稣会数学教授的奥斯特神父，适时地完成了相关的理论著作。他的《海军发展论》（*Traite des Evolutions Navales*，1691）和《海军艺术》（*L´Art des Armees Navales*，1697），被认为是"当代最好的海军战术著作"[②]。奥斯特把一团乱麻的海战按几何图形进行了归纳，把队形编为纵队（linea head）、横队（line abreast）和楔形队（line of bearing）；这些队形固化之后成为基本的常规作战队形，利用这些队形可以把舰队打造成为一支统一的、控制自如的、纪律严明的部队。

但在面对突发情况时，这种僵化的形式主义将因为缺少主动性和应变能力而丧失许多良机，进入 18 世纪后这种情况变得更加明显。与此同时，法国的海军战术理论得到了进一步发展。法国海军上将维考姆特·比戈特·德·莫罗盖（Vicomte Bigot de Morogues），在 1763 年撰写的《海军战术》（*Tactique Navale*）引发了第二波海战战术的研究浪潮。在他之后涌现出许许多多的理论家，包括《海上战法》（*L´Art de la Guerre sur Mer*，1787）的作者维考姆特·德·格雷尼亚（Vicomte de Grenier），以及《海军战术初级教程》（*Cours Elementaire de Tactique Navale*，1802）的作者奥迪伯特·拉马图尔（Audibert Ramatuelle）。法国人扎实的理论积淀成效明显，保证了他们在与英

---

① Father Paul Hoste quoted in Bridge (1873).

② Admiral Stephen B. Luce quoted in Hayes and Hattendorf (1975) p. 84.

国的海上作战中牢牢占据战术优势。①

然而，法国显然另有一套与英国完全不同的海战概念，这使得情况变得更加糟糕。对于法国来说，没有必要击沉敌人的战舰，即便海战的直接目的就是如此，因为他们有"更远大的目标"。诱使英国舰队离开某个区域或防卫目标，而不是去消灭他们——也许这样更为重要。对于那些虚弱的、易于攻击的英国舰队，法国人有时甚至会放弃这样的歼敌良机，也不愿意违反他们所坚守的战略目标。

这种战略，看起来与许多海战理论家所倡导的海战精神背道而驰，但在现实中确实有效。法国的这种回避战略与高水平的纯熟战术结合在一起，经常能够在海上挫败英国。这种无法取得决定性战果的小规模海战，前后延续了一个世纪之久。英国海军的战术条令，尤其强调保持战列线队形的重要性，致使其战术思想更加僵化。打破这一状况的是来自埃尔登（Elden）的约翰·克拉克（John Clerk，1728—1812），一位爱丁堡（Edinburgh）的退休商人，他于1782年出版了第一版《论海军战术》（*Essay on Naval Tactics*）。克拉克的家也许没有利思港（Leith）②离海更近，但他通过分析指出了法国体系的优势，并提出了对策。他特别强调要集中兵力攻击敌人战列线的一部分，这在当时是一个革命性的建议。罗德尼（Rodney）上将在1782年的桑特斯海战③（Battle of the Saints）中采用的成功战术，正是得益于克拉克的观点，这次成功对英国海军战术思想产生了深远影响。显然，纳尔逊最爱做的一件事，就是听"牧师给他读克拉克的文章"④。

美国独立战争和拿破仑战争期间的海战模式，显然非常适合英国人的口味，但骄傲自满难免自食恶果。此后，英国海军把战术和战略条令建立在对纳尔逊格言囫囵吞枣的基础之上，其海军思想的发展实质上再次陷入了黑暗时代。

---

① This is the verdict of Laughton (1874) but this is disputed by Corbett (1905). The matter is discussed further in Chapter 4.

② 译者注：英格兰首府爱丁堡附近的港口。

③ 译者注：也被称为多米尼加海战。在这场海战中，英国舰队指挥官罗德尼打破了单纵队的战列线战术，大胆穿插，把法国舰队分割成几段分别歼灭，取得大胜。因此，罗德尼也被认为是开创了海战史上的新纪元。

④ Bridge (1873).

三、 科洛姆兄弟

在接下来 50 年的大部分时间里，英国海军部似乎是故意给人这样一种印象——海军思想就是矛盾的术语。海军部的注意力主要集中在世界各地的英国企业身上，集中在当时帆船与蒸汽船的竞争可能引发的后果之上。他们很少真正思考海上战略的未来发展。

全社会普遍对海军失去了信心，上述所有情况无疑都在其中发挥了作用，而这也正是 19 世纪中期主要的时代特征。虽然对海军不信任的原因源自外敌突然入侵的臆想，以及海军在面对入侵时毫无用处的普遍恐惧，但这种焦虑却由来已久。例如 1628 年，温布尔登子爵（Viscount Wimbledon）就曾探讨过这个问题："一旦英国海军必须部署到其他地方，或者不被信任，那么怎样保卫大英帝国的海岸不受敌人攻击呢？"对于海军因某种原因而无法击败入侵者的焦虑，经常会导致海军经费被挪用于海岸防御。当然，对于这些张皇失措的办法是否真的必要，绝大多数海军军官都非常怀疑。圣文森特勋爵（Lord St. Vincent）认为，采取这些措施的唯一正当理由，是为了"安抚老年妇女们时不时出现的恐惧感"①。

但是当 1844 年法国海军上将德·简韦尔（de Joinville）亲王在《两个世界评论》（*Revue des Deux Mondes*）上发表了一篇气势汹汹的文章之后，英国朝野上下的恐慌情绪变得更加弥漫。简韦尔亲王认为，法国可以各个击破英国舰队，借助蒸汽船和夜色的掩护，法军能够在一夜之间飞渡英吉利海峡。面对如此晴天霹雳，英国人顿时手足无措。在 19 世纪接下来的时间里，英国的恐慌症不时发作。理查德·科登（Richard Cobden）确信，此类情况在 1862

---

① Quoted in Colomb, P. （1896）p. 134.

年之前就已经发生过三次，英国人的恐慌完全是无中生有。① 按照帕默斯顿（Palmerston）的观点，蒸汽船已经"建起了一座横跨英吉利海峡的桥梁"，因此，沿着英国南部海岸线用砖石构筑起各种大规模的防御工事，是非常必要的。有时候，比如 1888 年，英国还会削减海军经费，并把这些经费用于海岸防御。此外，关于本土陆军的规模，以及应当准备抗击多大规模的敌人入侵等问题，都存在许多争议。

所有这些情况都表明，海军在英国军队中传统的老大地位已经受到了严重威胁。首先站出来挽救海军的是两兄弟——海军上校约翰·科洛姆（John Colomb）和海军中将菲利普·科洛姆（Philip Colomb）。约翰·科洛姆是弟弟，1838 年生于马恩岛，在皇家陆战队炮兵部队拥有短暂的不平凡经历之后，于 1869 年退役。之后他用余生的 40 年时间，撰写了大量关于英国国防各个方面的文章。英国下议院（House of Commons）经常引用约翰的观点，好像他是一名干了 20 多年、经常发言的下院议员似的。约翰的这些观点最早在一本不具名的小册子上问世，书名是《对保护我国贸易与海军兵力部署问题的思考》（*The Protection of our Commerce and Distribution of our Naval Forces Considered*，1867）。约翰的论述一般不涉及政治、经济、历史等复杂问题，主要通过简明有力的逻辑分析和大量的统计数据，让文章说理透彻、到位。他无疑是海军理论的先行者，为后人开辟了道路。

哥哥菲利普·科洛姆，是约翰的一个早期合作者，生于 1832 年。他一直过着充实、多变而积极的生活，无暇写作，直到 1873 年才发表处女作《在印度洋追捕奴隶》（*Slave Catching in the Indian Ocean*）。这是菲利普的第一部正式著作。其实他在 1871—1889 年期间写过一系列文章，后来以《论海军防御》（*Essays on Naval Defence*，1896）为名出版。之后，他最负盛名的代表作《海战》（*Naval Warfare*，1891）出版。菲利普于 1886 年退役，但继续留任格林尼治皇家海军学院（Royal Naval College）的海军战术教官。1898 年，菲利普为阿什利·库珀基（Ashley Cooper-Key）海军上将撰写了一本很有影响的传记，次年他死于心力衰竭。

---

① Cobden（1862）.

菲利普研究问题的方法与他弟弟完全不同。他不仅从实用主义的视角思考英国国防的最佳方案，而且从整体上关注海战的各项原则。他认为英国几乎没有思考过海上战略问题，自己有充分信心揭示出海上战略的各项原则。他写道："英国对海军战术学的研究仍然处在极其模糊、无法容忍的状态，但学者们应当相信，在和平时期把海军战术研究建立在绝对可靠基础之上，并没有任何困难。"找到一个指南，帮助海军军官辨明可能与不能、谨慎与鲁莽、聪明与愚蠢，这一点非常必要。①

他深信，把归纳推理、亲身经历，以及"对海战史的透彻研究"有效结合起来，是揭示海战真理的最好方法。与那些冷漠的就史论史的历史学家不同，菲利普对待历史的态度更像一个拦路抢劫的强盗，期待着历史女神在他笔尖所指之处捧出宝贝来。②

实际上，菲利普在 1891 年撰写的《海战》，是之前他为插图版《海军与军事杂志》（*Naval and Military Magazine*）撰写的论文汇编。这本书是第一部以历史为基础对海上战略原则进行研究的著作，也是菲利普最有影响的著作。该书的篇幅很大〔根据菲利普给报社的书信长度，海军上将约翰·费希尔（John Fisher）用其经典的刻薄语气，称他为"一栏半"（a column and a half）作家〕，让读者认可书中观点的方法是压服多于说服。该书分析了制海权斗争的历史，阐述了进攻敌人的各种成败条件。菲利普构建了海战的基本指南，尽管有了蒸汽机或其他新发明，但近期的战争实践却证明而不是否定了这些指南的正确性。因此，菲利普指出："没有理由让人信服，这些新发明已改变了海军作战的基本原则。"③

菲利普在《海战》中指出，真正的海上战略开始于伊丽莎白一世时期，因为军舰直至那个时代才具备了必要的远洋航行能力，海洋事业才真正成为具有重大意义的国家行为。他分析了"存在舰队"思想所推动的决战战术的新进展，并论证了各种不同类型的海上封锁。科洛姆兄弟俩都不认可"对敌国港口几乎不可能实施有效封锁"的说法，该说法在 1859 年由英国皇家专门

---

① Colomb, P. （1896）p. ⅵ；（1899）p. ⅴ.

② Colomb, P. （1896）p. 197；the highwayman analogy is suggested in Schurman （1965）p. 55.

③ Colomb, P. （1899）p. 452.

调查委员会提出。他们还认为，对于所有的海上情况而言，制海权仍然至关重要。

约翰·科洛姆指出，大英帝国的国防就是要保证本土和海外属地的安全，并保持两者之间的海上交通线。海洋帝国的海上交通线很容易受到攻击，正如它的本土也容易遭到入侵一样。无论怎样，避免这两种情况的最好的防御策略，都是掌握制海权。菲利普·科洛姆是对"制海权"这个难以捉摸的术语进行真正系统分析的第一人。他的结论是：制海权对于一切海洋事业的成功都十分重要。

尤其是应对大规模外敌入侵时，掌握制海权是最好的也是唯一的保证。大规模入侵必须进行显而易见的准备，此刻绝不允许任何一支英国舰队被敌人诱离主要作战海域。如果没有首先夺取制海权，所有派遣登陆部队横渡英吉利海峡的企图，都注定是一场灾难。巴尔弗（Balfour）[1]先生在 1905 年指出，在缺乏有效保护的情况下，让输送船队强行穿越遍布敌方鱼雷舰艇和潜艇的海区，简直就是"一个神经病所为"。当然，在英国海岸线上部署担任防御任务的陆军是必要的，但是陆军的力量必须符合海军是第一道防线的前提，而不是在没有海军的情况下由陆军进行孤注一掷式的防御。[2]约翰·科洛姆的这些观点，得到了他哥哥从历史研究之中归纳出的结论的有力佐证。菲利普·科洛姆认为，某种形式的封锁通常是对付入侵的主要防御手段。此外，在 1690 年以来的整个时期，不首先夺取制海权就能成功实施大规模海上入侵的设想，一再被证明是个非常危险的错误。[3]

约翰·科洛姆认为，陆军的真正任务是在本土或海外守卫基地、保卫印度和实施海外远征。一旦海军掌握了制海权，国家的主要进攻力量——陆军便能够投入作战行动。可以相信，一支规模不大但训练有素的部队从海上对敌人的要害目标实施突击，能够取得远超部队规模比例的战略效果。海军能够为此类活动提供必需的海上条件，海军的行动正如"防御之盾"；若得到充

---

① 译者注：巴尔弗，1902—1905 年任英国首相。
② Quoted in d'Egville（1913）p. 69；Colomb, Sir John（1880）pp. 54-55.
③ Colomb, P.（1896）pp. 194-229.

分支持，陆军的行动则成为"进攻之矛"①。

海上交通线对于帝国安全至关重要，夺取和行使制海权是确保海上交通线的唯一途径。科洛姆兄弟（及其他大多数海上战略家们）对于海上交通线的担心，比对于可能发生的海上入侵的担忧更甚。1904年海军上将约翰·费希尔就提出："海军是英国的第1、第2、第3、第4、第5……第无数条国防线（Line of Defence）。如果不优先发展海军，那么陆军无论多么庞大都将毫无用处。如果我们的海军被击败，我们不得不面对的恐惧不是敌人的入侵，而是饥饿！"② 约翰·科洛姆的主要观点亦是如此：

> 在帝国受到攻击时，帝国的心脏和大本营需要专门的防卫，对此言论"我们感到非常惊愕"。敌人不会这么愚蠢，他们宁可切断我们失去保护的海上交通线，占领我们没有设防的殖民地和领地，也不会直接进攻一个"刀剑林立的小岛"。③

事实上，1888年三名海军上将在一份著名的报告中已经明确指出："如果英国行使制海权的能力遭到了破坏，那么敌人也许根本无须入侵，就已经胜利了。"

菲利普·科洛姆的观点与之类似，只是他对护航行动相关优点的分析过于简单，难以让人信服。④ 科洛姆的著作中很少涉及对海上贸易实施直接保护的内容，因为他的假定前提是英国已经拥有了制海权，英国的海上贸易不会遭到致命袭击，本土也不会遭到大规模入侵。

科洛姆兄弟对他们那个时代产生了相当大的影响。他们促使人们思索海上战略问题，他们为把海军理论从混沌状态中挽救出来做了大量工作。约翰·科洛姆的个人声望最终也许略逊哥哥菲利普·科洛姆一筹。有一个批评者刻薄地说："约翰就像一条小狗，被一条大狗夺走了他的骨头。"⑤ 菲利普·科洛姆的著作涉猎较广，不仅仅局限于大英帝国防御的具体问题，因此

---

① Marder（1940）p. 70.

② Quoted in Gretton（1965）p. 8.

③ Colomb, Sir John（1880）p. 41.

④ Colomb, P.（1896）pp. 230-258.

⑤ Lord Carnarvon, quoted in Schurman（1965）p. 32.

更引人注目。他对同时代的人们和之后的形势发展产生了更大影响，尤其是他把海军史发展成为一门海军军官都很重视并愿意深入研究的学问。

科洛姆兄弟的理论观念被同时代的人们不断深化。约翰·拉夫顿（John Laughton）开创了海军史；威廉·L. 克洛斯（William L. Clowes）把公众的注意力集中于英国海军身上，集中于过去和未来对于海军的需求之上。海军的精英，如海军上将西普瑞安·布里奇和海军上将雷金纳德·卡斯坦斯等人通过著作、文章和演讲，大力宣扬对历史开展研究和对战略进行思索的诸多好处。布里奇在1874年说道："我希望不久之后，对它（指海军战术）的研究将成为许多人的共同志向，而不像现在这样只是少数人的专门职业。"卡斯坦斯以激烈反对费希尔闻名，他对"武器学派"（materiel school）观点的有害影响大加鞭挞：这些人无视历史，忽视了对战术和战略的研究，而仅仅关注那些不需动脑思考的装备制造工作。不过在1907年，他以些许满意的口气指出，"历史学派"（historical school）正在一步步地把"武器学派"赶回他们的老窝。[1]

菲利普·科洛姆正因为此而赢得了相当高的声望。但在其他方面，他应有的荣誉更多是源自这样的事实：他的代表作《海战》是在1891年，与马汉的代表作《海权对历史的影响》（*The Influence of Sea Power Upon History*，1890）几乎同时出版。科洛姆充满魅力而又非常谦逊地告诉马汉："我想，所有的海军人员都把您的这本书看作当代的海军经典，它对于帮助人们领会之前从未了解的知识，的确起到了很大作用。"[2] 科洛姆的作品是一部很有价值的海军战略著作，但马汉的著作视野更为开阔，显然更符合时代精神。因此，相对于大西洋彼岸的马汉而言，科洛姆即使是在英国也大为逊色。

---

[1] Bridge（1873）p. 227；Custance（1907）preface.
[2] Quoted in Schurman（1965）p. 52.

四、 阿尔弗雷德·塞耶·马汉

（克雷格·西蒙兹，Craig Symonds）

1952 年，历史学家马格丽特·斯普劳特（Margaret Sprout）在评论阿尔弗雷德·塞耶·马汉时写道："没有任何人，对海权和海军战略理论产生过如此直接而深刻的影响。"[1] 从表面上看，似乎有大量证据支持这个论断。马汉最具盛名的著作是《海权对历史的影响》，在 90 年之后仍然不断再版。它是美国海军思想关键转折点的标志，受到西方世界的热情欢迎（在东方也是如此，1897 年该书的日译本出版）。但事实是，马汉在 1890 年提出的以及后来历史学家认为属于他的许多观点和结论，早在 10 年之前的美国就已经广为人知了。在 19 世纪 90 年代的 10 年里，美国海军政策调整的主要动因是国内国际环境的变化，而非马汉著作的作用。马汉的主要贡献在于，为美国海军已经正在扎实推进的建设发展提供了有力的理论依据。简而言之，与其说马汉是海权的倡导者，不如说他是一个哲理时代到来的风向标。[2]

在 19 世纪 80 年代，许多美国海军思想家开始对长达百年之久的海岸防御和私掠战传统感到不满，而这个老传统在美国过去的历次战争中都应用得得心应手。直至 1881 年，仍有某个咨询委员会在递交给海军部长威廉·H.亨特（William H. Hunt）的主报告中强烈建议，美国应当建造大批量的小型木质帆船，从而能够在战时威胁敌国的商船队，但这不过是私掠战学派（commerce-raiding school）的最后一次鼓噪而已。[3] 仅仅两年之后，形势就发生了

---

[1] Sprout（1943）p. 415. 译者注：从引文的时间推测，作者对于马汉的评述应当是在 1943 年，而非 1952 年。

[2] See for example the important article Seager（1953）which states that the 'broad theory of naval expansion was clearly enunciated... before Admiral Mahan published his famous book' and that Mahan's contribution was that of 'summing up' rather than innovation. p. 493. 例如，西格在 1953 年的重要论文中指出："许多关于加强海军的理论就已经阐述得非常清楚了……在马汉的名著出版之前，马汉的主要贡献在于'总结'而非'创新'。"

[3] Report of the Naval Advisory Board, 47th Congress, 1st session, House Report No. 653.

大变。美国国会批准建造第一批新式战舰：蒸汽动力、全钢材质的巡洋舰"亚特兰大"号（Atlanta）、"波士顿"号（Boston）、"芝加哥"号（Chicago）、及通信船"多尔芬"号（Dolphin）。4 艘军舰并不能撑起一支海军，实际上这些新式战舰的使命仍然与上述那些木质帆船相同，但它们无疑是引发海军巨变的导火索。1885 至 1889 年之间，美国国会批准建造的新舰不下 30 艘。1889 年 11 月 30 日，海军部长本杰明·富兰克林·特雷西（Benjamin Franklin Tracy）提交了一份年度报告，要求制定一个雄心勃勃的大海军建设计划，并创建两支战列舰舰队，分别是大西洋舰队和太平洋舰队。[①]

美国为什么会突然热衷于扩张海军呢？历史学家们对此给出了几种可能的原因。"老海军"的舰船太破了，实在有损国家脸面，必须更换。也有历史学家认为，军舰应该跟着商业前进，因为不断扩张的资本主义经济需要海军提供海外的安全保护，以防止竞争对手的破坏。不论出于何种动机，毫无疑问，在 19 世纪 80 年代中期，即马汉第一部"海权"著作问世之前，美国就已经对新的海军政策进行了尝试性安排。基本可以肯定，美国海军政策的调整并非因为马汉的主张，而是因为国家的环境条件发生了重大变化。马汉认识到了这些变化并加以引证，但显然不能把促成这些变化的功劳归于马汉。

1883 年夏季，当（美国）国会讨论一份关于建造 3 艘铁甲巡洋舰作为"新海军"新锐前锋的议案时，马汉正在审定一部即将出版的书稿。这本书是他在历史学领域的首次尝试。无论对于同行还是对海军的决策者来说，该书都没有产生什么影响，但却是他作为历史学家新生涯的开端。该书的名称为《海湾与内陆水域》（*The Gulf and Inland Waters*），是论述美国内战期间美国海军的"三部曲"之一，由查尔斯·斯克里布纳出版社（Charles Scribner's Sons）发出约稿。面对这本专业性很强的作品，马汉当即欣然接受。不久，马汉就感觉到了创作的激情，决心继续他的历史研究和创作工作。

马汉从中找到了真正的快乐。他的父亲丹尼斯·哈特·马汉（Dennis

[①] Annual Report of the Secretary of the Navy, 1899, 51st Congress, 1st Session, House Executive Document No. 1, Part ⅲ. 译者注：尽管无法考证，但马汉很可能帮助并影响了特雷西的报告。参考 Harold 和 Margaret Sprout 的专著《崛起的美国海军》（Princeton University Press, 1939）p. 207. 他们坚信马汉为特雷西的报告提供了"思想基础"。

Hart Mahan）在西点军校（West Point）讲授关于战争艺术和军事工程的课程，在整整一代西点学员中久负盛名。虽然马汉选择了安纳波利斯海军军官学校（Naval Academy at Annapolis）而非西点军校——这点让老爸大为不满，但老马汉对他儿子研究历史和知识的方法论却影响至深。父亲对安托万·亨利·约米尼（Antoine Henri Jomini）① 的战略思想颇感兴趣，他认为把各种问题纳入条理清晰的系统之中非常重要，这给青年马汉留下了深刻印象。

青年马汉并非才华横溢之人，但的确是他把条理性和系统性引入了历史研究领域。马汉的个性有些拘谨，无论是作为军校学员或后来成为军官，他都不是特别受人欢迎。另外，最令人意想不到的是，作为一名职业海军军官，马汉竟然不喜欢出海值勤。他不仅晕船，而且因性格发闷，在年轻军官们之中找不到存在感。这些问题让马汉在海上变成了一个孤僻、内向、郁郁寡欢之人。②

因此，在1883年写完那本《海湾与内陆水域》之后，马汉担心会再次回到海上。海军部可不管这一套，他们按惯例派遣马汉到一艘部署在秘鲁（Peru）海岸的漏水的"沃楚西特"号③（Wachusett）炮舰上任职。"沃楚西特"号已经老掉牙了，航速很慢，三天两头出故障，是"老海军"所有问题的典型代表。所幸，在不久之后，马汉从海军上校斯蒂芬·B.卢斯那里看到了摆脱困境的一线希望。卢斯是美国海军战争学院（US Naval War College）这所新机构的创建者、组织者和首任院长，他正在寻找一个能够像约米尼研究军事战略那样研究海军战略的人，于是向马汉发出了到学院任教的邀请。马汉自然非常高兴，这是离开"沃楚西特"号到岸上工作的通行证，更是继续从事历史研究的一个好机会。马汉欣然接受了卢斯的邀请，满怀热情，几乎是立即开始了一个严格的读书计划，以便为授课做好准备。

后来马汉说道，在他的短暂假期里，在秘鲁利马的英格兰图书馆，他第

---

① 译者注：安托万·亨利·约米尼（1779—1869），生于瑞士，曾担任过法国和俄国的将军，拿破仑时期著名的军事理论家，代表作有《战争艺术概论》等。

② On Mahan's early life, see Seager (1977).

③ 译者注：该舰是美国加装了蒸汽动力的三桅风帆战舰，1861年下水，1887年退役。排水量1032吨，最大速度11.5节。

一次被一种富有远见卓识的洞察力所震撼。这种洞察力后来让马汉名扬天下。他在阅读西奥多·蒙森撰写的《罗马史》时，注意到这样一个事实：在第二次布匿战争（the second Punic War）中，因为罗马海军掌握了制海权，迦太基统帅汉尼拔（Hannibal, the Carthaginian）在进攻意大利时不得不沿着西地中海的海岸绕道前行，而不是直接横渡狭窄的西西里海峡（Sicilian channel）。罗马只是展示了一下海权的存在，就对汉尼拔产生了巨大的影响，这一点让马汉大为惊叹。马汉想搞清楚，海权对历史上重大事件的影响，是否远远超过了对战斗胜负的直接影响。[①]

1885 年 8 月马汉回到美国，因为某些事耽搁了而无法及时为即将讲授的课程进行充分准备。这让他颇感不快。因此，他征求卢斯的意见，准备用一年时间在纽约好好准备。卢斯很快批准了他的请求。于是从 1885 年 10 月到 1886 年 8 月，马汉非常惬意地在纽约读书、写作和思考。他的海权思想也正是在这段时间里逐渐形成，并在 5 年之后引起了异常热烈的反响。在 1886 年 1 月之前，尽管马汉还没有对海权问题发表过任何观点，但他本人已经十分清楚在未来的课程教学中应该讲什么。他的主要著作《海权对历史的影响》在他头脑中已然成形。

马汉的研究方法在本质上属于历史的研究方法。他主要依据已经出版的资料，力求在最广阔的领域阐述海权的运用。他的主要关注点是海军所服务的目标，而不是海战中运用的具体战术——尽管这是他后来许多著作的研究对象。既然马汉是一个"亲英派"（Anglophile），那么以英国海军从 1660 年至美国独立战争结束这段时期的历史发展为例证，对他而言没有什么思想障碍。马汉发现，确保英国在与大陆强国的竞争中始终立于不败地位的决定性因素，是英国控制了海洋。马汉用一个简单的推导来解释英国的成功：国家的伟大和强盛是因为掌握了财富，财富源于贸易，贸易得到了海军的佑护。英国有能力建立一支确保国家财源滚滚的海军，这是英国具备了以下特征的必然结果：

1. 地理条件（海上航线四通八达的岛屿强国）。

---

① Mahan（1907）pp. 276-277.

2. 自然形态（拥有许多可用的港口和海湾）。

3. 领土范围（其大小足以提供必需的物质财富，但又不因过大而难以防御）。

4. 人口（数量足以满足舰船操纵所需）。

5. 民族个性（热爱航海）。

6. 政府特点（支持富于进取的海军政策）。

尽管马汉指出上述各项内容是说明性的而不是规范性的，但其推论明白无误：任何国家只要具备了这些特征，就拥有了成为伟大国家的均等机会。[1]

马汉敏锐地意识到这样一个事实：在大部分历史时期里，美国没有具备这些特征中的任何一项。美国在地理位置上远离欧洲，远离西方的文明和商业，恰似一个孤岛。虽然美国拥有许多适宜航行的海湾和良好的港口，但国土广阔和富饶，阻碍了人们依赖海洋谋求发展的动力。尽管美国人民是最优秀的民族（看来马汉也有些种族主义者的味道[2]），但人数太少。最后一点，或许是最重要的一点：这个国家缺少一个支持海洋政策的政府。

尽管如此，马汉仍然认为美国充满希望，因为这些情况在19世纪80年代正在发生变化。美国西部地区已被填满，虽然领土范围没有减少，但是开放边界的关闭和蜂拥而来的欧洲移民，使得人烟稀少的边远地区不复存在。随着与东方贸易的扩大，美国已位于国际贸易航线的中央而不是外围（马汉认为，由于这种贸易的发展，建设巴拿马运河是必要之举）。所有这一切都要求建立一个支持积极海军政策的政府，并领导美国走上通往世界强国的道路。马汉明确批评美国政府不愿意培育海运和海军，但这些机构对于世界强国而言都是必需品。因此，马汉著书的目的就是呼吁美国政府要大力加强国家的海权。[3]

从此以后，大多数美国海军历史学家都站在了马汉一边，指责美国政府由于愚昧无知，长期反对制订一个坚决的海军政策，而这正是马汉最后指出的道路。所幸在1890年之前，海军决策层已经充分意识到拥有一支蓝水舰队

---

① Mahan（1890）pp. 25-57.
② 译者注：原文即如此。
③ Mahan（1890）pp. 72-76.

的海军所具有的巨大潜在优势。早在 1799 年，来自南卡罗来纳州（South
Carolina）的国会议员罗伯特·古德洛·哈珀（Robert Goodloe Harper）就明确
阐述过如下的简单道理，这亦是马汉海权理论的基础：

> 英国为什么能够一直……保持自己的实力，在激烈的强国竞争中达到今
> 天这么高的地位？答案就是海军，海军为商业提供保护，商业为国家带来滚
> 滚财源，这些因素确保英国能够信心满满地支持德国的军事力量，从而对法
> 国的强权形成一种均势，这种竞争对法国而言无疑是不对称的。①

100 年后，马汉在这个同样的问题上，几乎使用了同样的语句，向热切的
读者们阐述他的海权论的实质。

然而在 1890 年之前，无人理会这些言论。持怀疑态度的立法者们坚持认
为，18 世纪英国的历史环境与 19 世纪的美国完全不同。不过到了 19 世纪 80
年代，情况发生了变化——这倒不是因为海军决策层变聪明了，而是因为美
国此时所处的环境发生了巨大变化。当人们意识到这些变化时，许多原本反
对扩大海军的人停止了质疑，并且转而支持他们曾经抵制了 100 多年的老观
点。在民众意愿的反转达到顶峰时，海权论横空出世，马汉在最完美的时刻
赢得了民众的赞许，并且为新的海军政策提供了明确的理论基础。

虽然马汉主要研究战略和政策问题，但也有关于海军作战的著作。他认
为，尽管自帆船时代以来海军的舰船有了很大变化，但是原有的海军作战原
则仍然"稳如磐石一般"②，没有变化。在作战思想领域，马汉找到了美国对
商业劫掠战传统产生依赖的原因，并认为这是在万般无奈之下采用的一种最
差的海军作战方式。例如，法国试图通过海上的劫掠战来阻止英国强大的战
列舰舰队，但英国却集中舰队主力控制了国际贸易的交通枢纽，最终成功地
迫使法国屈服。马汉断言，英国的经验证明了以下几个永恒不变的原则：集
中兵力；特定的战略位置或者基地具有重要意义；有效的交通线能够协调兵
力行动。这些原则都为实现海军的最终目标服务：控制海洋，即自己能够自
由地利用海洋，同时拒绝敌人利用海洋。要达成这样的海上控制，就必须拥

---

① US Congress, The Annals of Congress, 5th Congress, 3rd Session, p. 2837.

② Mahan（1890）p. 76.

有战列舰舰队，这是确保海军胜利的最关键因素。再重复一遍，马汉的结论并不是全新的，但他的读者却有一种全新的感受。

《海权对历史的影响》出版后迅速获得了成功，作者即刻成为"圣贤之人"。搞笑的是，该书在欧洲比在美国更受欢迎。欧洲上流社会，甚至是皇帝都在向马汉致敬，评论家们甚至称他为新哥白尼（the new Copernicus），这简直快把马汉搞晕了。然而，马汉根本不是这类人。马汉在海军史上占有一席地位，并不是因为他提出的那些原则永远正确（实际上，第一次世界大战很快就证明这些原则的有效期是多么短暂），而是因为他的著作准确反映了欧美社会在 19 世纪末的时代潮流：依靠海权让国家强盛，逐渐把美国带入国际力量的均势之中，推动英德展开海军军备竞赛，鼓动日本晋级帝国。如果说所有这一切都是因为马汉著作所产生的作用，显然十分荒谬。事实是，不管有没有马汉的著作，这些大事件都会按照它们的本来面貌充分展现出来。然而，作为 20 年海军军备竞赛的理论依据，马汉的理论显然最具代表性，这对于我们来说非常重要。一言以蔽之，马汉最伟大的贡献，不在于他是一个战略家，甚至不在于他是一个历史学家，而在于他是一个历史的推动者。

五、 法国青年学派

很显然，马汉的注意力主要集中在夺取制海权这个中心任务上，当然也会涉及被法国人称为"大决战"（La Guerre Grande）的普遍原则。当然，这些关注绝不会局限于任何书本或者英美海军主义者的政策之中，正如有时候人们所臆想的那样。所有拥有一定规模海军的国家，实际上都会有马汉式的代表人物，他们拥有各自的理论观点和研究重点，但都会在一个共同的理论殿堂之中熠熠生辉。

意大利的代表性人物是海军学院教授 G. 塞希（G. Sechi），该学院位于拉斯佩齐亚（La Spezzia）。他的《海军学术要素》（*Elemetiti di Arte Militare Marittima*，2 卷本，1903—1906 年在里窝那出版）按照传统方法研究海上战略，特别是论述了在联合作战和类似行动中的后勤和食物供应等实际问题。1913 年，G. J. W. 普特曼·克拉默（G. J. W. Putman Cramer）在登赫尔德（Den Helder）出版了《海上战略和战术指南》（*Inleidung tot de Maritime Strategie en Zeetactiek*）。克拉默有自己的见解，与马汉持相同的基本观点。该书全面介绍了海上战略的有关理论，在荷兰的海军理论中是独一无二的代表。[1]

俄罗斯的代表性著作由海军上校别列津（Berezin）在 1873 年完成。[2] 而日本现代海军思想的真正起源，是秋山真之（Akiyama Saneyuki，1868—1918）和他朋友圈中的军官们合作完成的著作。日本人充分借鉴了美国的理论和实践，并注重从本国的海军传统中总结观点，尤其是他们认识到在太平洋掌握完全的制海权是非常困难的。他们认为，取得胜利的主要手段是瓦解敌人的意志和击溃敌人的兵力，而不是在肉体上消灭敌人。在 1905 年的对马海战（Battle of Tsushima）中，秋山真之是拟制作战方案的核心成员。这场海战也是有史以来"大决战"的最完整的战例之一。[3]

马汉主义理论（Mahanist theories）对德国产生了特殊的影响，从 19 世纪 90 年代中期开始，《海军评论》（*Marine Rundschau*）就对这些理论进行了详细的分析。海军上校阿尔弗雷德·斯登泽尔（Alfred Stenzel）和海军上将卡尔·巴奇（Carl Batsch）都在各自的著作中呼应了这些理论。他们都认为，只有掌握一支战列舰舰队并与敌人展开决战，才能有效保卫德国的海上利益。[4] 这也是德国海军中将巴龙·库尔特·冯·马尔灿（Baron Curt von Maltzahn）的观点，他是基尔海军学院（Naval Academy at Kiel）战略战术专业的教授，在 1895—1905 年期间任该院院长。他在《海战》（*Naval Warfare*）一书中特别强调海洋对于德国的重要性，"因为所有伟大的文明国家现在都已经成为全

---

① I am indebted to Lt Cmdr ph. M. Bosscher R Neth N for this information.

② Gorshkov（1979）p. 230；Admiral Stepan Makarov, *Considering Questions of Naval Tactics* was another important source. 海军上将马卡罗夫的《对海军战术问题的思考》是另一本重要著作。

③ Peattie（1977）.

④ I am indebted to Professor Keith W. Bird for his help on this matter.

球贸易大国，都非常依赖于海上贸易和海上战争的结果"[1]。即使是大陆性国家，"也越来越暴露于海上战争所带来的毁灭性危险之中"[2]。

但马尔灿在该书中至少批判了鼓吹巡洋作战效果的观点，并论证了在1805年之后进攻英国"绝对没有希望"，而最可能的有效方法应建立在可靠的制海权基础之上。[3]"海战中为夺取制海权而展开的作战行动，是海上战争的决定性因素。"既然制海权可用来实现各种目的——保护贸易、对岸作战，那么就"值得为制海权本身而战斗，而不是为了某个地方或某个目的而战"。他认为，"战斗，是整个海战体系的基石"[4]。

法国海军思想的发展，在很大程度上应归功于海军上将朱里恩·德·纳·格纳维亚（Jurien de la Graviere，1812—1892）。他是一位海军历史领域的多产作家，也是最早的"大决战"理论的明确倡导者。他在1874年写道，海军的目的是"要夺取和保持大洋上的交通线。即使是在纯粹的大陆战争中，控制海洋也具有极其重要的作用，哪怕这种控制仅仅是暂时的"[5]。如果不是通过打败敌人而首先获得制海权，那么针对海上贸易的劫掠战争能否取胜？格纳维亚对此深表怀疑。

在接下来的一代人中，海军上将加布里埃尔·达里厄（Gabriel Darrieus，1859—1931）和罗内·达弗吕（Rene Daveluy，1863—1938）继承了这些传统观点。达里厄的实践经验非常丰富，对海军工程技术非常感兴趣。1907年《海上战争：战略与战术》（*War on the Sea: Strategy and Tactics*）出版的时候，他正在新成立的海军高级学院（Ecole Superieure de Marine）讲授海上战略课程。达弗吕撰写了8部关于海战、海军史和海军学说方面的专著，最著名的是《海战精神》（*L'Esprit de la Guerre Navale*，1902）和《海军战略》（*Strategie Navale*，1905）。他们两位是第一次世界大战前法国海军思想的杰出代表。

加布里埃尔·达里厄和罗内·达弗吕都是优秀的技术人员，而且非常熟

---

[1] Von Maltzahn (1908) p. 109; also pp. 79, 82.

[2] Von Maltzahn (1908) p. 130.

[3] Von Maltzahn (1908) p. 70, 137.

[4] Von Maltzahn (1908) p. 39, 51, 121.

[5] Extract from 'La Marine Aujourdhui' Journal of RUSI (1874).

悉鱼雷和潜艇，因此他们最适合去评估新式武器对海上战略可能产生的影响。他们与马汉、科洛姆生活在同一个时代，埋头研究历史的每一个细节，努力论证海权的永恒重要性，努力揭示永恒的海上战争原则。他们认为，海上取胜的最佳途径不是针对贸易的劫掠战，而是一个进攻性战略和一支决定性的海上力量。达弗吕指出："消灭敌人，你就会同时得到一切结果。"① 他们的观点在本质上与马汉如出一辙。

在某种程度上，他们的著作应当被看作对信仰的一种维护，以反对异端论者。总有那么一些人，顽固地拒绝接受马汉、科洛姆以及其他人的观点，如英国的弗雷德·T. 简（Fred T. Jane，《简氏舰船年鉴》的创始人）。他认为海权可以在任何需要的时候临时组建而成；他怀疑是否真的存在永恒的海上战略原则；他也不相信为了有效地实施对岸作战，尤其是为了破坏敌人的海上贸易，海军必须掌握制海权。他还认为，攻击敌人的基地比攻击他们的舰队更具有决定性的作用。② 然而，其中最著名的还是法国"青年学派"所倡导的观点。

"青年学派"直接的思想启蒙来自巴隆·里夏尔·格里韦尔的《海战论》（*Baron Richard Grivel's De la Guerre Maritime*，1869）。格里韦尔接受过传统海战理论的良好教育，尤其是来自父亲的教育。此人曾在 1837 年出版了一部海战理论的经典著作。③ 但是格里韦尔坚决认为，对于法国而言，这些传统的海战方法并不是对抗英国的好办法；相反，他相信："商业战，对弱势海军而言是最经济的选择，同时也是最易于恢复和平的选择，因为它直接打击的……正好是敌国繁荣的根基。"④ 自 1874 年起，这些观点就被海军上将塞奥菲尔·奥贝（Theophile Aube）、新闻记者加布瑞尔·加尔梅斯（Gabriel Charmes）、海军中校保罗·福庭（Paul Fontin）和海军上尉 J. H. 维格纳特（J. H. Vignot）等人进行拓展并广为宣传。最后采用的笔名分别是"Z 中校"（Commander Z）及"H. 蒙特尚"（H. Montechant）。1886 年奥贝出任法国海

① Daveluy vol. ⅰ（1902）p. 8.

② Jane（1906）.

③ Vice Admiral Baron Jean Grivel, De La Marine Militaire（Paris, 1837）

④ Grivel（1869）p. 50.

军部长，该学派的影响力达到了顶峰。奥贝上任后立即搁置了战列舰的建造计划，开始在比泽塔（Bizerta）建设海军基地，引导法国在潜艇方面加大研究与发展力度，并大批量建造巡洋舰和鱼雷艇。经过短短一年半的时间，青年学派就已经梦想成真，学者变成了学术霸权，各种主张得以真正付诸实施。

然而这些理论绝不是什么全新的东西，在法国尤其如此。1706 年沃邦（Vauban）就曾写道：

> 如果我们能够摒弃建立大舰队的虚荣心（这种大舰队永远不适应国家的需要），利用我们海军的一部分舰艇展开商业战，另一部分舰艇用以支援商业战，那么我们就能在两三年内打垮英国和荷兰，因为他们的主要贸易遍布世界各地。[①]

当然，19 世纪最后 25 年中出现的新技术，似乎都证明了此类观点的可行性。鱼雷、水雷和潜艇，这一切似乎都让战列舰变得更加脆弱，预示着基于大舰巨炮的海上战略即将过时。加布瑞尔·加尔梅斯指出："到处都是矮子杀死巨人的例子，富于远见的海军军官早就预言：在未来任意一场海战中，装甲巨舰所面临的最致命威胁，都来自一群多方向协同攻击的机动灵活、难以击中的炮艇。"这类观点的一个附带好处是提供了一个绝妙的手段，用以抨击法国和其他国家的海军与政治保守派关于继续依赖战列舰夺取优势的主张。因此，青年学派的观点对于小型舰艇上的青年军官具有特别的吸引力。

奥贝上将指出，如果战列舰的确如此脆弱，那么整个制海权理论显然"非常缺乏理论基础"。英国海军再也无法将法国海军封锁在港内。敌人强大的海军兵力将不得不高度关注自身安全，其进攻潜力将大打折扣，而小型舰艇的进攻潜力将随之增强。奥贝计划用鱼雷艇攻击英国的港口、锚泊的商船，以及位于驻泊地的执行封锁任务的舰艇编队；用巡洋舰在英国的主要贸易航线上劫掠商船；用少量的岸防舰艇保卫法国沿海地区。

1856 年签署的《巴黎宣言》（*Declaration of Paris*）中规定：攻击商船是非法行为。但奥贝对此置之不理，这在政治上将面临巨大的风险。他甚至希望鱼雷艇"能把货物、船员和乘客一起击沉，这样做不仅无须自责，而且还

---

① Quoted in Richmond（1953）p. 43.

应自豪于所取得的战果。你将在大洋的每一片海域看到类似的暴行"①。在奥贝眼里，只要目的正当，就可以不择手段，这种残暴行径所带来的好处，要比所有的良心不安都重要得多。

非常值得注意的是，青年学派并不指望能够通过饥饿迫使英国屈服。海军上将雷韦利埃（Reveillere）在某些方面与青年学派的观点一致，他指出："认为我们能够彻底封锁英国的海岸，阻止英国进口食品，用饥饿迫使这个国家屈服……这是任何正常人都永远想不出来的馊主意。"② 但是，这种作战行动能够引发恐慌，造成海上保险业的危机，全面打乱英国错综复杂的贸易模式。这将直接打击英国的航运商、贸易商和制造商的利益，他们才是真正掌控这个国家的人，他们在遭受重大损失时会想方设法迫使英国政府与法国媾和。③

上述观点的传播在法国引发了持续近 20 年的大规模论战。法国的海军政策随着海军部长的频繁更迭（在 1871 至 1902 年间共有 31 届海军部长）而大幅度调整，这段时间是一个十分混乱的时期。其他国家也受到了很大影响。各国都有持有类似观点的人，比如德国海军中将维克托·瓦洛伊斯（Viktor Valois）。在青年学派最为盛行之时，奥地利、俄国和德国都放弃了他们的战列舰建造计划。因此，与其说英国在这个时期想认同这种观点，不如说他更担心这种观点所带来的威胁。

然而，青年学派的影响逐渐开始衰落，进行商业战的主张也慢慢地不再受法国海军待见。到 1901 年，法国终于恢复了战列舰的建造。出现上述情况的部分原因，与青年学派的正确与否并无关系。首要原因是战略环境发生了重大变化，英国更像是法国的一个同盟而不是敌人。对于英法战争的预判，是青年学派的核心观点。对于法国海军来说，这个预判的破灭实际上推翻了他们的全部理论观点。此外，法国国内的政治环境也发生了变化，特别是在激进派海军部长卡米耶·佩尔唐（Camille Pelletan）彻底地、毫不留情地清洗了整个海军的保守势力之后，更是如此。海军高级学院也倾向于更加稳重的

---

① Quoted in Marder（1940）p. 87.

② Extract from Admiral Reveillere, 'France and the Marine', in *Journal of RUSI*（1893）Feb.

③ Brodie（1943）p. 102.

理论观点。

在支持力不断减弱的情况下，青年学派在学术上的某些矛盾变得越来越明显。他们关于战列舰已经过时的技术假定和劫掠战巨大效果的论断，日益受到质疑。前海军部长德·兰纳桑问道：这难道不是事实吗？实施一次成功的商业战，至少需要先掌握一定程度的制海权，因此需要有最适合争夺制海权的军舰和学说。他写道："它（指劫掠战）能真正有效地打击我们敌人的唯一时机，是当我们的海军已经足够强大、能够与敌争夺英吉利海峡和地中海制海权的时候。"[①] 青年学派常常引用美国南北战争期间南方私掠船的胜利作为例证，但当北方建立在制海权基础上的商业封锁扼杀了南方贸易的时候，南方类似"亚拉巴马"（Alabama）号私掠船所能起到的只是一点骚扰作用而已，这难道不是事实吗？

青年学派的真正弱点在于，他们推崇的那种类型海军，除了针对英国有些效果之外，对其他任何国家实际上都毫无用处。法国肯定要发展成为世界帝国并保持这一地位，这就很可能不得不与俄国、德国或意大利开战。为了实现全部目的，法国需要一支实力型海军，能够争夺制海权，能够与敌人的战列舰舰队交战，能够攻击敌人的海岸。埃文·格里韦尔认为，为了同英国以外的任何国家作战，法国需要有一支能够打败敌人战列舰舰队的海军，从而"建立对海上主要航线的影响和优势，为对岸作战和商业战开辟道路"[②]。

类似青年学派那种激进式的新理论探索，显然面临着巨大的困难。然而此类学说为解决这样的历史性问题，即如何更好地运用实力悬殊的劣势海军对抗优势的海上强国，进行了勇敢的创新尝试。这正是它们的价值所在。许多国家都会发现，本国正处于一种以弱抗强的境地。因此青年学派的理论主张在不同时期都具有相当大的吸引力。

---

① de Lanessan (1903).

② Quoted in Ropp (1937) p. 31.

六、　朱利安·科贝特

（布赖恩·兰夫特，Bryan Ranft）

朱利安·科贝特，1854 年出生，在剑桥大学法律专业以优异成绩获得一等学位，并取得律师资格，但他从未真正从事过他的专业。可观的个人财力保证了他能够到处旅行，以及后来集中精力进行海军史研究。1898 年，科贝特的第一部重要作品《德雷克与都铎王朝的海军》（*Drake and the Tudor Navy*）问世①；到 1910 年他已完成了四部关于英国海军史方面比较权威的著作，其中包括也许是他最好的一部历史著作——《英国在地中海》（*England in the Mediterranean*，1904）。其间，科贝特还为海军历史学会（Navy Records Society）编辑了三卷本的学术资料汇编，其中《1530—1816 年战斗条令》（Fighting Instructions 1530-1816，1905）及《1776—1794 年信号与使用条例》（*Signals and Instructions* 1776-1794，1908），都是研究风帆战舰作战演变的必需资料。科贝特职业发展的第二阶段，是 1900 年应邀到格林尼治皇家海军战争学院（Royal Naval War College at Greenwich）授课。第二年，科贝特与当时海军高层的联系得到了进一步加强，因为他在杂志上发表的众多学术观点，支持了海军上将约翰·费希尔的改革。此后，他与费希尔保持着一种经常但并非盲从的联系。1914 年，科贝特被英帝国国防委员会任命为研究英德海战史的官方海军史专家，此前他已经开始着手撰写官方的日俄战争史。到 1922 年去世之前，科贝特仅完成了英德海战史的前三卷，这样就避免了在 1923 年面对英国海军部在最后一卷上做出的令人难堪的批注的尴尬。因为海军认为"寻求决战并决出胜负的重要性有不断降低的趋势"，而科贝特拒绝承认这一观

---

①　译者注：都铎王朝是亨利七世在 1485 年入主英格兰、威尔士和爱尔兰后开创的一个英国王朝，历经 120 余年，直至 1603 年伊丽莎白一世去世。都铎王朝处于英国从封建主义向资本主义过渡时期，被认为是英国君主专制历史上的黄金时期。

点。在格林尼治授课时，他对自己提出的一些战略概念阐述得过于简单，也许是遭到这种指责的原因。

科贝特的理论主张集中体现在《海上战略的若干原则》（*Some Principles of Maritime Strategy*，1911）之中，这部著作奠定了他作为杰出的海战理论家和权威的历史学家的学术地位。该书除了自身的学术价值之外，另外一个重要价值是得到了费希尔的认可。在 1914 年英国应对德国海军挑战时，费希尔是舰艇和战略的双料设计师。也正是他，在 10 多年里坚持向英国海军高级军官们传播科贝特的海上战略思想。

从历史研究之中，科贝特得出了他称之为指导海上战争的永恒原则，他用这些原则驳斥了海军战争学院学员们的偏见。他很清楚，这些学员的主要关注点是，在未来战争中他们所操纵的技术日益复杂的舰艇和武器，他们的全部战略视野都集中在如何指挥舰队作战，如何运用好数量的优势、精准的射击技能和舰员的战斗精神，去消灭敌人并结束海上战争。对于绝大多数学员来说，科贝特研究海上战略所依据的那些战争，与他们的职业任务毫无关系。特拉法尔加海战之后，舰艇和武器的彻底变革使得"历史的经验教训"一无是处；也许唯有对"纳尔逊精神"的感情认同是个例外，但是这种精神也被非常肤浅地理解为英勇的进攻战术。科贝特并不认为，研究历史就能够得出指导未来战役和战斗的整套法则。研究历史的价值在于揭示海权的永恒特性，以及海权对于推进国家战略所具有的本质特点；海权能够达到怎样的目的，它的局限性在哪里。用这些知识武装当代海军指挥官们的大脑，让他们对历史经验形成一个规范的认识：哪些成功了，哪些失败了，对照这些胜负史例评估当前态势，进而确定最佳的行动方案。海军指挥官需要更好的理论素养，能够与陆军指挥官和政治领导人一起理性地研讨政治问题，进而找到解决联合作战和大战略问题的正确答案。与费希尔之间的友谊，肯定有助于科贝特深入地了解英国的现实情况，即上述要求与 1914 年以前国防计划极其混乱之间的真实差距。

历史研究的经历让科贝特意识到，海军作战的内容远远超过搜索和消灭敌人的舰队。他在《特拉法尔加海战》（*The Campaign of Trafalgar*，1910）中强调指出，即使在海上取得了决定性的胜利，也不能阻止拿破仑成为欧洲的主宰。海军必须学会运用自己广泛的能力，对企图支援陆军的敌方海军施加压力。海军更应该为实现战争所要达到的政治目的发挥作用。正是出于这些考虑，科贝特非常强调陆海军联合作战的重要性，因为这是英国在欧洲战争中运用海权的最有效途径。

没有证据表明，科贝特关于这些问题的观点对于英国的海军政策产生过某些实际影响。主流观点仍然执迷于把舰队决战作为海军的中心任务，然而在第一次世界大战中，皇家海军没有实现这项任务，因此造成了海军在战后的诸多痛苦和论战。海军部对科贝特撰写的官方历史资料的指责，不禁使人联想到他们的一个尽人皆知的恶习——坏事了就找个替罪羊。

科贝特关于战争和战略的全部观点表明，他已经很好地掌握了克劳塞维茨和约米尼的思想。他特别关注论述海上战略时，如何能在上述两人的本质上属于大陆学说的理论之中增加一个新的研究维度。但科贝特不是一个走极端的人，他所定义的海上战略，是在以海洋为主要战场的战争中发挥作用，而且不断强调仅有海权是不够的。人类生活在陆地上，必须在陆地上追寻战争的最终结局。只有平衡、合理地运用陆军和海军，才能取得胜利。海权的最有效运用，是在有限战争（limited wars）之中。科贝特发现，无论是克劳塞维茨还是约米尼都曾指出，有的战争是为了实现有限目标而战，而不是为了彻底摧毁敌人的反抗意志，而这正是绝对战争的特征。为了在有限战争中取胜，要有能力掌握一个有限但足够重要的筹码，迫使敌人回到谈判桌上来。这一点对于一个只能依赖陆军的国家来说，是很难实现的，但是掌握海上优势的国家却能够做到。比如，在达成政治目的之前，海权国家可以凭借制海权夺取、孤立和控制敌方远离本土的殖民地。科贝特认为，英国正是运用这种方式缔造了日不落帝国，并不断强化对欧洲大陆的影响。这个论断基本正确，但科贝特却没有充分认识到：英国如果没有大陆盟国的支持，以及派出陆军部队直接支援盟国陆上作战的话，要想取得这样的重大胜利是根本不可能的。如果与不需要在陆上防御分心的欧洲联盟进行一场全面的海上战争，英国还存在很多弱点，这个问题在美国独立战争中充分暴露了出来。同样，科贝特还夸大了海权的作用，他认为，从海上实施登陆作战或以登陆相威胁，就能迫使大陆国家不得不为了应对登陆作战而削弱自己在陆上中央战场的兵力。

　　制海权是科贝特海上战争思想的核心概念，也是区分陆上战争与海上战争的重要依据。陆上战争的目标是夺取和占领敌方领土，海上战争的目标则是夺取并确保对海洋的自由使用。因此，制海权是运用海上交通线达成军事和民事目标的能力，同时剥夺敌人运用海上交通线的可能。科贝特以此为起点发展自己的思想理论，而批判者认为他的发展方向必将贬低舰队决战的重要性，这很危险。科贝特的思想发展源于远见卓识的判断：海军不必像陆军那样，只要敌人在集中主力且未被击败，己方就必须不断地大规模集中兵力。因为海军具有很强的机动性和灵活性，既能够充分利用海洋打击敌人，比如攻击敌方海上交通线或威胁敌方海岸，又能够在获悉敌人主力舰队可能进攻之时，迅速地重新集中兵力。科贝特并未如批判者所言，抛弃了"只有消灭敌人主力舰队才能全面掌握制海权"的经典学说。经过深思熟虑，科贝特认为舰队决战非常难以实现，而第一次世界大战的历史经验的确证明了这一点。在这种情况下，科贝特提出，充分利用海军的灵活性对敌人施加压力，是迫使敌人为了自卫而不得不寻求决战的最好办法。

　　在科贝特由海向陆联合作战的理论中，似乎存在着某种矛盾。当时英国人普遍认为英国本土可能遭到外敌入侵时，科贝特驱散了这种恐慌。他指出，自1815年以来，技术发展更有利于防御一方，只要英国能够集中舰队攻击敌人的运兵船队，就不必担心有外敌入侵。但科贝特还断言，只要远征部队的翼侧能够得到海上整体优势的保护，技术的变化就不会降低英国发动海外远征作战的能力。他似乎忽视了水雷、远程海岸炮和鱼雷舰艇的存在，以及在欧洲战争中电报、公路和铁路给防御者带来的更大的灵活性。科贝特认为，取得成功的必需条件之一，就是陆军与海军指挥官之间的密切合作。他反对任命一位全权指挥官的观点，因为没有哪个人能够同时精通陆军和海军的指挥艺术。

　　在科贝特关于商业战的论述中似乎也存在类似的矛盾。他同马汉一样，认为袭击海上贸易是一种非决定性的、浪费兵力的作战方式；用这种方式与英国这样拥有庞大商船队和一支握有制海权的海军相对抗，绝不会取得决定性效果。另一方面，科贝特又强调，英国袭击敌人的航运能够对敌国的财政

和工业实力产生重大影响。为了解决这一矛盾，科贝特提出，应当把掌握制
海权的国家所实行的全面封锁，与劣势海军国家的单艘舰艇对商船实施的时
断时续的袭扰区分开来。他没有预见到未来会出现针对商船队的新型突击方
式①，这种方式能够在相当程度上让海面制海权失效。通过研究战史，科贝特
相信，商船损失最多的地方是在狭窄海域而不是在开阔海域。1856 年《巴黎
宣言》废除了劫掠船制度，解除了此类袭击对英国造成的主要威胁，而且使
得保护海运贸易的任务更易于完成。技术变化也有利于防御一方。蒸汽动力
的商船不像先前的帆船那样，必须沿着固定的航线行驶，它可以绕过可能有
袭击舰艇的海区。而执行袭击任务的蒸汽巡洋舰和辅助军舰，由于装载的燃
煤有限，在航程和持续时间方面都受到很大限制。军舰在俘获船只的数量上
也受到限制，因为不可能把本舰轮机舱的水手们派去押运俘虏船。科贝特也
思考过击沉被俘船只的可能性，但他否定了这种想法，因为无法安置被俘的
船员和乘客，更不可能接受把被俘船只和人员一同击沉的做法。他也否定了
在当时较为普遍而实际上被误解的一个观点，即第一次世界大战以来英国商
船队的规模不断扩大，这将招致更大的损失。即使英国的损失量并没有如科
贝特所预计的那样减少，损失所占比例也将会变小。科贝特也批驳了另外一
个比较普遍的观点，即英国海军的规模应当取决于被保护商船的规模。

　　关于保护海上贸易的战术措施，科贝特很清楚护航舰队在过去战争中所
取得的成就，但是他仍然严重怀疑护航体系在新的条件下能否依然有效。在
通信已经非常迅捷的时代，要保住运输船队的航行秘密是不可能的，而且在
海上集中航行的蒸汽船队也要比帆船队更容易暴露。运输船队的传统缺点仍
然存在，如海上续航时间的减少和港口过分拥挤所造成的一定的经济损失，
而且需要派出较多兵力对船队实施护航，这将打乱海军的战略部署。另外，
运输船队这种高价值目标对于敌方舰队极具诱惑力。科贝特承认，关于这个
问题的争论远没有明确结果，需要再次进行验证。与当时英国海军大多数人
的意见一致，他更倾向于认为，护航体系不再是保护商业航运最有效的方式
了。首选方案，在 1914 年就曾经尝试过，是在商船集中的关键海域部署巡洋

---

　　① 译者注：这种方式显然指的是二战中德国潜艇的狼群战术。

舰，并在敌袭击舰艇可能出现的海域部署进攻性的巡逻兵力。

与海军和政界的普遍看法相同，科贝特也没有预见到无限制潜艇战在1917 年几乎置英国于死地。但不能就此而湮没这样一个事实：科贝特关于英国海上贸易的巡洋作战不会有效的所有观点，在第一次世界大战初期德国巡洋舰艇的惨败中已经得到证实。他关于英国能够通过掌握全面制海权对德国实施瘫痪性封锁的预见，也同样正确。

毫无疑问，朱利安·科贝特仍然是一位享有崇高威望的海军历史学家，也是任何一名研究现代海上战争的学者所不能忽视的理论家。

七、 海军上将赫伯特·里奇蒙德

（巴里·亨特，Barry Hunt）

对英国海权历史的独到研究，让里奇蒙德上将在英国海军圈之外也同样赫赫有名。1931 年从海军退休之后，里奇蒙德在剑桥大学以历史研究为第二职业，坚定地继承了科洛姆—马汉—科贝特的海军学术传统。长期的海军服役经历对于里奇蒙德的知识发展发挥了关键作用。尽管在服役过程中，他经常卷入反对职业偏见和保守主义的斗争中，但他仍然晋升为海军上将。他是一个少有的综合能力出众的人——一名经验丰富、精明能干的军官，具备异常敏锐、长于分析和富有远见的头脑。①

作为第一次世界大战前和战争期间所谓的"青年土耳其派"（Young Turks）②改革运动的先行者，作为一名教师、国防评论家和战略家，里奇蒙德一直在批判英国海军部的正统教义。通过强调历史研究的价值，并以之作为传播正确战略和战术思想的一种手段，里奇蒙德倡导的唯物主义观

---

① This survey is based on the forthcoming, *Sailor-Scholar*: *Admiral Sir Herbert Richmond* 1871-1946, by Barry Hunt to be published by the Wilfred Laurier University Press.

② 译者注：也有人译为"激进派"。

点对英国海军政策的形成产生了主导性影响。在他看来，第一次世界大战揭示出英国在指挥和学说方面、在物质和精神方面都存在着严重的缺陷，在战略判断上也存在着令人忧虑的扭曲。里奇蒙德认为，期望与成就之间存在巨大差距的原因，是因为没有建成高水平的海军参谋机关，以及长期忽视对军官进行更高层次的职业教育。

在整个职业生涯中，里奇蒙德都在身体力行地推进全面改革。他运用自己杰出的才智、坚强的性格以及对历史真相的深刻了解，痛斥同代人中存在的那些冒充海军思想的陈腐观念。但里奇蒙德的积极影响也由于他的个性瑕疵而受到很大的制约：他对上级态度傲慢，对才能较差的人缺乏耐心，学者的清高使他看上去严厉而刻板。尽管如此，里奇蒙德仍然是来自英国海军内部的唯一推动力，推动在后费希尔时代对广泛的海军问题和国防问题进行持续的批判性审视。

1906 年，海军上将约翰·费希尔把里奇蒙德调到海军部，担任他的海军助理。像杰利科（Jellicoe）①、培根（Bacon）、奥利弗（Oliver），以及其他曾经担任过这一职务的精干军官一样，被选中的里奇蒙德日后将青云直上。两年后，35 岁的里奇蒙德晋升为海军上校，而后担任英国本土舰队（Home Fleet）的旗舰——"无畏"（HMS Dreadnought）号战列舰舰长。这艘舰是费希尔海军改革的产物，是世界上第一艘全重型火炮战列舰。但是，里奇蒙德对于费希尔的狂热崇拜有了一条清晰的截止线：当他和同僚们一起试图说服费希尔，把改革重点放到制定总体战争计划和创建现代海军参谋机构等更宏观的问题上时，费希尔的拒绝让他的狂热变得清醒起来。

这时，朱利安·科贝特成了里奇蒙德的密友和知己。也正是科贝特激发了这个年轻上校的好学本性，培养了他对更广领域的英国国防问题的浓厚兴趣，以及他对保障学者开展系统学术研究所需要的教育和组织变革等问题的广泛兴趣。在科贝特的支持下，里奇蒙德着手撰写他的第一部历史著作——三卷本的《1739—1748 年战争中的海军》（*The Navy in the War of 1739-1748*）。

---

① 译者注：杰利科，1916 年 11 月 28 日就任第一海务大臣。面对德国潜艇的威胁，反对以削弱主力舰队为代价对商船实施护航，而是建议采取其他反潜措施。

这部书是他作为一名历史学家的成名作，后来荣获了备受尊崇的皇家联合部队学会（Royal United Services Institute，RUSI）颁发的切斯尼金质奖章（Chesney Gold Medal）。在此之前，唯一获此殊荣的海军军官只有马汉。这部著作的创作过程代表了里奇蒙德的一个重要成长经历，是他在海上战略主要概念的理解上的深化，是他在海军参谋机构作用的认知上的成长，是他在创建海上联合战争办公室（负责拟制未来战争计划）必要性的认识上的升华。

离开"无畏"号战列舰后，里奇蒙德被降职到朴次茅斯鱼雷学校（Torpedo School at Portsmouth）所属的一艘二级巡洋舰上担任舰长。之后的几年时光对他来说非常重要，除了完成上述著作并为海军历史学会撰写另一本专著之外，里奇蒙德还利用部分时间在海军战争学院授课。在战争学院，他把许多有思想且致力于海军改革的学员和教官聚集在自己身边，共同创办了海军社（Naval Society）及其社刊《海军评论》（*The Naval Review*）。

在第一次世界大战前所有的改革举措之中，里奇蒙德对《海军评论》的期望最大，付出的心血最多。他希望通过这个刊物激发海军的知识复兴，并对海军决策成为高级将领独霸禁区的陈规陋习进行了大力的批判。用里奇蒙德自己的话来说，他的目的就是"激发人们对于战略、战术和原则的兴趣，这些内容也正是被理查德·肯彭费尔特（Richard Kempenfelt）上将称为我们工作中'崇高的'那一部分……我希望人们养成推理严谨、探究根本、归纳原则的思维习惯，以及对我们工作的更高层次内容保持兴趣的习惯"。为了防止海军当局的刁难，里奇蒙德决定把《海军评论》办成只在会员当中发行的"私人"杂志，通过匿名发表的方式保护撰稿人的安全，并鼓励各级军官都能够自由地参与讨论。尽管海军社人丁兴旺，有1000多名会员，而且还有温斯顿·丘吉尔（Winston Churchill）和第一海务大臣①路易斯·巴滕伯格亲王（Prince Louis of Battenberg）的支持，但《海军评论》仍然受到大多数高级军官的怀疑。海军部在第一次世界大战期间对该刊物强制审查，直到19世纪20年代中期才由第一海务大臣戴维·贝蒂（David Beatty）废除了这项强制审查

---

① 译者注：第一海务大臣（First Sea Lord），是英国海军部最高长官，起初由文职人员担任，自1828年起由军官担任。第一海务大臣同时兼任海军参谋长，受第一海军大臣（First Lord of the Admiralty，简称First Lord）领导。1964年海军部并入国防部之后，海军大臣被取消，但第一海务大臣继续保留。

规定。打压《海军评论》及其创刊者的做法是徒劳的，只会增强他们继续办刊的决心。在第一次世界大战期间，英国民众对于海军部的指挥能力日渐不满，海军社因此成为里奇蒙德和朋友们集中精力促成海军变革的组织，这其中包括饱受争议的与劳合·乔治①（Lloyd George）的联系，这种联系对乔治在 1917 年决定撤销杰利科职务发挥了一定作用。

《海军评论》无疑让里奇蒙德变成了异类而受到密切关注。在担任海军部作战部长助理时（Assistant Director of Operations，1913 年 2 月—1915 年 5 月），里奇蒙德发现自己陷入左右为难之地：一边是要求实施谨慎防御的上司，另一边是痴迷于无限进攻的海军大臣丘吉尔。在这种情况下，里奇蒙德还敢于指出第一海军大臣（First Lord）批准的北海和波罗的海作战计划之中充斥着太多的"狂热"，的确是冒着巨大的风险。也许这次对上级的"妄议"太幸运了，当他试图劝阻丘吉尔不要单独运用海军进攻达达尼尔海峡时，好运气到头了，他被贬为英方派驻意大利海军的联络军官（Liaison Officer）。这一切之中最具讽刺意味的是，里奇蒙德本人就是一个"东方人"②的"带头大哥"；他非常清楚，缜密设计和正确运用的两栖战略能够在许多地方实现丘吉尔所希望的效果，但不是在土耳其海峡。

1917 年，在贝蒂的翼护之下，里奇蒙德再次开始为推进舰队规划和修订大舰队作战条令（Grand Fleet Battle Orders）发挥积极作用。此时的海上战争已经到了一个非常危急的阶段。日德兰海战（Jutland）之后，虽然双方在北海不可避免地陷入了僵持，但是德国潜艇的无限制攻势作战却取得了令人胆战心惊的成功。里奇蒙德竭尽全力想让海军部明白，专注于维护大舰队数量优势的做法是如何削弱了小舰队的资源，进而失去了对敌人采取有效进攻手段的所有可能。他建议在地中海和亚得里亚海（Adriatic）实施有限的进攻作战，以调动德国潜艇，同时更加积极地运用海军航空兵力攻击德国的公海舰队（High Sea Fleet），迫使德国潜艇无法得到舰队的有效掩护。

---

① 译者注：劳合·乔治，1916 年被任命为英国战时首相，非常强势，甚至一意孤行。在 1917 年 1 月 31 日德国实施无限制潜艇战后，力主在大西洋实施护航体制。他与时任第一海务大臣的杰利科之间的矛盾不断激化，遂于 1917 年 12 月 24 日解除了杰利科的职务。

② 译者注：是指"青年土耳其派"。

　　当然，其中有些计划是无法实施的，因为这些计划实施所依靠的装备和技能都无法在短期内具备。必须强调指出，这些计划确实面临风险，但不是要大舰队的各个分队都去冒险。在这个问题上，里奇蒙德与杰利科属下的激进评论家们的观点不同，他们认为海战的主要目标必须是迫使敌人进行舰队决战。里奇蒙德与大多数海军专家都反对这种观点：除非德国自己挑起战斗，否则故意推动一场并不必要的舰队决战是非常冒险的；英国最好的策略是在北海保持战略优势，坚信封锁能够达到的长期效果，并且通过护航和攻击敌潜艇基地这两种互为补充的方式，削弱德国潜艇部队的锐气。

　　第一次世界大战结束后，1919 年 11 月贝蒂被任命为第一海务大臣。里奇蒙德的前程自此开始时来运转。在晋升为海军少将后，他被派往格林尼治海军学院重新开设高级军官战争课程（Senior Officers War Course）。这是一个重要且有意义的岗位，可以让里奇蒙德充分施展他的教育才华，也是认真进行教育改革的恰当所在。一般来说，与贝蒂的友谊意味着里奇蒙德有机会影响英国战后政策的发展，尽管在许多问题上与贝蒂存在重大分歧，但是里奇蒙德的加入为提高战后海军大讨论的独创性和深刻性提供了更多可能。同等重要的是，格林尼治海军学院允许里奇蒙德继续从事自己的写作，以及扩展与"青年土耳其派"以外的部队和学术机构的联系。于是，他在皇家联合部队学会、皇家国际事务学会（Royal Institute of International Affairs）、剑桥大学和伦敦大学都有授课任务。

　　里奇蒙德在东印度群岛担任了一段时间的最高指挥官之后，于 1926 年到伦敦担任新成立的帝国国防学院（Imperial Defence College）首任校长。里奇蒙德为帝国国防学院的创建和后续发展方针的确定做出了巨大贡献，这个方针使得该校及它的后继学院①、英联邦的兄弟学院成为针对国防问题进行更高层次探讨的重要机构。因此帝国国防学院的建立，是见证里奇蒙德远见卓识的又一个重要纪念碑。

　　没人想到帝国国防学院校长竟是里奇蒙德服役生涯的最后岗位。1929 年

---

　　① 译者注：1971 年，帝国国防大学更名为皇家国防研究学院。该校主要培训各军种的上校、准将级军官和国防部高级文职人员，以及英联邦和北约的高级军官。学院没有固定编制的教员，通常视课程需要分别邀请军队、政府部门、大学和研究机构的人员进行授课。

11 月，他在《泰晤士报》（*The Times*）上发表了两篇署名文章：《小海军》（Smaller Navies）和《主力舰》（The Capital Ship）。这是他与海军官方政策的最后一次对立，结果是两年之后他被强制退休。多年以来，里奇蒙德一直反对海军部把信心寄托在大型战舰的发展之上。早在 1921 年华盛顿裁军谈判之前，里奇蒙德已经质疑过贝蒂的新型战列舰建造计划，一部分原因是担忧潜艇和飞机的未来冲击，另一部分原因是该计划几乎没有考虑到英国海军优势的保持还依赖于国际经济的实际状况。里奇蒙德认为，仅仅用战列舰的实力来定义海上安全，始终是一个想当然的标准。在华盛顿谈判期间，他在写给《泰晤士报》的一封匿名信中，对主力战舰吨位不超过 35000 吨的决定表示怀疑，并对限制各国海军规模的数量比例太高提出了批评。当另一次国际会议即将在伦敦召开时，他对军控的比例制度和"装备均等"（material parity）的原则公开提出异议；他呼吁采用一个更加理性的方法，把国家需求固化在一个能够适应战略战术要求的定性基础之上，他还呼吁大幅降低单艘主力舰的吨位标准（他建议的标准是 10000 吨）。不论里奇蒙德的"小舰"建议有怎样的理论价值，这些建议与海军部的想法显然是对立的，海军部又不能视而不见。但海军部并未组织公开辩论，而是对里奇蒙德进行了严厉的谴责，并最终将他扫地出门。

当然，退休并不能让里奇蒙德保持沉默，从很多方面来看，退休后他开始进入生命中的黄金时代。里奇蒙德利用他获得的新自由最终完成了《海军在印度 1763—1783》（*The Navy in India* 1763-1783）这部著作。此外，他还撰写了《经济与海上安全》（*Economy and Naval Security*，1931 出版），该书总结了他早期关于裁减军备和建造小吨位主力舰艇的观点。1931 年，他在剑桥大学李·诺尔斯讲座①（Lees Knowles Lectures）进行授课，相关内容被整理为《帝国国防与战时海上捕获》（*Imperial Defence and Capture at Sea in War*），并在 1932 年出版。1934 年他在《海权和当今世界》（*Sea Power and the Modern World*）一书中，再次回归经济和集体安全问题的研究。随着他受邀到欧洲和

① 译者注：李·诺尔斯讲座是剑桥大学三一学院的传统讲座，每年都由一或两名主讲人围绕某个主题进行讲授。比如，1915 年科贝特主讲《特拉法尔加之后的伟大战争》，1933 年利德尔·哈特主讲《18—20 世纪军事思想的发展及对欧洲历史的影响》。

美国讲学，里奇蒙德的学术贡献越发得到普遍重视。1934年他被聘为剑桥大学维尔·哈姆斯沃思教授（Vere Harmsworth Professor），讲授帝国与海军史。两年后，他就任唐宁学院院长（Master of Downing College），一直任职到1946年去世为止。里奇蒙德在退役后的这些年里，始终密切关注着当代国防理论的发展，在很多领域都有著作完成。1943年他在牛津大学的福特讲座（Ford Lectures at Oxford）授课，相关内容被整理为《政治家与海权》（*Statesmen and Sea Power*）一书，于1946年出版。

里奇蒙德的兴趣广泛，他既是改革家又是学者，其影响在各个领域相互交织，因此很难概括他对当代政治发展的真正影响。他试图去定义战争学说，却从未系统地持续下去，相关观点必须从他的著作中推导得出。里奇蒙德展望未来：海上交通线由基地网串联而成，基地网的防御任务则由三军联合完成。他把海军置于战争舞台的中心，由此引发了人们对于他轻视其他两个军种重要性的指责。巴兹尔·利德尔·哈特（Basil Liddell Hart）①公开抨击英国在1914—1918年承担的大陆义务。尽管里奇蒙德是皇家联合部队学会中唯一支持这次著名批判的人，但他还是极力强调所谓"海上"战略和"大陆"战略的抉择绝不应当互相排斥。在20世纪的社会条件下，这两个相互支撑的战略在国家整体政策之内不可或缺。里奇蒙德对过于依赖战略轰炸打赢战争的倾向表示担忧，强调应当把确保海上交通线的安全置于绝对优先的地位。他担心，仅仅通过轰炸德国而取得胜利，也许会以作为海权帝国的英国的崩溃为代价，这是他坚持认为应当对目标与手段进行明确区分的一个重要例证。

里奇蒙德在学术上的成就，无疑是他最重要和最持久的成就。他提高了人们对于海军历史重要性的普遍认识，使得海军史研究成为严肃、独特的学术领域，又是军官教育极为重要的一项内容，进而实现并拓展了马汉和科贝特先前的努力成果。他的许多著作之所以被现代人所忽视，可能与他研究历史的方法有关——按照现代标准来看，他的研究方法具有某些过时的宿命论色彩。跟马汉一样，他确实希望过去的历史能够提供"超越时间限制的经

---

① 译者注：利德尔·哈特（1895—1970），英国著名的军事理论家、战略家，当代西方军事思想的集大成者，主要代表作有《战略：间接路线》《第二次世界大战史》。

验"。这种倾向在他的那些比较通俗的书籍中表现得最为明显，因为他的写作目的就是把基于历史的理论向广大未受过系统教育的读者进行宣讲。写作方式必须与这个目标匹配，所以他的大多数著作都被编成了符合时代需要并能够引发阅读兴趣的小册子，这些小册子仅仅适用于作为当代思考和辩论的论据。他的最后两本著作则有所不同，《政治家与海权》以及没有最终完成的著作《作为政策工具的海军　1558—1727》（*The Navy as an Instrument of Policy 1558-1727*，1953 年出版）得以流传下来，成为对里奇蒙德的最好纪念。在这些广泛的学术研究中，里奇蒙德试图向政治领导人和军事领导人阐述清楚，他们的联合责任是制定国家目标并完善战略政策，从而在平时和战时都能够最好地支持这些目标。

但是，里奇蒙德作为学者的主要目的，不是构建一个系统的海权理论。在这一点上，他与马汉的做法明显不同。作为海军历史学家，里奇蒙德赖以成名的主要著作是那些论述翔实的专项研究：《1739—1748 年战争中的海军》（*The Navy in the War of 1739-1748*，1920 年出版）和《海军在印度　1763—1783》（1931 年出版），以及为海军历史学会编辑的几卷著作，即《关于 1756 年米诺卡岛失守的报告》（*Papers Relating to the Loss of Minorca in 1756*，1913）及《斯潘塞报告》（*The Spencer Papers*）的第 3、第 4 卷（1924 年出版）。撰写这些书的目的，不是在约米尼式的或其他的理论模型基础上构建规范或系统的理论，而是从特定的人物、环境以及国家政策理性发展的角度，来阐述英国的海上成就。从研究所依据的一手资料和论述的独创性来看，里奇蒙德比马汉要略逊一点，但比他的那些英国前辈，特别是比朱利安·科贝特要好得多。他始终对政治、地理和技术的特点保持着清醒认识，反对"蓝水"海军主义者们在夺取制海权的行动中，极度痴迷于战列舰舰队的做法。里奇蒙德进一步强调，从功能作用来看，海权始终是非常复杂且包罗万象的，它既具有直接的军事意义，又是展示外交和经济实力的一个工具。因此，他很注重阐述一些基本概念，比如交通线和贸易保护，封锁与交战国的权力，协同作战和联盟政策等。

里奇蒙德既没有嫡传弟子，其著作也没有像马汉那样在参谋学院的阅读书目中占据显著位置。他最大的影响也许体现在下一代优秀海军学者的著作之中，比如阿瑟·J. 马德教授（Arthur J. Marder）和斯蒂芬·罗斯基尔海军上校，他们以不同的方式论及里奇蒙德的著作。里奇蒙德的思想和著作在一战后的西方学术界居于主导地位。他拓展了前辈的思想成果，并把这些思想更加牢固地植入人们的普遍意识之中。

八、 欧洲大陆的海上战略 （1918—1939）

在法国，海军上将拉乌尔·卡斯泰就第一次世界大战对海上战略未来发展所具有的重要意义，进行了十分透彻的分析。在一战之前，卡斯泰就撰写了一系列关于中南半岛（lndo-China）① 防御问题的著作。从 1929 年起，他先后出版了五卷本的不朽名著《战略论》（*Theories Strategiques*），堪称迄今为止最系统的海上战略理论著作。之后，卡斯泰担任海军军事学院（Ecole de Guerre Maritime）院长。他在写给里奇蒙德的信中，以赞赏的语气说道："历史不是为了让人记住而进行的如实记录，而是为了让人们研究问题并养成思维习惯的一个工具。"② 虽然很难说卡斯泰在法国以外有着广泛影响，但是也有例外，比如他的一个学生担任过荷兰海军战争学院（Dutch Naval War College）的首任院长，然后是海军参谋长和海军大臣。尽管对英美海军没有产生什么明显影响，但他却是海军思想发展史上一个非常重要的人物。

与同时代的许多军官一样，卡斯泰对于潜艇和飞机等新技术在海军作战理论和实践上的可能影响表示深深的忧虑，但是他并不认为这些新技术的发展意味着大型水面舰艇重要性的下降。当然，这类舰艇现在必须以不同以往的方式进行作战，从而最大限度地用好那些新式武器。尤其是空中优势，已

---

① 译者注：法属中南半岛，也叫印度支那，是 18—19 世纪法国在东南亚中南半岛东部的一块殖民地，大致范围包括今天的越南、老挝和柬埔寨三国之和。1954 年，因为当地人民的顽强抵抗，法国政府被迫签订了《印度支那停战协定》，正式退出该地区，越南等三国随即独立。

② Richmond in a review of Castex vol. ⅳ（1929）*Naval Review*（1933）.

经成为建立海上优势的必要条件。① 但无论如何，水面舰艇兵力的重要性依然一如既往。

第一次世界大战已然证明，尽管制海权的程度、范围在时间和空间上表现得更为有限，但是制水面权对于夺取海上胜利仍然至关重要。制海权是一个相对的、局部的、不完整的概念：即使是对海洋有着最绝对的控制，也无法阻止敌人在这些海域出现。制海权的真正含义在于，对实现某一特定目标所必需的海上交通线的有效控制。②

这种海上控制仍然是成功地攻击敌方海岸或商船的基本条件。在获取充分的制海权之前就迫不及待地展开那些令人亢奋的攻击行动，这种诱惑始终存在。这种做法当然非常危险，因为此时己方攻击部队非常容易遭到敌主力舰队的突袭。因此从理论上讲，在对敌海上贸易或海岸发动攻击之前，必须首先赢得制海权。然而，在实践中超越理论、灵活应变的要求也是必需的，不要忘了，没有任何理论是绝对的。③

关于如何夺取制海权的问题，卡斯泰推荐最传统的方法。关键要素是集中兵力，即最大限度地集中当时可用的作战力量。④ 虽然在某些时候通过某种类型的封锁，迫使一支不愿交战的敌军无所作为是很有必要的，但每一个海上战略都应当聚焦于作战，是马上打还是延期再打。为了证明这个论点，他引用了达弗吕上将的话："为了让敌人丧失战斗力，必须解除敌人的武装，换句话说，就是要消灭敌人的有生力量，那是他们战斗力的保证。"⑤

也许卡斯泰对于那个时代海上战略的主要贡献，在于他仔细而合理地重申了马汉和科洛姆之前总结的那些关于制海权的重要性和通过作战消灭敌人主力的必要性的真谛，他为恢复海军的自信心发挥了一定作用。在许多人看来，第一次世界大战已经证明，不仅英德两支大型战列舰舰队因陷入无效的僵局之中而碌碌无为，而且一些新型作战力量也开始对战列舰的核心地位发

---

① Castex vol. ⅰ（1929）pp. 276-373；vol. ⅱ, pp. 277-286.
② Castex vol. ⅰ（1929）pp. 99-105, 114-115.
③ Castex vol. ⅰ（1929）pp. 214-215 et seq.
④ Castex vol. ⅰ（1929）p. 151, 344.
⑤ Castex vol. ⅱ（1929）p. 12；vol. ⅰ, pp. 200-202.

出挑战。卡斯泰强调，海军军官无须对这些情况反应过度，情况变化越大，他们越应该表现得处变不惊。

前述的所有问题，对于那些处在海上先天劣势、在现实中又不可能夺取制海权的二流海军都没有什么帮助。那么，二流海军怎样才能充分利用其有限的兵力呢？卡斯泰认为，第一次世界大战实际上已经表明，劣势兵力如果运用得当，仍然能够有所作为。采用多种形式的有限进攻作战，或许可以迫使优势敌人分散兵力，形成薄弱之敌，进而各个击破。新型武器装备使得这类有限进攻变得更加有力。例如，飞机能够"扩大劣势海军的战略进攻能力"，因为空中侦察能够帮助他们发现高价值目标并避开敌优势兵力。然而，卡斯泰一针见血地指出：不管怎么说，理论研究肯定比付诸实践要容易些，这就是知易行难。①

在探讨二流海军应该怎么办的问题上，卡斯泰并不是当时唯一的海上战略家。例如在俄国，苏维埃新学派提出了更为彻底的解决办法。他们完全抛弃了沙皇俄国的海军理论遗产和资产阶级军事理论，这些理论构成了伏罗希洛夫海军学院（Voroshilov Naval War College）经典理论的基础，以彼得罗夫（Petrov）和格尔瓦伊斯（Gervais）两名教授为代表。这些理论的倡导者受到批判和枪决，理念被完全抛弃。取而代之的是新学派推出的苏维埃海上战略，其主要目的是有效地实施近岸海区的"小规模战争"（minor war）。其主要观点是，运用潜艇、水雷和飞机的协同作战，保护国家海岸线免遭外敌侵犯，并在时间紧迫的情况下尽最大可能对陆军进行最有效的直接支援。依据真正的马克思主义传统观念，任何理论都必须符合经济、社会和政治的实际情况。苏联海军到底在多大程度上接受了新学派的理论观点，是存在争议的。事实上，在19世纪30年代末期，苏联又一次开始着手建设大舰巨炮的远洋海军。在德国，海军中将沃尔夫冈·韦格纳在《世界大战中的海上战略》（*Seestrategie des Weltkrieges*，1926）一书中，对这些问题进行了最透彻的思考。该书于1929年出版，篇幅不长，是一部内容充实的备忘录。韦格纳严厉批判了公海舰队指挥官在第一次世界大战中守株待兔的把戏，他认为，这样做的后果就

---

① Castex vol. ⅳ（1929）p. 149-151 et seq .

是把所有优势都彻底地拱手相送于英国。韦格纳认为，无论采取哪种策略，都比让德国舰队事实上在亚德湾（Jade）无所事事要好得多，因为这支舰队是德国在战前花费巨资、耗费心血并寄予厚望的国之重器。当然，德国舰队在物质基础和地理条件上都居于劣势。但即使如此，德国海军司令部也没有真正明白这个道理：在毫无价值的战略位置实施防御，（不论多么巧妙）都没有任何意义。

恰恰相反，韦格纳指出，德国舰队必须冲破自我禁锢，"冲向大西洋，不惜一切代价进入大西洋，这才是我们最炽烈的渴望"。德国海军应该北上至挪威南部（或者在可能时南下到法国的布雷斯特），发动一次迅猛的"地理攻势"，这样才能对英国的海上优势构成真正的挑战。此类行动将迫使英国后撤封锁线，从而给德国留出更大的进攻作战的空间。这样做甚至可以让德国在比日德兰海战更有利的条件下，与英国大舰队展开决定性的较量。

韦格纳主张，劣势海军仍然能够实施进攻作战，虽然这样的海军本质上最多算半支远洋海军，但它依然是国家至关重要的战略手段之一。这个观点受到了同时代人的热烈欢迎。韦格纳的理论显然对第二次世界大战的德国海上战略产生了一定影响。但韦氏理论中也存在一些难以解决和模棱两可的问题，赫伯特·罗辛斯基（Herbert Rosinski）[①] 博士就曾指出其中一二。罗辛斯基与韦格纳是同代人，曾经在德国海军学院从事海军理论研究工作。他认为，韦格纳过于重视地理条件和兵力部署问题，对于德国海军兵力上的根本劣势却重视不够。劣势兵力在海上甚至比在陆上更加脆弱，他在移居美国之后指出："在海战中丧失制海权争夺能力的一方，实际上无法应对敌方的攻击，而且也没有改变这一局面的任何希望。"[②] 韦格纳尤其没有阐述清楚的是，为什么在挪威附近的决战肯定比在北海中部的决战对德国更为有利。简言之，韦

[①] 译者注：赫伯特·罗辛斯基（1903—1962），是继克劳塞维茨、马汉和科贝特之后，西方又一位杰出的战略理论家和军事思想家。罗辛斯基出生在德国，1936 年因其犹太人的身份被迫放弃了在德国海军参谋学院的职务，流亡到英国。20 世纪 40 年代初辗转到了美国。在接下来的 20 年时间里，罗辛斯基作为一个流荡、落魄的学者，在多个研究机构任职，是普林斯顿高等研究院的成员，也是美国布鲁金斯学会、对外关系理事会、陆军战争学院和海军战争学院的顾问。他最具影响力的著作是《海军思想的发展》，由美国海军战争学院的米切尔·辛普森根据罗辛斯基在 1939 年前后发表的一系列论文汇编而成，其中的许多学术观点经受住了时间的考验。

[②] Rosinski（1977）p. 64.

格纳的推理虽然表面看来具有独创性和感染力，但却存在着根本的缺陷。

在这段时间，德国的其他学者也对德国在海上左右为难的困境提出了更接地气的解决之道。为什么不彻底放弃对制海权的争夺，特别是当德国倾尽全力也没有希望赢得制海权的时候？为什么不为新的商业战而重建德国海军，而是继续坚持显然会导致德国失败的传统思维方式呢？一位德国海军将领写道："从今以后，对 1916 年日德兰式的主力舰队决战考虑得越少，商业战越可能成为海军战略的主要作战任务。"① 海军上校冯·瓦尔德尔·哈尔茨和恩斯特·威廉·克鲁泽（von Waldeyer Hartz and Ernst Wilhelm Kruse）两人都认为，商业战再也不是次要的作战行动了，而是主要的作战行动。必须承认敌人的制海权，坚决避开敌人的水面兵力，而对敌人的商船队必须用战列舰、巡洋舰、潜艇和飞机全力以赴地实施攻击。② 瓦尔德尔·哈尔茨写道："商业战将是未来海军最主要的作战样式。"③

事实上，1938 年之前这些观点在德国海军内部并没有得到广泛认可，因为英国（事实上是适合此类作战行动的唯一目标）在 1938 年之后才成为德国的可能对手。在此之前，德国的注意力一直集中在波罗的海方向。另外，提倡巡洋作战，就意味着批判了提尔皮茨（Tirpitz）战前的海军政策，以及他在德国海军的信徒们在两次大战之间的普遍观点。海军的未来似乎依赖于一个针对批判者和诋毁者的联合阵线，唯有这样才能把在任何地方出现的任何批评，不管是含蓄的还是直截了当的反对声音压下去。一如既往，历史著作变成了政策通过另一种方式的继续。④

对现代条件下各种海上问题给出透彻而又谦逊的解答，即所谓纯正的不列颠式解答，在第二次世界大战爆发前不久才得以出现，它就是海军中校约翰·克雷斯韦尔（John Creswell）在 1938 年发表的《海战：研究导论》（*Naval Warfare：An Introductory Study*）一书。很明显，克雷斯韦尔信奉历史的力

---

① Vice Admiral A. Meurer quoted in Richmond (1946) p. 298.

② von Waldeyer Hartz, 'Naval Warfare of Tomorrow', Wissen and Wehr (1936); Kruse, *Neuzeitliche Seekriegs führung* (Berlin：Mittler, 1938).

③ Quoted in Rosinski (1977) p. 64.

④ I am indebted to Professor Keith W. Bird for this point. see Bird (1979).

量，他想通过自己的研究让年轻的海军军官们收获特别的益处："把最可能导向正确的战略战术的思想方法，摆在他们面前。"

克雷斯韦尔论述道，战列舰舰队的优势仍然同过去一样，对海战胜负发挥着决定性作用。打赢海战可以让这种优势不断得到强化。他十分强调战列舰舰队的"极端重要性"，以及它对"海战所有行动所具有的主导性优势"。运用封锁重创敌舰队，虽然有时是必要的，但这远非夺取海上优势的有效方法。他探索了可供弱势海军利用的各种办法，并得出这样的结论：如果战略运用得当且大胆，防御战略也能大有作为。克雷斯韦尔认为，尽管潜艇和飞机最近的发展势头很猛，但战列舰仍然是主力舰队的骨干力量。另外，他还深入研究了海上贸易的进攻与防御，以及跨海远征等战术问题。

海军中校拉塞尔·格伦费尔（Russell Grenfell）所著的《海军统率艺术》（*The Art of the Admiral*，1937）是另一部类似的著作。格伦费尔在格林尼治的海军参谋学院（Naval Staff College）担任教官，后来成为一名出色的海军历史学家。同克雷斯韦尔一样，他在这本看似简单的著作中涉猎了广泛的知识内容。虽然后者的理论性更强一些，但二者的结论基本相同。这部著作让人特别感兴趣的内容，是试图对夺取制海权的两种主要方法加以区分：一种是消灭敌人，另一种是控制海上交通线。格伦费尔认为，前者恰恰是达到后者的手段，在许多情况下，尽管按照严谨的逻辑推理来看没有必要，但为了用真实的胜利激发士气，这种歼敌作战也是需要的。一位评论家对此非常推崇，称赞该书"洋溢着进攻精神……如果他的观点能够成立，那么我们的下一个对手就没有取胜的可能了"。

崇尚进攻，更是海军上校伯纳德·阿克沃斯（Bernard Acworth）的著作主题。他的作品包括《当代和未来海军》（*Navies of Today and Tomorrow*，1930）和《英国海权的复兴》（*The Restoration of England's Seapower*，1935），文笔生动有趣，却很容易引发争论。阿克沃斯是"装备优先政策"论者的大敌。他极力反对建造大型战列舰，对海军的燃油化甚为担心，对速度的价值以及飞机、潜艇和鱼雷的威胁表示怀疑："也许海军现在最应该做的是，抓住鱼雷的腮，把鱼雷拎起来，正对鱼雷的嘴，好好看看这个虚张声势的妖怪。"最重要的是，他坚决反对被他称为"安全第一"学派的观点。尽管阿克沃斯的评论似乎总是有点恶语中伤的味道，尽管他对某些技术进步的看法也完全错误，但他的著作读起来却十分有趣。正如一名评论家所言："谁要是能把这本书坚持看下去而不扔到窗外的话，那么他将收获许多的乐趣和教诲，同时还能在思维上训练如何去其糟粕、取其精华。"①

简而言之，在英国海军不久之后应用于战争的各类观点之中，这三位作者的观点非常具有代表性。

九、 对第二次世界大战的反应

海军上校斯蒂芬·罗斯基尔，二战期间皇家海军的官方历史学家，从英国视角对第二次世界大战的经验教训进行了十分透彻的分析。在《海权战略》（*The Strategy of Seapower*）一书中，他明确展示了自己对于海军史的价值和海军思想必要性的坚定信念。他认为，英国海军部应对德国潜艇威胁的做法表明，那些不吸取历史教训的人往往注定要重犯过去的错误。在必须立即采取行动之前，认真思考一下这些问题非常重要。

第二次世界大战为海权的潜能和英国坚持海上战略的明智之举提供了成功的证明。罗斯基尔这样定义海上战略："海上战略，是在我们选定的战场，用优势兵力打击敌人的一种手段。"② 同时，他还指出了海上战略在应对大陆强国时所拥有的优势。遗憾的是，在二战爆发之前，英国没有好好记住这些优势，更没有充分利用这些优势。在许多著作之中，随处可见他对英国几乎是习惯性地放弃战争准备的做法的不断哀叹。有时他把这个问题归咎于英国曾经迷恋的"大陆"战略，对海上不愿意投入必要的资源，各军种之间缺少协同，以及海军自身的政策和计划存在缺陷等。

---

① Both of these reviews are taken from contemporary editions of the Naval Review.
② Roskill（1954）p. 1.

罗斯基尔认为，第二次世界大战中英国海军所犯的那些不必要错误，应该是海军部顽固坚持陈旧学说和错误原则造成的。其中最主要的原因，是海军部存在这样一种倾向：过于重视主力舰队的作战需求，而忽视了其他不那么激动人心但又很实用的作战需求，比如护航海上商船。按照罗斯基尔的观点，海军部对热心追求的决战形式的理解也是错误的，他们把决战看作双方主力战舰在两条平行战列线之间的长时间对轰，这导致他们很少关注海军在飞机和潜艇方面的新发展。海军部在筹划反潜作战方面也存在类似的缺点，过于强调所谓的"进攻"手段，对于护航战法的发展和检验重视不够。

当然，罗斯基尔表示，尽管英国海上战略在贯彻实施方面偶尔出现错误，但并没有降低这个海上战略自身的潜力。由于已经建立了切实有效的海上控制，英国海军可以通过保交作战和破交作战，以及登陆作战和抗登陆作战，沿着对最终结局产生决定性影响的方向继续战争。

他写道："虽然运用海权保卫海上交通线对于国家的战时经济十分重要，而且也只有海权能为发动最后的决定性进攻提供条件，但是也只有同样用好海权的这些优点，保障大规模的海外远征部队作战，才能确保海上战略取得最终的胜利。"[①]

简而言之，不管空权和陆权的拥趸们在战前提出怎样的主张，第二次世界大战的实践都表明，海权和海上战略的基本观点仍然是正确的。伯纳德·布罗迪的《海军战略指南》（*Guide to Naval Strategy*），基本上代表了美国对海上战争内涵的透彻理解。该书第一版于 1942 年发行，当时是作为"非专业人员的指南"用书。但该书很快就在一定程度上成为海军的经典著作，用《纽约时报》的话说，它是"海军院校的必读书目"。

相比罗斯基尔的实用主义方法，布罗迪运用了更多的"理论性"方法，他把内容分成不同的主题去研究。罗斯基尔更喜欢运用历史资料这个媒介，按时间顺序组织他的著作。二人的研究方法虽然各不相同，但他们的研究实质是相似的。布罗迪也笃信制海权（这点与罗斯基尔不同），他认为应当"在预定海区，通过进攻打败敌人可能投入的最强兵力"来夺取或保持制海权。

---

① Roskill（1954）p. 12.

海军还应"通过运用作战优势来行使制海权，在确保己方航运畅通的同时，阻止敌人的航运活动"①。行使制海权的能力具有决定性作用，因为"控制海洋的一方，能够有效削弱敌人的优势，发挥出在陆上作战中难以想象的巨大威力"②。在这种情况下，海权能够发挥其最具决定意义的功能，即保护己方的人员和物资运输，并阻止敌方的此类运输。③

1947 年 12 月，美国海军上将切斯特·W. 尼米兹（Chester W. Nimitz）在写给海军部长的一个著名报告的前几页里，非常明确地表达了与布罗迪的代表作中相同的观点。尼米兹引用了一份写于 1657 年的报告中的观点，指出："建立海权的目的，以及运用海军兵力在到达之时对敌人施加压力的标准做法，从古至今都没有改变过。"他还补充说："战争的基本目标和基本原则都没有改变。"

尼米兹指出，美国海军现在所拥有的"海上控制的绝对程度，超过了英国曾经拥有的程度……这种绝对程度有时被认为是理所应当的"。现在这种不容置疑的"海上控制，主要是通过运用海军舰载航空兵摧毁日本和德国的海权而实现"。与布罗迪不同，尼米兹很少注意保护商业航运。但两者也有观点一致之处：新技术非但不会削弱海军，而且现在已经让海军获得了前所未有的更强的力量。尤其是海军航空兵，"给海军提供了一种更加灵活，并在作战半径和作战威力方面都大大增强的进攻手段，在第二次世界大战中运用海军航空兵突击海上和陆上目标，是现代战争取得的伟大成就之一"。

海军航空兵在太平洋战争中的运用已达到了炉火纯青的程度。尼米兹总结道：

> 在所有的作战行动中，舰载航空兵的运用都充分展示了海军的这种能力，即在任何设想的区域，集中起足够在交战点击垮敌方防御能力的兵力规模。这些行动表明，海军舰载航空兵在贯彻机动原则和集中原则方面的能力，已远远超过了其他兵力。④

---

① Brodie（1965）p. 75.
② Brodie（1965）p. 167.
③ Brodie（1965）p. 13-14.
④ Nimitz（1947）.

尼米兹的报告进一步就海军未来运用问题提出了重大需求，这实际上是美国海军在这个核武器主导的时代，对自己的任务清单和国防资源需求进行的首次全面的尝试。该报告关于二战的结论应当这样理解，那个时代的海军军官们，对迄今为止海权的作用和重要性感到非常满意。

然而，时代已经变化，特别是核武器的出现在海军思想界引起了相当大的混乱。欧洲对于这些新问题的观点，可以从法国海军的 P. 巴杰特（P. Barjot）上将、英国海军的彼得·格雷顿以及德国海军的爱德华·韦格纳等人的著作中得以了解。[①] 他们都十分清楚海权在历史上的重要作用。巴杰特从法国海军史的长期回顾中总结教训，他提出应当把重点放在近期出现的海战的"空中"方向。格雷顿则根据历史经验大胆提出一整套海上战略的原则，然后思考这些原则应进行多大程度的修正才能适用于当代。为此，他特意强调了历史研究的重要意义。[②]

对那些认为马汉和科贝特关于行使制海权和控制商业航运的理论已经过时的论调，韦格纳给予了明确的驳斥。[③] 他运用最近的（尤其是德国的）海军实践经验，对一些术语进行了很有意思的讨论。韦格纳认为，海权仅仅由两个必不可少的要素组成：舰队和战略位置。他把战略性的海军进攻（夺取制海权的决心）与海军防御（包括满足于当前均势或者否认制海权概念在内的两种观点）进行了区分。他还提出，在制海权（保持制海权是利用海洋的一个前提）和海上控制（排他性地利用海洋的行动）这两个概念之间，存在重大区别。他进一步指出："海战只有在符合终极目标需求时，才有意义。"[④] 韦格纳的所有看法，与人们所熟知的海军思想的传统观点非常一致。

然而，这三位学者都清楚地意识到了核武器对传统海上作战的可能影响。巴杰特是他们之中最为乐观的一个。他论述道，海洋的重要性，尤其是在运输方面的重要性，正在增长而不是降低。他认为海军的水面舰艇可以经得起

---

① Barjot (1956)；Gretton (1965)；Wegener (1972, 1975)．Edward Wegener is the son of Wolfgang Wegener, noted earlier in text.

② Gretton (1965) p. 194.

③ Wegener (1972) p. 192.

④ Wegener (1972) p. 193.

核武器的攻击，无论如何，都应当尽量利用这些新发展去支持国家的海上目标。然而，格雷顿和韦格纳都对是否应当把海上战略威慑作为海军真正的任务表示怀疑，尽管由于某些偶然原因，海军曾经执行过此类任务。[1] 此外，格雷顿不相信在一次全面的核战争中，一个重要的海上战略能够得以实施。他认为，在这样的战争中，海军的功能将在相当程度上被局限于救援工作。

韦格纳不完全同意这一观点，他进一步研究了海军在战争中"核战阶段之后"的各类行动，他在著作中用大量篇幅分析了核大战之下的海军作战。为了使区别更加明确，韦格纳引用了这样一个概念：海军战略（naval strategy）只与战时夺取海上控制的企图相关；与之相对，海上战略（maritime strategy）则适用于"非战争"（non-war）的情形。[2]

尽管存在普遍的怀疑、沮丧和混乱，格雷顿和其他学者仍然相信：在战略核对峙的阴影之下，海军仍将在有限的常规作战中继续执行重大任务。核武器的毁灭性威力必将限制其运用范围，因此只要当今世界出现政局动荡，有限战争（limited wars）一定会成为可能。随之，格雷顿探讨了在冷战条件下，海军在干预性战争和针对海上交通线的"灰色战争"（grey wars）中的可能任务。他指出，执行这些任务需要海军具备一系列更广泛的传统海上能力，并将继续遵循海上战略的绝大多数经典原则。[3]

总而言之，大多数的现代海军学者都同意格雷顿的观点。因此，现在的关键问题是，哪些能力和原则应当继续保持，哪些需要修改，哪些应当抛弃。

---

① Wegener（1972）pp. 199-200；Gretton（1965）p. 180.

② Wegener（1972）pp. 204-205.

③ Gretton（1965）p. 180.

十、　美国海军战略思想　（1945—1980）

〔约翰·B. 哈滕多夫（John B. Hattendorf）〕

　　在第二次世界大战结束后的 35 年中，学术界对于美国海军战略思想的理论基础没有形成一致的观点。从马汉、科贝特及其他"经典理论家"的既定方向发展而来的战略思想，面临着老思想是否适用的新情况。是否应当发展一个全面、系统的新海军战略以取代传统理论，所有赞同这一观点的经验丰富的实践者或研究人员，直至 1980 年都没有达成一致的看法。他们把研究重点放在了搞清楚某些特定的海军行动上，对其他问题则持轻视或不闻不问的态度。美国的战略著作，主要是关于核战争、威慑和武装力量的体制编制等问题的思考与计算。与此同时，海军战争学院有几个专业的学员，对于海军战略学中的几个基本假定提出了异议，但这些争议尚未得到解决。[①]

　　"战略"这个术语极难捉摸，这是战略家们面临困难的主要症结所在。在 19 世纪后期，这个术语有明确的含义；但到 20 世纪中期却出现了多种存在细微差别的理解，使得这个术语很难按照人们易于接受的方式给出定义。对于有些人来说，战略是一个广泛的理论问题，它涉及与国家军事实力相关的方方面面；对于另一些人来说，战略则是涉及特定形势、舰艇飞机的技术性能、定量分析和财政资源方面的问题。对于战略家来说，这个时代的关键问题是缺乏一个统一的思想认识。历史学家拉塞尔·F. 韦利（Russell F. Weigley）

　　① 对以下同仁在我撰写这篇论文过程中给予的帮助，我深怀感激。我的结论完全是独立研究而得，但如果没有他们的观点作为参照，此文将难以完成。他们是：Dr D. C. Allard；Adm. Arleigh Burke；Rear Adm. Henry E. Eccles；Dr John Gaddis；Adm. Isaac C. Kidd, Jr.；Dr Edward N. Luttwak；Dr J. K. MtDonald；D. A. Rosenberg；Brig. Gen. E. H. Simmons；Dr B. M. Simpson, III；Dr C. L. Symonds；Adm. Harry D. Train, II；Admiral Stansfield Turner；Frank Uhlig；F. J. West；Rear Adm. E. F. Welch, Jr.；Adm. Elmo Zumwalt.

指出，这个时代的特征就是"困惑中的美国战略"。1977 年，海军上将T. H. 穆勒和埃尔文·科特雷尔（T. H. Moorer and Alvin Cottrell）撰文指出：

> 美国仍然没有任何近似于大战略的东西。军事力量这个工具，不可避免地成为国家优柔寡断的首批受害者。军事力量将不被理解或重视，除非它能够与目标相一致，而这个目标只有在完善的战略之中才能被准确定义。[①]

实际上，武装力量和外交与其说是实现政治目标的两个直接的相关手段，还不如说是经常被区别对待的两个手段。尽管超级大国的竞争提供了一个参照系，但是战略的内涵在于运用武力实现国家目标，而国家目标必然是依据国家的预判、传统及意识形态而定。缺少一个得到广泛认可的理论基础，既是导致战略概念混乱的原因，也是对这种现象的一个反映。

20 世纪 40 年代后期，在三军统一问题和几乎每年都出现的海军预算问题上掀起的政治争论中，理论问题的争论更加混乱。这种混乱也存在于海军和国防部官僚机构之间的争论，前者牵涉到不同集团在某个具体型号的舰艇和武器上的既得利益，后者则涉及海军相对于其他军种的地位问题。这些争论在本质上是政治性的，尽管它常常用战略理由来掩盖。

对于 1945 年的美国海军来说，太平洋战争似乎已经明确证明：马汉在半个世纪之前提出的核心观点是正确的。中途岛和莱特湾战役（battles of Midway and Leyte Gulf）似乎是验证以下观点的一个非常有力的证据：在战争中要取得决定性胜利，必须通过为夺取制海权而进行的舰队决战[②]获得。这种观点往往导致对于美国潜艇消灭日本油船和商船这类作战行动的极端重要性的忽视，马汉也曾认为这类作战行动不可能取得决定性结果。不管怎么说，马汉都被认为是海军理论的引领者。在第二次世界大战前后，哈罗德（Harold）和玛格丽特·斯普劳特就曾在他们较有影响的合著中颂扬马汉的功绩。[③]

在第二次世界大战期间及以后的一段时间里，一些学者试图把马汉的思

---

① Cottrell and Moorer (1977) p. 6.

② 译者注：原文用的是"climatic battle"，语意不通，可能是笔误。推测英文应当是"climactic battle"，故译为决战或顶点作战。

③ Sprout (1943. 1946).

想观点应用于当代社会，伯纳德·布罗迪[1]就是其中第一个也是最重要的一个。安东尼·E.索科尔（Anthony E. Sokol）在《核时代的海权》（*Seapower in the Nuclear Age*，1961）一书中也进行过类似的尝试。同样，海军上将J. J. 克拉克（J. J. Clark）与海军上校德怀特·H.巴恩斯（Dwight H. Barnes），在《海权及其意义》（*Power and Its Meaning*，1966）一书中也是如此。在其他的作者中，威廉·雷泽尔和B. M.辛普森三世（William Reitzel and B. M. Simpson Ⅲ），对于马汉散落在一些历史评论文章之中的理论框架进行了最好的分析综合。[2]

在美国海军战争学院聆听"核时代的马汉"的研讨和讲座，早已成为稀松平常之事，然而所有这些大胆运用马汉思想的人，都会提出某些关键性问题。其中最重要的是，美国历史学家们否定了马汉的一个基本设想：他认为可以按照自然科学家从观察中演绎规律的方式，从历史中演绎出人类行为的原则。因此马汉方法论的正确性从根本上受到了怀疑。当代学者倾向于采用历史分析法展开研究，这种方法比马汉所采用的更加精确，能够更好地关注那些与当前形势引发对照和比较的因素。

马汉认为技术与确立永恒原则毫不相干的观点，也同样遭到批判。劳伦斯·马丁（Laurence Martin）在《现代战略中的海洋》（*The Sea in Modern Strategy*，1967）一书（该书在美国的海军圈内拥有广泛读者）中指出，马汉和科贝特构建的战略的世界已经不合时宜了。类似于主力舰队在海上决战的场景不会再有，技术的发展已经永远地改变了海战的舞台：

> 在20世纪后半期，海军的动力系统，飞机、导弹、弹药及计算技术的发展，已经彻底推翻了舰队行动是战略焦点的传统格局。潜艇、飞机和导弹已成为大型水面舰艇面临的最大威胁，而大型水面舰艇的主要目标在海岸上。对陆打击曾经是海军最低层次的任务，现在已成为较大规模海军的核心任务——战略任务是用潜艇发射导弹，战术任务是用舰载机实施攻击。战略环境和政治环境赋予海上游击战以更大的重要意义，

① 布罗迪的著作在1965年最终版本发行之前，先后有过几个不同版本出版。
② Reitzel (1977)；Rosinski (1977)；also Captain R. A. Bowling The Negative Influence of Mahan on Anti-Submarine Warfare', *Journal of the RUSI* (1977) Dec.

因此要求某些海军应更加重视对岸作战。①

为了实现国家的强盛，马汉在著作中反复强调海军的重要性。现在这个观点也遭到了置疑。一些学员认为，这是一个仅仅适用于英国历史和帆船时代的历史结论。为了替换美国标准的叙述海战的教科书，E. B. 波特（E. B. Potter）和切斯特·尼米兹合作撰写了《海权：一部海军史》（*Sea Power：A Naval History*，1960），克拉克·G. 雷诺兹（Clark G. Reynolds）撰写了《制海权》（*Command of the Sea*，1974）。他在书中用马汉的方式研究了全部的海军史。然而，他依据海军的战略使用把世界各国分为三类：海权国家、陆权国家和小国家。②

多年以来，对海军历史的研究都是基于马汉提出的那些原则，但是现在历史学家开始校验马汉在解释历史事件时的结论是否准确。英国历史学家保尔·M. 肯尼迪（Paul M. Kennedy）在《英国海军霸权的兴衰》（*The Rise and Fall of British Naval Mastery*，1976）一书中，对马汉列举的促成英国与海权之间密切联系的六个条件提出了异议。历史学家的最新研究动向，是从经济的角度去解释历史事件。肯尼迪赞同这一方法，他断言英国的海军实力与其经济地位有着直接联系。此外，肯尼迪还对马汉关于海洋国家占有主导地位的观点表示怀疑，恰恰相反，他认为陆上大国通过工业化和改善交通，能够压倒海洋国家。最后他强调，陆军与海军应当在各自的战略运用中保持均衡。肯尼迪的这个观点，呼应了迈克尔·霍华德（Michael Howard）在《欧洲大陆的义务》（*The Continental Commitment*，1972）和《战争中的英国方式：再评估》（*The British way in Warfare：A Reappraisal*，1975）书中提出的总体观点。

另外一些历史学家则不再对海权进行一般性的宽泛研究，而是考察历史中的较短片段对马汉展开评价。在英国出生的美国加利福尼亚大学历史学家杰弗里·西姆考克斯（Geoffrey Symcox）系统研究了九年战争（Nine Years

---

① Martin（1967）p. 10.

② Reynolds（1974）pp. 12-15.

War）①。他在《法国海权的危机 1688—1697》（*The Crisis of French Sea Power 1688-1697*，1974）一书中证明，马汉对这次战争的总体结论并不准确。他强调："劫掠战"的运用是成功的；与战列舰舰队决定性作战相对应的是消耗战略，也同样具有重要意义；海军整体力量作为一个决定性因素，具有重要意义。

阿瑟·J. 马德从另一个角度对马汉重点强调的决战居于首要地位的观点进行了审视，并深入思考了这一观点在第一次世界大战中对英国海军的影响。马德在其五卷本的著作《从无畏舰到斯卡帕湾》（*From Dreadnought to Scapa Flow*，1970）的最后一章中指出，由于没有真正读懂历史，英国在运用这一观点时出现了许多失误和方向性错误。

美国空军军官小约翰·J. 吉尔马丁（John F. Guilmartin, Jr）在另一部著作中指出，马汉的思想观点并不适用于所有地区或所有情况。他在《火炮与桨帆战舰：变化的技术与十六世纪的地中海海战》（*Gunpower and Galleys：Changing Technology and Mediterranean Warfare at Sea in the Sixteenth Century*，1964）一书中指出：马汉关于制海权，海上贸易与海军作战的关系，海战与整个战略的因果关系的观点，不能解释 16 世纪地中海各国海军的运用情况。与马汉的观点相反，吉尔马丁重点强调了与对岸作战直接相关的海军作战行动的两栖战本质。

马汉思想在当代运用过程中不断受到检验和批判的同时，历史学家们开始强调马汉在他那个时代背景下的应有地位。有些人把马汉放在美国的帝国主义时代背景下进行审视，认为他是"海军主义"的鼓吹者，是当时流行的精英统治论、种族主义论和社会达尔文主义论的鼓吹者；另一些人则从更宽广的视角，把他看成工业时代海军思想发展过程中的一个流派。

马汉著作是特定历史时期的特定人物的产物，他的观点是对一系列特定历史环境进行分析得出的，有些结论并不太准确。尽管受到怀疑、驳斥和反

① 译者注：九年战争（1688—1697），也叫大同盟战争，是法国国王路易十四在位时第三场重要的战争。战争起因是路易十四试图在欧洲进行大规模扩张，遭到了英国、荷兰和神圣罗马帝国哈布斯堡王朝组成的同盟的联合抵抗。持续了九年的血腥战争并没有任何结果，法国被迫与大同盟各国罢兵言和，但依然保持了欧洲最强国家的地位。

对，但马汉的基本理论框架仍然在美国得以留存，并且成为衡量一个人是否懂得海军战略的标尺。早在 1953 年，同样作为战略和海军史多产学者的美国海军少将约翰·D. 海斯（John D. Hayes），就提出了一个尝试性的判断标准，并从 1980 年开始流行："在出现另一个类似马汉的人物来解剖、分析和整理当代经验之前，如果我们能够认真学习马汉的伟大历史著作，就不会误入歧途了。"①

马汉和科贝特的全部思考都是关于如何进行海上战争的。然而，不仅海战本身发生了变化，1945 年之后的历史经验也表明，海军运用的重点是在战争之外。但是，却没有专门研究这个领域的学术著作。该领域的开拓者是英国外交家詹姆斯·凯布尔（James Cable），他在《炮舰外交》（*Gunboat Diplomacy*，1971）中对非战争条件下海军的有限运用进行了分类研究。学者爱德华·N. 勒特韦克（Edward N. Luttwak）在《海权的政治运用》（*The Political Uses of Sea Power*，1975）中，对凯布尔的学术成果进行了充实和完善。此后，英国人肯·布思（Ken Booth）进一步聚焦和拓展了这些成果。肯·布思教授在阿伯里斯特威思的威尔士大学学院（University College of Wales，Aberystwth）执教，他的主要观点集中体现于其论述海军功能的代表作——《海军与外交政策》（*Navies and Foreign Policy*，1977）之中。

把重点放在海军兵力的政治运用方面，这一做法在衡量海军军备竞赛的双方关系时遇到了困难。时任南欧联军总司令（Allied Forces Southern Europe）的海军上将斯坦斯菲尔德·特纳（Stansfield Turner）② 在对苏美海军军备竞赛的一次重要评述中，总结了三个影响海军均势的最重要因素：相对的数量，相对的技术性能，以及坚韧的政治和精神因素。③

20 世纪六七十年代，海军在"海上控制"（sea control）和"力量投送"

---

① Hayes（1953）p. 193.

② 译者注：斯坦斯菲尔德·特纳，1923 年出生，1946 年毕业于安纳波利斯海军军官学校，与后来的美国总统吉米·卡特是同期同学。1972 年 7 月 1 日，特纳任美国海军战争学院院长，同时晋升为海军中将。他上任后对战争学院进行了全方位的改革，制定了新的课程体系并一直沿用至今。1974 年 8 月 9 日，特纳离开战争学院，任第二舰队司令，后晋升为四星上将，担任南欧盟军总司令。1977 年 3 月，特纳被卡特总统任命为中央情报局第 10 任局长，直至 1981 年 1 月，卡特任期结束后特纳随即离任。

③ Stansfield Turner（1977）p. 348.

（power projection）方面的战略作用，成为军官们日常讨论的话题。1976 年，美国海军上将埃尔莫·R. 朱姆沃尔特（Elmo R. Zumwalt）在回忆录中也谈到了这个问题：

> 美国的工业和贸易依赖东西两个方向的海上交通，重要的盟国都远在大洋彼岸，这使得交通问题更加突显。经济发展需要美国具备强大的海运能力，政治利益和责任义务需要美国有能力对海外施加强大的军事影响。这两个方面的迫切需要，都要求美国必须拥有一支强大的海军。更重要的是，这些需求定义了美国海军的两大任务：确保海上各种商业和军事航运的畅通无阻，我们称之为"海上控制"；确保能够通过海洋对外运用军事力量，我们称之为"力量投送"。[①]

在此前不久，朱姆沃尔特提出了美国海军的四大任务：战略威慑（strategic deterrence）、力量投送、海上控制和海军存在（navy presence）。特纳上将对这些术语的解释并不满意，他详细研究了这些术语，并为其提供了一个更为全面、系统的理论基础。在进行这项工作的过程中，他警告道：对这些任务进行分类不能过于僵化，而应当把它们看作互相依赖、互相交叉、侧重点经常变化的海军运用类型体系。[②]

对海军潜能的理论认识沿着这个方向向前发展。虽然旧观点尚未得到彻底改造，但关于海军和平时期运用的新领域已经得以开辟。尽管取得了如此进展，但还有人经常批评对此类问题的探讨过于狭隘。早在 1949 年，海军少将 C. R. 布朗（C. R. Brown）就提醒美国海军战争学院：学院真正需要的不是一个新的马汉，而是那些"卓越的战略家，不是陆权的战略家，不是海权的战略家，也不是空权的战略家，而是没有偏见、具有军事战略全局视野的人才"[③]。为了迎接这一挑战，海军成立了一个小团队。赫伯特·罗辛斯基是其中的成员。他是来自纳粹德国的流亡者，曾任德国海军参谋学院（German Naval Staff College）讲师。他的许多关于海军事务的早期著作，都致力于研究在现代条件下如何运用好马汉和科贝特的思想理论。但是在 1955 年，在与海

---

① Zumwalt（1976）p. 60.

② Stansfield Turner（1974）.

③ Brown（1949）p. 16.

军少将亨利·E. 埃克尔斯（Henry E. Eccles）、T. H. 罗宾斯（T. H. Robbins）和海军中将林德·麦考密克（Lynde McCormick）深入讨论之后，罗辛斯基在美国海军战争学院撰写了《新战略思想》（*New Thoughts on Strategy*）。在书中，他在马汉、克劳塞维茨和科贝特的主要观点的基础上，通过强调"战略即控制"的观念，试图为"战略"提出一个综合性的定义："战略是军事力量的综合指导，而战术则是军事力量的直接运用。"①

这些观点是海军少将亨利·E. 埃克尔斯重要著作的基本依据，它们与邓肯·S. 巴兰坦（Duncan S. Ballantine）关于战争经济性的观点②一起，在战略的概念化与战略运用的局限性之间架起了联系的桥梁。在其《国防后勤》（*Logistics in the National Defense*，1959）一书中，埃克尔斯发展了马汉关于交通线与海外基地的观点；在《军事概念与哲学》（*Military Concepts and Philosophy*，1965）之中，则提出了全面的军事理论。他在《自由社会的军事力量》（*Military Power in a Free Society*，1979）中运用了雷泽尔对马汉的观点分析，把海洋实力、海权、海上力量和海洋控制等概念之间的区别，纳入了自己的早期思想体系之中。

海军少将约瑟夫·C. 怀利（Joseph C. Wylie）则采取了另一种方法，试图找出论述陆战、海战和空战的各种经典理论之间的联系。他发现，每一种经典理论在各自特定条件之下都是正确的，一旦离开理想条件，其正确性就开始下降。为解决这一问题，怀利尝试重新定义战略家的目标，即为实现战略目标而对战争重心的有效控制。他写道：

> 战略家在指导战争时的首要目标，是为自身目的在一定程度上控制敌人。要做到这一点，必须控制好战争模式；而要控制好战争模式就应当巧妙地控制战争的重心，使之利于己而不利于敌。

> 能够控制好战争性质、战争空间、战争时间和战争重心，且能够充分利用战争模式控制结果以实现己方目的，这样才算是成功的战略家。③

盲目接受"战略性学说"（strategic doctrine）导致海军思想家们的视野狭

① Rosinski（1977）p. 64.
② Ballantine（1949）pp. 1-3.
③ Wylie（1967）p. 91.

窄和知识停滞，这需要美国海军战争学院在军官教育中采用更具开拓性的解决办法。1972 年，海军战争学院院长特纳中将提出，应通过对历史案例的广泛研究来学习战略。他反对应用已有的学说、定义和理论，要求课程设计应当呈现出战略的基本要素，以及在战略分析中遇到的各种普遍性问题。历史案例的时间跨度从伯罗奔尼撒战争直到 20 世纪，案例研究依据的是克劳塞维茨的理论，该理论最著名的一个观点就是军事战略必须完全服从政治目的。这种做法的目的是把基本原理阐述清楚。其理由是：

> 战略问题在本质上是一个智力问题。在讨论战略问题之前，首先必须给出准确定义。要定义这些问题，应当从回答以下问题开始：目标是什么？达成目标的手段是什么？这些手段是否可行？代价如何？有什么好处？有什么风险？受到哪些因素限制？公众会有怎样的反应？要采取的行动在道义上是否正当？有哪些经验教训？现在与过去有什么不同？[①]

虽然特纳的这种做法在美国海军中引发了一些强烈的反对声音，但在某些方面，与第一次世界大战以前在美国海军战争学院早已采用的，并在 1919 年经海军上将威廉·S. 西姆斯（William S. Sims）改进的战略研究方法，非常相似。

经典理论家们假定，战略研究是一个逻辑过程，人们可以从中分析出海军能力与国际事务之间的直接因果关系。在此期间出现的问题，是对这一假定的直接挑战，也是战略理论尚未解决的问题。

战略家们面临着评论家的质疑，他们认为在现代社会中战争已经失去了作用。产生这个问题的直接原因是核武器的出现。在涉及核武器的大量著作之中，这个广受争议的问题随处可见。如果放在海军这个小范围来看，可以用搭载北极星导弹的潜艇所代表的军事战略来说明这个问题。这是一种威慑战略，其基础是用进攻来确保国家安全。早在 1959 年，奥斯卡·摩根斯坦（Oskar Morgenstern）就阐述过这一观点：

> 水下和空中的武器发射平台不停地进行机动，一会在这儿，一会在那儿，主要目的当然是为了隐蔽……为达此目的，应综合利用速度变化

---

① Crowl (1978) p. 11.

和水深变化，形成飘忽不定的随机运动。不应把兵力部署在精心选择的地点，也不应把兵力部署搞成固定的模式和结构，这正如舰队必须采用的方式，甚至在最近的一场战争中亦是如此，而应当根据可能的情况确定武器平台（潜艇、机动式导弹、水上飞机）应当出现的地理位置。核动力舰艇、挂载核武器的水上飞机，与固体燃料推进导弹结合起来，使上述设想成为可能。在以往的作战中无法想象会有这样一个系统，能够把快速机动与巨大威力结合在一个作战单元上（舰艇或飞机），能够依据既定计划把所有单元从各自分散的地点集中起来，并由一个指挥中心实施作战指挥。①

然而，核战争带来的灾难性后果让一些学者对于核武器能否真正使用产生了怀疑，因此他们认为核武器的威慑效果并无实际价值。恩索文和史密斯（Enthoven and Smith）指出了这个问题：

> 核战略的问题在于它的错误假定（例如，居民的伤亡和间接损失能够保持在一个较低水平），它忽视了美国政府从历次危机中汲取的一个基本教训：当你对是否发动核战争进行决策时，几乎任何一个其他方案看上去都会更好一些；核战争的风险太大，因此很难成为优选战略的基础。②

托马斯·C. 谢林（Thomas C. Schelling）等非军方理论家开始把博弈论思想应用于核战争和常规战争。谢林在《冲突战略》（*The Strategy of Conflict*，1960）和《军事与影响》（*Arms and Influence*，1966）中指出，冲突就是一种讨价还价的状态。在他看来，重要的不是运用武力，而是利用好武力的潜力。这一观点成为许多关于和平时期海军运用的理论著作的依据，但是一些颇有影响的军官们提出了不同看法。海军少将怀利指出："实际上对于一个非侵略国来说，战争几乎就意味着政策的彻底失败。"③ 海军中将詹姆斯·B. 斯托克戴尔（James B. Stockdale）尤其反对系统学者和博弈论者的做法，他写道：

---

① Morgenstern（1959）p. 90.

② Enthoven（1969）p. 82.

③ Wylie（1967）p. 80.

"在政治理论上可能非常合理的战争，在实践上却根本行不通。"①

另一个重大问题是，准确理解技术与战略之间的相互关系是非常困难的。早在1948年就有学者指出，在新技术革命面前，战略理论必然崩溃：

> 大量的老概念被打破，同时大量的新概念不断涌现，因此公认的对整个战争和战略的严谨分析已经不存在了。相反，理论研究以新技术发展为中心展开已经成为一种趋势，由此产生了一些或多或少并无联系的理论，更多的则是互相矛盾的理论，就像没有脊椎或大脑却四处伸展的肢体。②

埃尔廷·E. 莫里森（Elting E. Morrison）运用其著作《人、机器和现代》（*Men，Machines and Modem Times*，1966）中海军史的例证，得出一些关于人类对技术发展的反应的重要结论，海军上将特纳引用其中的一些结论，论证了阻碍变革和抵制海军新思想发展的当代因素：

> 很不幸，由于以下三方面的原因，海军很难进行变革：
>
> 第一，军官集团内部技术压力造成的持续专业化，导致把专业利益等同于整个海军利益的趋势不断强化。这种现象的直接证据就是军官划分为三种类型：航空军官、水面舰艇军官和潜艇军官……
>
> 第二，今天更难以变革的原因是，人们宁愿利用刚刚萌芽的技术来敷衍性地改进我们已有的装备，也不愿意面对淘汰当前系统这个更加困难的选择……毫无疑问，有些做法物有所值；而有些做法仅仅是延长了老古董的寿命而已。关键问题是能够辨别哪些是航天时代的骗局、哪些是真正影响实际能力的变革。
>
> 第三，在防务领域拥有合法利益的人越来越多，这是一个新的制约因素。③

在二战之后的一段时期里，人们越来越清楚地了解了政府在制定战略时

---

① Stockdale（1978）p. 1.

② Naval War College Archives, R G 8, Series Ⅱ, XWAG: Enclosure B: 'Reassessment of the Fields and Value of Three Elements of Land, Sea and Air Power,' in President, Naval War College. Letter to Chairman, General Board, 30 Apr. 1948.

③ Stansfield Turner（1976a）.

的决策过程。该领域的学者们把注意力转向了国内政治与国际政治的相关联系问题上。格雷厄姆·艾利森（Graham Allison）在《决策要领》（*Essence of Decision*, 1971）中深入探讨了这个问题。他论述了在政策决策过程中，国内政治以及官僚部门之间相互施压所产生的影响；在这些影响因素中，那些决定行动的因素比决定目标的因素更加重要。

这样看来，关于海军战略的一些传统观点的定义就显得比较狭隘了，无法完全适应所有类型的海军任务。因此，在理论直接指导实践应用的假定中存在着错误推论。而且，技术的冲击，加上官僚政治和决策方面的问题，增加了需要进一步思考的非理性因素。核武器引发了关于战争效用的争论，这种观点的进一步发展，导致人们对"战争是政治的继续"这一论断产生了怀疑。有人提出，战争指导本身也产生了新的不同目标。在第二次世界大战后的35年中，美国海军战略家们没有解决好这些值得注意的问题，美国人发现自己经常被这些海军战略问题弄得茫然无措。在讨论问题时，缺少语义上的严谨阻碍了对该问题形成一个清晰而明确的结论。直至这个时期结束，人们才弄清与战略相关的术语正在服务于两个目标：一方面，这些术语被随意用在政治讨论中，以获得国际政治上的某些好处；另一方面，它们又被以不同方式用于讨论军事力的塑造和运用问题。这两种使用方法加剧了业已存在的混乱。[1] R. E. 奥斯古德（R. E. Osgood）教授指出："我们的概念，甚至我们的定义……含混不清，误人子弟。我们没有把这些概念或定义，与我们丰富的实践经验全面或准确地联系起来。"[2]

非常明显，美国海军战略思想缺少内聚力和统一性。要想在澄清认识方面取得进步，就必须实现语义的严谨。这需要学者们进一步努力地工作，在海军运用的全部范围内搞清楚海军的局限性以及合理的、不合理的因素，这个范围包括平时和战时、进攻和防御，以及协同行动（counter-action）。不但如此，探讨所有这些因素时，都必须把海军的功能看作武装力量在控制对手的全面实践中所具备的多种功能的一部分。

---

[1] Scharfen and Wilcox (1979) p. 36.
[2] Foreword to Luttwak (1974) p. vi.

十一、 海军元帅戈尔什科夫

（布赖恩·兰夫特，Bryan Ranft）

海军元帅戈尔什科夫自 1956 年开始担任苏联海军总司令，负责实现苏联海军的功能和装备的根本转型。苏联海军以往的主要任务是实施防御，现在变成了执行苏联的核战略，以及在全球范围对敌人的常规海军构成挑战。现在，苏联海军的潜艇和大型水面舰艇的数量已经超过了美国。① 当然，这并不意味着他们的作战能力也自然而然地超过了美国，但到 20 世纪末，数量优势将导致双方的海上实力对比发生重大变化。在此之前，美国及其欧洲盟国能够信心满满地利用海洋，完全不用担心苏联海军的威胁。海军力量的增强为苏联在平时和战时提供了更多的选项，这一点尤为重要，因为其主要对手北约在战略上和经济上依赖于海洋的自由使用。

由于苏联的政策模糊不清，我们不能肯定戈尔什科夫本人做出了多大贡献。但写作本书②时（1980 年）他正担任总司令，在宣传海权对于国家的重要性方面具有主导性作用。这些情况都表明，戈尔什科夫称得上是现代苏联海军的第一缔造者。

1910 年，戈尔什科夫在乌克兰出生，1931 年参加苏联海军。他早期在黑海和太平洋舰队（Black Sea and Pacific Fleets）服役，1938 年担任驱逐舰中队长，军衔可能为海军中校（Captain，Second Rank）。因此，他躲过了苏联的"大清洗"运动，太多上级的失踪很可能给他带来了机遇。苏德战争爆发时，

---

① 译者注：本书完成于 1984 年，因此这里的"现在"指的是 20 世纪 80 年代初，此时苏联海军正处于鼎盛时期。

② 译者注：指的是戈尔什科夫所著的《国家海上威力》，第一版 1976 年出版，1979 年修订再版。1977 年第一版的中译本由三联书店出版，其出版说明中的最后一段话非常有意思："戈尔什科夫的这本书是一本难得的反面教材，对于我们进一步认清社会帝国主义的反动本质，研究苏修海军战略及其发展，有一定的参考价值。"

戈尔什科夫在黑海指挥一支巡洋舰中队，在保卫敖德萨（Odessa）的并不成功的联合作战中脱颖而出。作为一名超常规提前晋升的海军少将、亚速分舰队（Azov Flotilla）司令，戈尔什科夫在 1941 年 12 月，在整个战争期间苏联最大规模的一次联合作战中发挥了杰出作用。这次作战行动的目的是向刻赤（Kerch）输送 40000 人组成的登陆部队，以减轻德军对塞瓦斯托波尔（Sevastopol）的压力。第二年，他晋升为负责新罗西斯克（Novorosissk）防卫作战的军事委员会委员。这为他带来了与时任第 47 集团军司令、后任国防部长的格列奇科（Grechko）密切交往的机会。在此后的战争期间，戈尔什科夫负责支援克里米亚（Crimea）地区的陆上作战，最后指挥多瑙河分舰队（Danube Flotilla），协助马利诺夫斯基元帅（Marshal Malinovsky）把德军赶出巴尔干和乌克兰（Balkans and the Ukraine）。因此戈尔什科夫的作战经历都是苏联海军普遍执行的支援陆军作战，然而他后来提出的海军运用显然超出了这一范围。

战争结束后，戈尔什科夫晋升得很快，先后担任黑海舰队参谋长和舰队司令之职，1955 年晋升为库兹涅佐夫海军元帅（Admiral Kuznetsov）麾下的苏联海军第一副司令。当时，赫鲁晓夫正在中央政治局建立领导权威，他反对库兹涅佐夫曾经向斯大林提出的建设大舰海军的建议。也许是赫鲁晓夫的大力推动，1956 年戈尔什科夫接替库兹涅佐夫担任海军司令一职，因为赫鲁晓夫相信这位新司令关于未来海军的想法与自己心心相通。在提升戈尔什科夫的影响力方面同样重要的是，战争期间与他关系不错的几个人都晋升为军政部门的顶层要员：马利诺夫斯基担任国防部第一副部长，格列奇科担任了陆军总司令，而勃列日涅夫在党内的地位也越来越重要。

在 20 世纪 60 年代之前，戈尔什科夫的公开讲话和政策声明都是对苏联海军传统学说的回应，即海军的主要任务是支援陆军和保卫国家的海防。但在实践方面，他提出建造一流大型导弹驱逐舰的发展计划，以确保水面舰艇在未来海军发展中的地位和作用。1964 年赫鲁晓夫的下台并没有削弱戈尔什科夫的地位。3 年之后，他晋升为苏联海军元帅，与陆军总司令和战略火箭军总司令并驾齐驱。这是苏联对海军日益增长的重要性的公开认可。从此以后，戈尔什科夫在发表的文章中，日益强调海军所担负的全球使命以及海军对国家核战略独一无二的贡献。

现在尚无迹象表明戈尔什科夫在政治上是积极的。直到 1941 年，他才加入苏联共产党。虽然自 1952 年以后他是每届苏共代表大会的代表，但直到 1961 年才成为中央委员会的正式委员。

理解戈尔什科夫思想和著作的最有效方法，就是把这些思想和著作看作职业海军军官的产物，是服从苏联国内政治观点、国际制度和总体战略的既定观点，同时在国内寻求发展海军的理由和影响力。

戈尔什科夫关于海权重要性和海军特性的思想，在他的两部主要著作中体现得最为系统：一部是总标题为《战争年代与和平时期的海军》（Navies in War and Peace）的系列文章，1972 至 1973 年发表在《海军文集》（*Morskoi Sbornik*）杂志上；另一部是其代表作《国家海上威力》（*The Sea Power of the State*）①，1976 年在苏联出版，1979 年英文版发行，并附有戈尔什科夫亲自撰写的前言。这些著作是最好的理论支持，目的是让苏联有影响力的阶层相信苏联成为海上强国的好处和必要性，以及持续加强海上力量的必要性。戈尔什科夫的例证都建立在精心挑选的历史史实之上，这些史例展示了俄国对世界的影响是如何随着本国海军力量的强弱而盛衰的。今天，所有的伟大国家都是海洋强国，苏联主要对手的目的是想继续保持海上主导优势，这种情况完全无法接受。为了加强论证，戈尔什科夫提出了一个新的论据，即最新的技术变革特别是核技术应用于海上战争使得海军的能力发生了革命性变化，以争取说服满脑子大陆思想的政治领导和军队高层。正因为如此，海军在苏联全球战略中必将发挥重大作用，再也不会因为地理条件限制而被迫采取大陆战略致使海军的作用受到严重束缚。第二个目的——在第二部著作中表现得更为明显——就是要求海军军官认识到，要不断完善与技术进步相协调的战略、战术思想，要进行有效的训练，要保持高昂的士气，并时刻准备打仗，所有这些永远都至关重要。

对于处在戈尔什科夫地位的人来说，他的职业观点要想得到支持，就必须遵循马列主义的意识形态，服从于领导海军达到现有高度的苏联共产党。

---

① 译者注：从《国家海上威力》的英文名称可以发现，中文的"海上威力"对应的是英文"sea power"，也就是海权，因此戈尔什科夫的这本书翻译成《国家海权》，更符合现代学术习惯。但遵循约定俗成的原则，现在仍然沿用原来的中文译名。

但戈尔什科夫关于历史经验教训的分析，特别是对两次世界大战中海军作用的分析，关于技术进步对海上战略和海上作战演进的影响的分析，关于当代海权能够实现苏联的抱负与美国相当的分析，为其著作在海军思想发展道路上确立一个永恒的地位提供了强有力的支撑。

系列文章《战争年代与和平时期的海军》共 11 篇，前 9 篇文章主要是从历史上分析从古代直至伟大的卫国战争（The Great Patriotic War）时期，海权所具有的重要意义。戈氏的历史阐述以马列主义学说为基础，并增添了苏维埃高级军官所希望的强烈的苏联爱国主义精神。文中引用了马克思、恩格斯和列宁的语录，以证明他们对于海权的理解：海权既是各国历史发展的第一动力，又是国家战争能力的重要组成部分。这个政治上的正统观念，与毫不含糊地接受苏联全部军事学说的要求相一致。戈尔什科夫没有提出海军是现代战争的主角，或者海上战略比陆上战略更优越之类的主张。他引用历史经验和当代实际，以支持如下的核心观点：虽然每个军种都具有独一无二的作用，但都只是更强大的整体武装力量的一个组成部分；战争的成功只能来自统一的战略学说和作战指挥；最终的胜利只能通过陆军部队占领敌方领土才能获得。

戈尔什科夫认为，海军能够在和平时期，在远离本土的海域，通过显示力量和成就来支持国家政策，这是海军的一个独特之处。军舰的全球航行和港口访问，以及高效的商业保护行动，是发挥和扩大海军影响非常有效的方法。由于海洋资源越来越重要，所以有效展示海上实力的能力在今天具有更加重要的意义。除了作为交通媒介这个传统作用之外，海洋作为食物、能源和原材料来源的重要性正在迅速增长。历史已经证明，只有那些拥有高效能海军的国家，才能充分利用海洋的经济价值。忽视海军力量或者在海上战争中失败的国家，在政治上和经济上都会衰落。戈尔什科夫全面强调和平时期的海军运用，并在系列文章的第 10 篇中进一步拓展了这一思想——"海军是帝国主义在和平时期的主要工具"，这些观点在西方引发了轩然大波。许多评论家认为这是一个信号，表明不断强大的苏联海军的主要功能是成为苏联更加进取、意识形态更加激进的对外政策的实力工具，在第三世界（the Third World）里更是如此。海军的兵力存在，甚至是有限的海军力量运用，都将被用以支持那些在政治上亲苏的国家政权，以及支援那些反抗"反动"政府的民族革命运动。

另一些西方专家对于上述观点表示怀疑。他们认为苏联海军力量的增长是苏联与帝国主义冲突频谱中另一个极端所激发的，这个极端就是苏联本土受到了海基战略核武器的威胁。在苏联整个政治和军事的思想政策之中，保卫本土及苏维埃政权的安全位于中心地位。这使得第二种观点要靠谱得多。戈尔什科夫反复强调海军的政治价值，这么做的目的是他始终需要在国家政治体系中为他的政治主张争取更多的支持。海军在第三世界的干涉能力，对那些关注苏联作为民族解放运动和反对帝国主义剥削的领袖地位的人们而言，具有很强的吸引力。戈尔什科夫关于必须把海军力量与海洋的有效商业利用结合起来的观点，肯定符合具有广泛影响力的经济组织和经济行业的期望。

关于海军战略任务的首要任务，戈尔什科夫在系列文章的最后一篇《控制世界大洋的若干问题》中进行了重点阐述。这篇文章也充分体现了他的核心思想。他认为，苏联作为一个世界大国，拥有日益增长的海洋经济利益，不能接受西方列强长期保持海上优势的现状。特别是当海洋变成了核武器发射场，而这些核武器能够摧毁苏联的政治经济中心，这种情况下海军实力的强弱将直接关乎国家的生死存亡。苏联目前的主要成就是已经建立了水下的战略核能力，能够让那些对苏联施加威胁的帝国主义面临同样的危险。戈尔什科夫宣称，当代苏联海军的发展决不会盲目模仿美国海军，而是要真正满足国家的需要。苏联海军的主要特点，是在总体战略态势之中增加了潜射武器的独特效能，已经具备了挑战敌海上战略核力量的同等重要能力。

这些任务主要依靠核动力潜艇实施，因此装备最新武器系统和电子系统的核潜艇成为苏联海军的核心力量。戈尔什科夫坚信，两次世界大战的历史研究以及对现有环境的客观、科学分析都清楚地表明，仅有潜艇兵力是不够的。潜艇兵力要想在防御和进攻中充分发挥战略作用，必须有高性能的水面舰艇和航空兵力的支援、配合。当然，这些支援兵力本身也具有内在价值，它们能在平时和战时执行广泛的任务。

虽然戈尔什科夫拒绝走美式道路，但这种研究方法却导致他所确定的苏联海军的整体框架与美国海军非常相似，即使是海军各兵种的特点并非如此。

他坚持认为，海军的作战效能并不取决于舰艇的数量多少和吨位大小，而在于平台与武器的有机结合。这是完成各种规定任务所需要的，因此苏联海军的上述发展倾向越来越明显。戈尔什科夫所谓的有机结合，就是建立一支基于客观计算和科学分析而设计的均衡的海军。海军作战效能将建立在高度战备的基础之上，因为在现代条件下先敌开火的能力可能具有决定性意义。

建立均衡的海军是《国家海上威力》的主题之一。格列奇科元帅在1976年再版的《苏联武装力量》（*The Armed Forces of the Soviet Union*）一书中，只赋予海军极为有限的作用，因此进一步宣传戈尔什科夫的思想是非常必要的。戈氏的第二部著作在某种程度上就是对《苏联武装力量》观点的反驳。他在书中进一步强调，与陆基导弹相比，潜射导弹系统具有无可比拟的价值；他甚至断言，与敌海军常规兵力作战的能力现在已经成为苏联战略必不可少的内容。除了对苏联高层提出此类建议之外，戈尔什科夫还同意出版《国家海上威力》的英译本，目的似乎是要向全世界阐释苏联加强海权的合理动因，并让世人相信苏联的海权是防御性的，有利于维护世界和平，而不是帝国主义所捏造的侵略性力量。

戈尔什科夫极力推崇海权的重要意义。他认为，弹道导弹核潜艇所具有的摧毁敌方政权中心的能力，使得海军从苏联总体战争战略中的老二上升为具有首要和决定性作用的老大。此外，海军在和平时期可以独力拓展国家的利益，这种能力具有重大的政治意义，因为海军成为阻止美国持续运用海军以实现其侵略目的的唯一有效屏障。苏联海军只有足够强大，才能推翻美国海军所拥有的"臭名昭著的实力地位"（infamous position of strength）。而这正是苏联对国家实力各组成部分提出的目标要求。戈尔什科夫把他关于海军力量发展的主张，恰到好处地置于苏联外交政策的基础之上；他驳斥了那些认为海军常规兵力在核时代无足轻重从而愚蠢地助力敌人的认识。这也是戈尔什科夫的另一个重要观点。对于苏联来说，如果认同这种愚蠢的观点，将把平时和战时不受任何威胁地实施战略机动的无尽好处拱手相让于帝国主义。在战术上，这种好处建立在海上控制的基础之上。这是美国海军的主要任务。要制约其作用，只能依靠苏联海军的实力，能够应对美国海军强大的航母编队和其他常规兵力。因此很明显，戈尔什科夫反复强调要提高水面舰艇的自卫能力，而对航空母舰的脆弱性轻描淡写。

作为戈尔什科夫详细阐释苏联海军理想兵力结构的开场白，这一点意味深长。核潜艇仍然是主要的突击力量，但能否有效展开取决于是否拥有强大的水面舰艇兵力。这些兵力对于登陆作战、水雷战和保交作战同样必不可少。尽管戈尔什科夫经常论及海上交通线的重要性，但在本书中他根本没有把大规模袭击商船置于其战略思想的优先位置。

决定海上力量本质与运用的规律被称为"海军艺术"，这是对历史经验和新技术经验进行理性分析与评估的有效融合。虽然它与"军事艺术"的目的相同，都是为了战胜敌人，但由于海军兵力的运用环境不同，所以"海军艺术"具有独特的原则规律。在历史上，"海军艺术"主要关注击败敌人的海军，即"舰队对舰队作战"（Fleet against Fleet）。在核战争的今天，这个关注点将被"舰队对岸作战"（Fleet against Shore）所代替，因为用核武器打击敌方政权中心和保卫本国领土免遭核攻击成为海军的双重任务。尽管新式武器已经从根本上改变了战斗的本质规律，但更为传统的海战形式在有限战争中仍然具有非常重要的意义。集中的舰队行动将被远程打击行动所取代。

"制海权"概念在"海军艺术"中具有重要意义，这个由科贝特提出的概念已经被历史所证明。制海权被定义为海军完成战略和战术任务所必需的前提条件，因此制海权本身不是海战的目的，而是一种手段。虽然人们希望全面控制所有的海上战场，但这并不太可能实现，特别是在战争伊始时更是如此。海战的直接目标应当是控制关键的进行核作战或常规作战所必需的特定海域。为了实现这一目标，均衡的海军必须在和平时期就建立起来。

均衡海军的思想得到了详尽的论述，这显然是戈尔什科夫提出的苏联海军未来规划的核心问题。简单来说，均衡海军是指，能够满足为达成全部海上目标而准备的从战略核战争到和平时期海军兵力运用所需要的舰艇、飞机的数量和质量。数量和质量同等重要，始终保持高度的战备状态、高标准的训练水平和高效的指挥控制也同样重要。实现均衡海军所需的兵力结构，必须根据技术的发展不断进行评估调整。给海军规定政治目标的政府也必须做好准备，面对海军建设所需要的巨额经费开支。

戈尔什科夫虽然强烈要求增加海军预算，但他一再重申这样的观点，即必须始终把海军看作一个更大整体的组成部分。技术进步比以往任何时候都更加需要各军种之间的密切合作，但是它也同样让装备核武器的兵力变得极为重要。弹道导弹核潜艇是部署核武器的理想平台。现在苏联海军已经创建了自己的均衡海军，事实上打破了帝国主义垄断这种兵力的企图。这点对于戈尔什科夫来说，是苏联海军自首次装备战略核导弹以来所取得的最重要进展。

上述思想确立了戈尔什科夫在海权理论界的崇高地位。他是否能够领导苏联海军实现上述理想，仍然存在争议。

第三章

海权的起源和要素

所有研究海上战略的学者实际上都一致认同，海权的组成要素有多种多样。最近有份清单对此进行了很好的总结。E. B. 波特写道：

> 海权的组成要素决不仅限于作战舰艇和飞机等装备、训练有素的人员，还包括岸上的机构、位置良好的基地、商船队和有利的国际联盟等，这些都是其中的要素。国家运用海权的能力还取决于本国的人口数量和民族性格，政府特点，经济稳固程度，工业效率，国内交通水平，港口的质量和数量，海岸线的长度，以及本土、基地和殖民地之间在海上交通方面的相互位置。[①]

正如我们前面所述，为了便于进行分析和阐述，学者们围绕各自的研究主题，采取了各不相同的方式对这些要素进行分类。一致的观点是，海权的源泉是客观存在的（海运业，国家资源，恰当的政府类型，地理条件），由这些源泉产生了更为直接的海权组成要素（商船队，基地，海上作战力量）。每经过一个时期，这些组成要素的形式以及它们之间的重要关系都可能会发生较大变化。然而所有的海上战略学家都一致认为，这些组成要素在相当程度上相互依存。如果一个国家想在海上称雄，就必须精心地培育这些要素。

一、 海运业

海上战略家常常提到海权的三个连锁环节：海军、商业和殖民地。哈弗沙姆勋爵（Lord Haversham）清楚地阐明了前两个环节之间的联系，现转摘如下：

> 你们的海军和你们的贸易之间关系非常密切，相互影响如此之大，因而难以分离；你们的贸易是你们水手的母亲和保姆；你们的水手是你们海军的生命；你们的海军则是你们贸易的守护神；贸易和海军合为一

---

① Potter and Nimitz (1960) p. viii.

体，即是英国的财富、力量、安全和荣耀。①

马汉也非常强调海军和商船队之间的依存关系，甚至提出保护航运是建立海军唯一的合法理由。② 在和平时期，海军有助于建立商业繁荣的合理秩序；在战争时期，海军能够保护商船免遭敌方攻击。商业贸易对于国民的福祉越来越重要，因此保护商业贸易的任务也愈发重要。对于海权强国而言，比如 17 世纪的荷兰和之后的英国，能否满足保护贸易的需求成为国家存亡的关键。当海运业人士认为他们的利益没有得到有效保障的时候，抱怨之声将扑面而来。因此，如果一个国家拥有大量的商船队，显而易见，它们需要海军的保护。

毫无疑问，商船队是海权的一个重要源泉。马汉使用"海权"这个词语的原因之一，就是希望引起人们的关注，把商船工业、海外友好港口和对外贸易放在海洋伟业的中心位置。海上运输的成本要比其他方式低得多，因此从经济上来讲，无论在战时还是在和平时，利用海上交通都具有重要意义。商船队能向世界各地大批量运送人员、装备和物资，是施加战略和政治影响的源泉。从某种意义来看，商船队就是主力舰队的一支先遣队，可为舰队收集情报，开辟港口，实施后勤保障。

显然，如果一个国家拥有强大的海运业，就更易于建立或保持一支高效的海军。作为多样化经济的一部分，海上航运有助于增加基本的财政收入。作为海军的后备人力资源，航运业的重要性众所周知，捕鱼业亦是如此。1774 年，查尔斯·桑德斯（Charles Saunders）海军上将曾经指出："放弃了你的捕鱼业，你就失去了水手的来源。"在技术进步（尤其是舰炮和蒸汽动力的出现）把这两类船只明确区分开来之前，各种商船都可作为军舰使用是一种非常普遍的做法。即便如此，商船和渔船仍然能够在许多方面直接用于军事目的，如改装为辅助巡洋舰、扫雷舰或航空母舰。一旦战争结束，军舰就常常被改成民用船只，这好像是整整绕了一圈。海湾、港口、修船与造船设施，以及热爱海洋的普遍情感和国民的海洋意识，都有助于建立强大的海军。由

---

① Quoted in Richmond（1934）p. 38.

② Mahan（1890）p. 23.

于上述原因，海上战略家要求精心培育商船队的主张就很容易理解了。

然而，海军力量与海上商业力量之间的紧密联系程度可能被夸大了。两者并非总是成正比例变化。历史上出现过这样的几个先例：有些国家很好地建立了其中一种海权，却没有相应地建立另一种海权。[①] 不仅如此，有时这两种海权还会为争夺相同资源而发生竞争。最后，保护海上贸易远非国家需要海军的唯一理由——即使商业贸易从海洋上消失了，国家也仍然需要海军。

二、 资　源

正如我们所期待的那样，带有马克思主义色彩的海洋思想家对海权与经济潜力之间的联系做了最有力的阐述。I. 格伦迪宁（I. Grundinin）写道：

> 马列主义的经典著作已经科学地证明，军事变革取决于经济变革。即使是在当今时代，一个国家的国防能力和军队的战斗力，也完全取决于经济因素和思想政治因素……正是这些因素影响了军队的发展水平，战术、指挥艺术和军事战略的变化，以及军队的组织结构。[②]

戈尔什科夫指出，关于经济力量和海上力量两者之间的关系，没有比英国海军发展历程展现得更为透彻的了。正是强大的经济为英国提供了最强大的海军，"使之能在世界大洋活动……并且……在资本主义各国之中保持领先地位……几乎达两个世纪之久"[③]。

经济力量为海权提供了广泛的支持，包括提供防御经费、提供全面保障，并为处于困境的海洋国家提供快速恢复能力。工业能力和造船技术是保证军舰数量和质量的主要因素，显然也是海军取得成功的一个关键。恩格斯指出："现代军舰不仅是现代大工业的产物，同时也是现代大工业的缩影……大工业

---

① Clarke（1967）p. 163.

② Quoted in Herrick（1968）p. 82.

③ Quoted in MccGwire（1973）pp. 280-281.

最发达的国家几乎垄断了这种舰船的建造权。"① 经济繁荣通常还能够带来高效的岸上支援，有才能的、有活力的人力资源和良好的执行效率。

但是，国家经济的实际影响可能被夸大了。工业基础非常薄弱的沙皇俄国也能建造出一些性能优良的军舰（如打破世界纪录的"诺维克"级驱逐舰），并善于创新发展某些概念（如快速战列舰和航空兵）。这些事例都表明，经济水平与军舰质量之间的关系并不是那么简单。事实上，在某种意义上，这种关系是反过来的：俄国对先进舰艇的追求推动了俄国的工业化进程。但是这个进程的基础并不坚实，俄国需要花费五年半时间建成的军舰，德国和英国却只需要三年多一点就能建成。正如过去反复出现的情况一样，建造周期暴露了一个国家工业潜力的脆弱性。若干年之后，第一次世界大战更加清晰地揭示了俄国工业的弱点。

对于这种复杂情况还有一个例证：英国对第二次世界大战没有做好充分的海上准备，真正的原因应当是英国的工业衰退和财政部引发激烈争议的过度削减经费政策——真是祸不单行。有些人对这些观点进行了全面批判，另一些人则认为是海军部自身的政策失误。② 很明显，尽管没有一个简洁明了的解释，但资源不足的确与军事上的低效有关，即使前者并不能充分解释后者。

在不同时期，具体的关键资源也不尽相同。在耗费几千棵橡树才能建成一艘一流战舰的时代，林业与海权之间的关系非常明显。其间也曾经出现过木材供应不上的情况。在查理二世（Charles Ⅱ）时期，林业管理不善的恶果在 18 世纪的 70 多年里完全显露出来，导致了英国在美国独立战争（War of American Independence）中的失败。英国海军上将科林伍德（Collingwood）认真吸取了这次教训，他转遍了英国境内种植橡树的所有地方，海军自此再也不用担心橡木短缺的情况出现。不幸的是，在他的努力即将结出硕果的时候（1910 年左右），关键资源发生了变化。现在的关键资料不是橡树，而是现代工业社会的产物——煤和钢铁。正是这些资源的力量使得德、美、日以及后

---

① Quoted in Gorshkov (1972) Art. 10.
② See generally Roskill (1968, 1976); Till (1979) pp. 187-201. Also Kennedy (1976).

来的苏联等"新的"海权强国出现在世界舞台之上。

从这时起，某种良性循环开始发生作用。基础牢固的工业化经济为强大的海军提供了资金。然后，海军走出去夺取或保持海外市场、基地，以及对经济具有重要价值的各种资源。贸易和军舰按照一种复杂的方式在世界范围内交互前行，这种方式最终击败了那些试图精确定义它们运行顺序的努力。

经济与海军之间的象征性关系，还表现在前者确定后者的目标，有时甚至决定后者的战略。在木船时代，海军后勤物资（木材，特别是橡木；麻绳；等等）往往决定着英国对波罗的海和北美等地的态度。海军上将彼得·沃伦（Peter Warren）在 1745 年写道：征服加拿大，"将为我们带来一整个渔场、一个有价值的市场和一个繁华的海军休整地，这是一个与我国经济和安全有着巨大联系的地方"。他认为，加拿大也是用于攻占盛产蔗糖的岛屿（法国在欧洲得以繁荣的主要资源）的一个良好基地。[①] 国家的经济需求与海上战略之间的相互关系，没有比这阐述得更清楚的了。现代社会高度重视能源和能源供应地的安全，也正是基于上述原因的理性观点。

三、 政府类型

马汉写道："必须注意到，某个时期特定类型的政府及相应的组织机构、统治者的个性，都对海权的发展具有非常显著的影响。"[②] 能够为海上目标分配多少资源，这无疑是一个十分重要的问题。马汉认为，这个问题的答案主要取决于政府做出决策时的具体情况。马汉不是一个大民主主义者，他认为"重商主义的代议制国家"不能为战争进行充分准备，"因为人民普遍不愿意

---

① Letters of 2 April 1745 and 14 Mar 1745/6 in Julian Gwyn（ed.），*The Royal Navy and North America*（London：Naval Records Society，1973）p. 71，223.

② Mahan（1890）p. 58.

充分满足军事需求"①。赞同马汉政治观点的人，往往强调民主程序对于军事的不利影响：很明显不情愿把钱花在国防事务上；仔细审查每项军事计划；用"不相干的"道德或政治因素，干扰外国基地使用、武器供应等事项的决策。当然，关于资本主义国家的军事倾向在意识形态领域的另一个极端看法，则与此完全不同。但是这两种观点有一个共同点：都认为政府类型与战争准备之间存在着某种联系。在里奇蒙德关于英国海权发展的历史著作中，阐述这两者之间的联系就是其中的主要内容。

这些著作还表明，无论意愿多么强烈，政府都不可能对等地把海上抱负转化为舰艇优良、人员积极、作战技能一流的高效率海军。低效率的政府只能产生低效率的海军和低效率的海上战略。俄罗斯海军最近150年的兴衰史表明，政府效率与海军效率有着非常紧密的联系。20世纪初期土耳其海军的状况，也许是证明政府衰败限制海军发展的最好例子之一。驻土耳其的英国海军武官在1904年写道：

停泊在金角湾（Golden Horn）的军舰没有一艘能够出海，由于采取了预防措施，发动机的某个零件被拆掉以确保没有皇帝陛下的批准军舰无法离开停泊地点。拆下的那些部件保存在皇宫里……沿金角湾北岸停泊着一连串的舰艇，包括木壳舰、铁木混合舰、装甲舰和鱼雷艇。所有这些舰艇都存在着不同程度的损毁……岸边到处都是舰船的残骸，防波堤和船坞里杂乱地堆放着大量的锅炉、引擎、铁锚、起重机等，有的朽烂不堪，有的正在朽烂，还有成堆的垃圾和野狗……这些军舰上的脏乱状况简直无法形容。火炮、机器和锅炉已经多年没人碰过……甲板已经烂透，每隔几码远就有一个烂泥坑。②

有时候，海军这种衰落的主要原因是政治纷争破坏了海洋事业的管理。例如18世纪英国皇家海军的效率，就受到了政治派系斗争的困扰。据说，如果有一名海军军官即将受到严厉批评，那么肯定能够发现有另一名军官在吐唾沫。当国内面临严重困难或发生革命时，这种倾向更加明显。马汉经常指

---

① Mahan（1911）p. 447.

② Captain Mark Kerr quoted in，Marder（1940）pp. 401-402.

出，法国大革命对于法国海军产生了恶劣影响。在琼本·圣·安德烈（Jean-Bon St. Andre）等人的清洗运动影响之下，凡是"公民精神"（civism）受到怀疑的军官，无论他们的经验或技能如何，统统都会遭到清洗。舰员退化为一群乱哄哄的乌合之众，他们的热情无法弥补训练的不足和装备的低劣。关于 1796 年法国对爱尔兰发动的准备不足的远征，马汉写道："桅木被拿走，索具被扯断，帆篷被撕破。有些舰船甚至连备用帆都没有。"① 在这种情况下，法国的失败不可避免。

政府类型和政治环境不仅对海军的战备，而且对海军的运用方式都具有决定性影响。兰纳桑写道：传统类型的贵族，天生偏爱以陆军为主的进攻性大陆战略；恰恰相反，商务型的中产阶级却更热衷于平和的海洋战略。在 18 世纪，辉格党和托利党（Whigs and Tories）② 之间关于英国是否应当直接参与欧洲大陆战争的争论中，的确存在这样一个因素。③ 无论是英国还是荷兰，当海运界认为海军战略没有对大型商船队的安全和准时给予足够关心时，他们总是能够"不负期望"地抛出政治难题。商业就是以这种方式，让战略概念反映出那些最终对商业负责的人的政治价值和利益。

把政治利益与高效的指挥控制协调起来，往往是很难的。科贝特在谈到老皮特（elder Pitt）垮台时一段很有趣的细节时，的确认为"在一个宪政国家"这两者基本上是互相对立的。高效的战争指导似乎要求更大的集权，这必然危及宪政的根本原则，军事胜利与政治健全很可能是互相排斥的。④ 技术的本质要求是保密和快速反应，而不是按照有关正常的政治程序进行长时间的公开审议，在这样一个时代，这两者的关系可能会越来越紧张。

不管怎样，海军的效率，包括建设和运用两个方面，通常不会超过该国社会和政府的效率。因此，要充分理解一个国家的海上战略，就必须了解它在一定程度上反映出的政权性质。

---

① Mahan vol. ⅰ（1892）p. 67.

② 译者注：辉格党，英国历史上的一个政党，主张实行自由、开明的原则，反对君主制，拥护议会制。19 世纪中叶，与其他资产阶级政党合并，改称自由党。托利党，英国历史上的一个政党，1679 年成立，拥护君主制，与辉格党的政治主张针锋相对。两党相爱相杀 300 多年。1833 年，托利党改称保守党。

③ de Lanessan（1903）.

④ Corbett vol. 2（1907）p. 206.

四、 地理和地缘政治

海上战略家往往特别强调地理因素在海上战略中的重要性。他们明确指出，地理条件与国家能否成为海洋强国有着密切联系。海洋地理因素可在战略理论和战略实践两个方面影响海上战略的形成。

比如马汉就曾指出，海岸结构，修建港口的难易，江河在国内交通的重要性，甚至土地肥力和人口数量的关系，都属于地理条件的范畴。国家对于海洋的渴望是对地理条件深思熟虑后的产物。国家的地理位置是否靠近海上重要的商业航线，是否具有抵达优良渔场的物质能力，这些因素也都至关重要。

17世纪荷兰海军的兴起清楚地证明了上述问题。荷兰的地理位置，非常便于控制欧洲那些穿过英吉利海峡的最重要的商业航线：这些航线通往波罗的海，而且靠近那些关键的经济地区，比如佛兰德斯、布拉班特和莱茵兰（Flanders，Brabant and the Rhineland）①。荷兰大多数的人口中心都很便于从水路抵达，须德海（Zuider Zee）②和"大堤之后"的水道网对于国内经济非常重要。海洋捕鱼业对经济也起了一定的推动作用。当鲱鱼产卵场移到北海的南部（也许是因为墨西哥暖流的正常路线发生了变化）时，荷兰就处在了特别有利的捕鱼位置。在捕鱼淡季，渔民就用他们的船只搞海上货物运输，推动荷兰参与具有高额利润的国际运输贸易。甚至不利的地理条件也在推动荷兰朝着同一个方向发展。荷兰的农业不足以养活现有的人口，荷兰的自然资源依赖于外部供给，这些都迫使荷兰民族走向海洋。

虽然美国也曾经具备许多类似的条件，但马汉伤心地指出，这些条件今

---

① 译者注：佛兰德斯，古地名，泛指西欧低地西南部、北海沿岸。布拉班特，是古欧洲西北部的封建公国，位于荷兰南部和比利时中北部。莱茵兰，古地名，位于莱茵河中游。

② 译者注：须德海，荷兰围海造田后，剩余水面的一部分改称艾瑟尔湖。

后不会再起作用了。因为美国的内陆已经开始大开发，那里具有明显的巨大潜力，分散了美国起初对于海洋的特有关注。① 马汉希望自己的祖国重新转回海洋王朝的方向。他认为自己必须要这么做，因为事实表明，随着时间的推移，海洋地理的重要性比乍看起来要大得多。

海洋地理的某些方面是动态变化的，例如季风的模式、洋流、短期的季节性变化和长期的气候变化。这些因素不仅在不同程度上影响各国的海洋事业，而且影响了各国对于海军的认知。例如在帆船时代，风的因素是制定印度洋任何军事行动的起点。② 同理，在英国周边盛行的西南风通常具有相当大的战略意义，为英国皇家海军创造了长期有利的条件。因为当风从封锁地域吹向他们时，正好也把法国人封在港内。正如霍克（Hawke）在 1759 年的报告中指出的："那些大老爷们尽可以放心了，战斗警报的基础现在已经基本不存在了。当风向有利于敌人驶出的时候，也有利于我们阻止他们出港；当我们被迫离开的时候，他们也无法活动。"③

气象条件影响海军的战略和战术，左右着舰船设计师们必须考虑的许多参数。气象条件对海上作战行动的成功影响如此重要，这类行动的典型代表就是 1942 年德国军舰"沙恩霍斯特"号和"格奈森瑙"号（Scharnhorst and Gneisenau）成功突破英吉利海峡的"海峡突击行动"（Channel Dash），以至于有些气象预报人员声称，他们应当在制定作战计划时拥有最终的发言权。④因此戈尔什科夫指出，应当尽可能详尽地掌握海洋地理的所有信息，这需要苏联海军尽最大努力进行海洋调查。事实上，这一观点反映了所有海洋国家的历史性实践。

对那些比上述情况更少变化的和可以预见的海上作战行动，海洋地理因素也有一定影响。例如，进入公海的通道问题。人们在地理因素上的关注点，聚焦于那些能够提供战略通道的特定地区。丹麦海峡（The Danish Straits）扼

---

① Mahan's views on all this are conveniently summarised in Westcott (1919) pp. 21-48.

② Graham (1965) p. 45.

③ Quoted in Colomb, P. （1899）p. 142.

④ For instance see Dr Walther Ströbe, 'Forecasting for the Escape of the *Scharnhorst* and *Gneisenau*', *Meteorological Magazine*, （1976）Nov. p. 322.

守着波罗的海的门户，因此成为几百年来冲突不断的地区。控制这类战略要地的国家，能够从中获得极大的军事利益。英国海军上将费希尔非常赞成菲利普·科洛姆的观点，他宣称，"有五把锁锁住了全世界：新加坡、好望角、亚历山大港、直布罗陀海峡和多佛海峡（Singapore, the Cape, Alexandria, Gibraltar, Dover），这五把锁的钥匙都属于英国"。接着他满怀激情地说，"英国的五大舰队将控制这五把钥匙"。英国拥有了这种优势，就能主导全世界的海上事务。①

其他国家没有这样的良好位置。地理条件能够且已经把某些国家的海军限制在周边海域之内，不能进入公海就意味着把制海权拱手让给敌人。因此，克服地理上的天然不利条件的迫切需求，主导着这些国家的海上战略。德国在两次世界大战的实际情况就是如此。现在的苏联更甚之。

俄罗斯海军总是受到非常不利的自然条件制约，海岸线的分布状况常常使之难以集中兵力，或者作为一个紧密结合的整体加以运用。戈尔什科夫说过："对于俄罗斯海权来说，最大的困难来自地理位置。这种地理条件要求每个舰队（共 4 个）都要能够在相距遥远的各自战场上独立地遂行当面任务。"② 仅仅这个最大的困难就会造成完全不同的结果，俄罗斯只有把兵力从一个舰队调到另一个舰队才能克服这个困难。虽然这种办法偶尔能够取得成功〔比如 1769 年斯皮里多夫（Spiridov）海军上将进行的地中海袭击战〕，但更经常的结果是惨败（特别是 1905 年的日俄战争）。

俄罗斯并不是唯一面对这个问题的国家。英国掌握直布罗陀海峡之后，西班牙也变成了这类国家。至少在巴拿马运河（Panama Canal）建成以前，美国也在一定程度上面临同样的困难。法国也是如此。卡迪纳·黎塞留（Cardinal Richelieu）写道："看来上帝希望法国成为海上帝国，赐予法国有利的海岸位置，法国才得以在大西洋和地中海两岸都拥有优良的港口。"然而从法国18 世纪的情形来看，这种割裂的地理条件却变成了一种障碍：它使得法国难以集中两个方向的海军兵力实施重大的海上行动（比如入侵英国）；特别是当

---

① Quoted in Marder (1940) p. 473; also Colomb (1896) p. 67.
② Gorshkov (1972) Art. 2.

英国海军采取封锁政策阻止法国集中兵力时，更是如此。除非海军具有绝对优势，否则割裂的海岸线实际上已被证明是一种缺陷，而不是优势。

作为一个岛国，英国避开了这个难题。在大多情况下，英国还会从中受益。英吉利海峡能够保障英国免遭入侵，因此英国保持一支庞大陆军的需求相对较弱。因为不用担心陆上边界问题，英国可以集中精力关注海洋。即使在应对法国和荷兰之类的海洋强国时，这些因素也能让英国受益匪浅。马汉于是得出结论："历史已经雄辩地证明，即使只有一条陆上边界的国家，在海军发展的竞争中也比不上那些岛国，即便岛国的人口和资源更少。"

由此可见，自然地理显然对海上战略产生了重要影响。然而有些评论家的步伐迈得太大，他们认为实际上是地理决定了战略，地理是决定胜败的主要因素。借用一句名言，地理甚至是历史的枢轴。但当海军主义认为地理让海权成为至高无上的力量时，地缘政治学派却得出了完全不同的结论。他们认为，海权耗资巨大，已经进入不可逆转的衰落时期，而陆权则方兴未艾——大象将打败鲸鱼。

地缘政治学具有悠久的历史。其观点可追溯到 19 世纪初的德国学者，如巴龙·迪特里希·冯·比洛（Baron Dietrich von Bulow，著有《新战争体系的精神实质》，*The Spirit of the New System of War*，1799），卡尔·里特（Karl Ritter）和弗里德里希·拉策尔（Friedrich Ratzel）。1904 年，英国地理学家哈尔福德·麦金德爵士（Sir Halford Mackinder）在皇家地理学会（Royal Geographical Society）做了一次著名的讲座，为地缘政治学派奠定了学术地位。麦金德指出，当东欧和亚洲这些封闭大陆的人民最终走到一起，形成"欧亚心脏地带"（Eurasian Heartland）的时候，陆权的天然优势就会立即展现出来。他们将走出去，与欧洲其他地区和非洲的人民聚合成"世界岛"（the World Island），进而统治世界其他地区，就像传统海权强国的所作所为一样。① 当然，这一切正好迎合了德国纳粹理论家的胃口：当时鼓吹这个理论的典型代表就是卡尔·豪斯霍费尔（Karl Haushofer）；他的著作给地缘政治学派带来了许多

---

① Mackinder（1919）. 译者注：此即"心脏地带论"的主要观点，谁统治欧亚大陆的心脏地带，谁就能主宰全世界。

离奇古怪的内容，却又保留了一些略带邪恶的内涵。

就海上战略的功能而言，地缘政治学派认为："海权所具有的世界性政治潜力，早在陆权的潜力迅速增长之前，早在第一艘潜艇下水和第一架飞机升空之前，就已经完全衰落了。"① 他们还认为，这种相对衰落的过程仍将继续下去，直到"心脏地带"取得最后的胜利。

地缘政治学派列出了导致这一现象的许多原因。一是陆路运输的革命（更好的公路和铁路），意味着海上交通的重要性已经大不如前。过去由于陆路运输效率很低，即使是奥地利哈布斯堡王朝（Austrian Hapsburg Empire）这样的陆上帝国也不得不依赖于海上交通②，但现在这种情况已经一去不复返了。既然海权国家是通过控制海上交通线来发挥影响力的，那么（陆路运输的巨大发展使得）他们的重要性随之降低。更有甚者，随着海权国家的主要武器——海上封锁的效率不断降低，"心脏地带"的范围却日益扩大，大大削弱了海上进攻的可能性。事实上，陆权国家现在开始反过来威胁海权国家：利用飞机（和潜艇）骚扰海权国家自身的海上交通线，并最终致其衰亡。

陆权国家实力相对增长的另一个主要原因是，这些国家的动员能力不断增强，能够把潜在的具有压倒性优势的自然资源和人力资源动员起来。乔治·凯南（George Kennan）在1966年写道："我们现在的麻烦，是防止整个欧亚大陆巨大的军事工业潜力集合在某一个国家手中，从而威胁全世界的岛屿国家和海洋国家的利益。"③

卡斯泰所谓的"海洋对抗陆地的永久斗争"④ 的最后阶段，实际上就是"心脏地带"国家走向海洋的时候。麦金德已经就此发出过警告。在第一次世界大战结束后不久，麦金德撰文指出："我们不必去估算欧亚大陆的大部分地区在某天统一为单一国家的可能性，也不必估算这样的国家建立起一支战无不胜的海权的可能性。"⑤ 正如陆上强国罗马，为了打败海洋强国迦太基而走

① Strausz-Hupe（1942）p. 261.
② Richmond（1946）p. 28.
③ Kennan（1966）p. 65.
④ Castex（1929）vol. Ⅴ p. 557.
⑤ Quoted Strausz-Hupe（1942）p. 146.

向海洋一样，罗马的后来者也可能采用同样的方式。豪斯霍费尔建议，纳粹德国就应当如此；其他人，包括卡斯泰在内，都非常想知道苏联会不会也这样做。这两个国家都可以用自己的陆军杀出一条通往海洋的大路，他们可以征召占领地区的海洋人口，他们可以动员具有极大优势的资源。最后，他们将主宰全世界。

简而言之，地缘政治学派无法证明地理因素已经或者将会打败海权国家。与他们的观点正相反，现代海权再不能像传统海权那样，作为首要的甚至是唯一的力量加以运用。他们还指出，归根到底，地理上的现实情况表明，陆上资源对于未来世界具有更大的决定性意义。换言之，他们对海上战略家们最根本的假定提出了挑战。

五、 商船队

海上战略家有时会用"拳击手"来形象地解释战争时期海权的基本要素：商船队提供耐力和活力，基地提供机动力，海军则提供打击力。利用海洋作为运输媒介的能力显然非常重要，这要求有大量的船只来"充分保障我国人民所需的食物，我国工业所需的原料，向海外输出商品，向需要的战区运送我国的军队及各类后勤物资"[1]。没有这种运输工具，海权国家对陆上事件施加影响的能力将受到严重削弱。很显然，商船队对于海权国家的作战能力和繁荣能力来说，是一个核心问题。

---

① Richmond（1954）p. 7.

六、 海军基地

占领、保持、防卫和使用海军基地，也是海上战略几百年来的一个重要组成要素。拥有海外基地是海权的一个重要标志。自 16 世纪以来，欧洲人在印度洋建立了一连串的海外基地，目的是建立和保持海外殖民地。失去基地也就意味着失去这些殖民地。一位亭可马里（Trincomalee）[1] 的殖民地行政官曾经说过："如果基地落在强大敌人的手中，敌人就将有能力撼动我们的根基，有可能推倒并摧毁我们在东方获取财富和统治的整个体系结构。"[2]

战争时期，海外基地对于远离本土实施长时间作战行动必不可少。戈尔什科夫认为，1769 年斯皮里多夫海军上将进军地中海的真正的非凡意义在于，这是"一支大型海军编队在完全脱离本国港口的情况下，进行独立自主作战的杰出范例"[3]。但是，由于缺乏海外基地，斯皮里多夫无法巩固业已取得的伟大胜利。因此，即使出现了这样的例外，历史最终还是回归了上述的规律。这个教训在第二次世界大战中再次得到验证，海战的胜利仍然依赖于能否占领与使用在欧洲、地中海和太平洋的海军基地。在和平时期，英国没有拨付足够的经费用以建设斯卡帕湾、马耳他、直布罗陀、弗里敦（Scapa Flow, Malta, Gibraltar, Freetown）[4] 等海军基地，因此海军在战时深受其害。新加坡的陷落对英国海军的作战能力产生了巨大影响。这次灾难引发了一系列问题：其他的重要基地，如直布罗陀和马耳他，如果陷落会对后续作战产生怎样的

---

① 译者注：亭可马里是斯里兰卡东北部的港口城市。
② Earl Macartney, Governor of the Cape, 1797. Quoted in Graham (1965) p. 47.
③ Gorshkov (1972) Art. 2.
④ 译者注：斯卡帕湾，位于英国英格兰地区最北端、奥克尼群岛境内的半封闭海域。有 3 条航道通往大西洋和北海，是英国历史上最重要的海军基地，在一战和二战中，对于英国控制北海、封锁德国发挥了重要作用。与斯卡帕湾有关的一个著名历史事件是德国军舰自沉事件。1919 年 6 月，德国海军发动"彩虹行动"，主力舰队包括战列舰、巡洋舰、驱逐舰等 51 艘共计 40 万吨军舰，全部自沉于斯卡帕湾。弗里敦，今天的塞拉利昂共和国首都，位于西非大西洋沿岸，北部、东部被几内亚包围，东南与利比里亚接壤。

影响。要准确回答这些问题是不可能的，但有一点毋庸置疑，后果肯定相当严重。

　　小到一个锚地，大到能够提供工业设施的主要基地，海军基地的用途和重要性各不相同。海军基地可以在不同程度上支持多样化的海上行动。[①] 基地可为舰队提供一个安全之地。罗斯基尔写道："如果基地不能确保安全，舰队也就不可能履行职能。在这种情况下，舰队将惶惶然如丧家之犬，提心吊胆地四处漂泊，不停地从一个缺少安全的锚地转移到另一个同样不安全的锚地。"[②] 基地能够保障舰队的各类必需物资（食物、弹药等），舰艇维修设施和人员休整，从而赋予海军持续的作战能力。当军舰从风帆动力转换为蒸汽动力的时候，基地也许能够弥补军舰一度失去的那部分续航能力。

　　同时，基地还为商船队提供了一个集结地，并拓展了海军兵力的到达范围。马汉说过，美国海军要想保护海上贸易，就需要在舰船活动的远洋建立相应的海军基地，否则海军"就像陆地的鸟儿一样，不能离开海岸飞向远方"[③]。海外基地距离舰艇任务海区越近越好，这样可以减少在机动过程中的航行时间，进而增加舰艇的续航力。

　　但在某些情况下，基地对于海上战略可能会产生一些不利的影响。比如菲利普·科洛姆认为，静水锚地（smooth-water anchorages）能够满足比通常需求更多的海军目标，因此他警告那些不加区别乱建永久基地的行为。有些永久基地一旦建立起来，往往"会强化虚假的重要性，同时增加了真正的浪费"。他还补充道：

　　　　在战争中，我们永远无法预知，哪些地方作为海军基地是必须要占领的……事先就指定舰艇要到某个地点获取补给和维修，却不管这些地点对于正在进行的作战行动方便与否，这种规定最后很可能造成某种损失和大量的资金浪费。[④]

　　由此可见，永久基地如果选错了地方，将造成巨大的浪费，而且会限制

[①] For a convenient summary see Brodie（1965）pp. 178-188.

[②] Roskill（1952）p. 432.

[③] Mahan（1890）p. 81.

[④] Colomb, P.（1899）Appendix pp. xii-xiii.

海军的行动。永久基地有责任和义务作为（或者替代）一个后勤资源。第二次世界大战表明，防卫类似新加坡这样的基地非常困难，且代价高昂。但是如果没有这种防卫，没有舰队从这些基地出发实施作战，那么这些基地就不是资源，而是一种负担。

七、 作战手段

　　海军力量中最明显的作战手段就是军舰。在任何时候，最重要的军舰还是主力舰。多年以来，战列舰一直是主力舰种，是海权的终极代表。在第二次世界大战中，战列舰的这个位置被航空母舰取代。现在有人认为，航母的地位已经被潜艇取代。然而，主力舰需要一整套的其他舰艇为其提供支援和保障，没有这些舰艇，主力舰将无所作为。

　　第一次世界大战之后，海军航空兵成为海权的一个重要组成部分。刚开始时这个观点还很受排斥，一部分原因来自海军的保守势力，他们对飞机能干点啥感到非常怀疑；另一部分原因来自世界各国空军中那些信奉"航空一体"（Unity of the Air，航空兵就是航空兵，不管是在海上还是在陆上，空战都有自己明确的、独特的原则与要求）的人，他们对有关海军航空兵的主张丝毫不感兴趣。[1] 但是正如里奇蒙德所指出的，飞机本身能够成为"海权的手段，兵力部署于海上，目的就是为了争夺控海权，而控海权正是海权追求的目标"[2]。在1941—1945年的太平洋中，海军航空兵在争议中成长为海权诸多手段之中最重要的一个。

　　作战手段的多样化本身也带来了新的问题。无论是对单艘军舰还是对海军整体的规模与结构而言，都必须在竞争性贡献与作战要求之间保持适当的

---

① For British experience see Till（1979）esp. Chapter 2.
② Richmond（1934）p. 117.

平衡。舰艇设计师需要在动力装置、武器装备和住舱之间分配好排水量，而那些负责海军总体规划的人员，则必须确定海军能够完成的各类任务之间的优先顺序。技术进步速度的明显提高，是问题日益复杂化的另一个重要原因。然而海权学家倾向于认为，对海上战略理论的理解，有助于海军规划人员在竞争困境下的技术泥潭之中，顺利地找到一条安全通道。

实际上，战略家们通常认为，海上战略提供的一个最大用处，是它们展示了技术是怎样成为陷阱和迷宫的。比如，里奇蒙德及其同派中人就反复警告海军的同行，过于关注海军的技术因素是危险的。把评估海军实力的基础仅仅放在舰艇数量或火炮口径的对比之上，谬之大也。尽管这种不动脑子的误导性方法经常被里奇蒙德等人打回原形，但是它们的不断"复活"也是有目共睹的。① 毫无疑问，唯一的真正的解决办法是让人们发自内心地认同。

里奇蒙德还指出，海军如果把自己的建设计划简单地建立在假想敌的可能兵力基础之上，同样是错误的。事实上，海军上校伯纳德·阿克沃思（Bernard Acworth）在 1935 年就指出："看来海军部的政策有一个基本特点，就是在确定建造和保持某型舰艇时，所依据的不是舰艇的性能特点，而是因为其他国家的海军也是这样做的。"② 最后，反对唯武器论的人认为，仅仅因为某型装备是最新的装备就去制造它，这显然不对。16 英寸（406 毫米）大炮未必比 15 英寸大炮好用，然而一些现代海军显然还没有摆脱这种固有的恶习。不久之前，美国国防部的一位高官宣称：

> 未来我们不应当再次陷入目前的病态：一旦出现先进技术或者仅仅因为它是先进的，就立即把这些先进技术应用于每个系统之中。我们应该扪心自问，我们真正需要的是什么——应当是最低限度的必要性能，只要有可能，我们应当采用那些经过验证的技术，来满足必要的、真正的需要。③

正如里奇蒙德所指出的，海军建设的基本依据就是要有明确的战略需求

---

① For an example of the genre see 'NATO navies outgun Russia' the London *Observer*, 30 Mar. 1980.

② Acworth (1935) p. 234 et seq.

③ Dr John Foster, Director of Defense Research and Engineering, 12 March 1970. Quoted in J. Ronald Fox, *Arming America* (Harvard University Press, 1974) p. 464.

理论。否则，他写道：

> 对我来说，这就像是完全错误的开始。没有人告诉我们想干什么，也没有人告诉我们应该干什么。所有的一切都是从物质性目标开始，而不是从战略目标出发。我认为这是错误的。我们的战略家（如果有的话）应当审视这种情况。我们能在什么地方给敌人造成最大的损害。①

里奇蒙德坚信，按照这种方式思考问题非常重要，以免让小人掌握大权。

执迷于武器的最终危险是"一种极为有害的思想"，"认为舰艇就是一切，而人却无关紧要；把希望寄托在机器上；过多地考虑吨位和马力，以及装甲的厚度等先进的现代物质因素，却很少考虑赋予人们生命的精神因素"。② 各类人员的质量、数量、技能和能动性对于海军实力而言，才是最主要的因素。事实上，应当把人力资源管理的许多内容，比如为下甲板人员提供公平的条件，晋升制度不再仅仅取决于"一场流血的战争和一个疾病流行的季节"，把这些与舰上的武器质量同样视为提高海军实力的关键问题。

在马汉提到的海权要素之中，最缺乏说服力的一个就是他所谓的非常重要的"民族性格"。这个观点不再被认为已经得到了充分的阐述：如果盐③确实在每一个地道英国人的血管中流动，那就必须知道为什么。某些民族在某个时期热爱海洋的原因，可能与一些平淡无奇的事情有关，比如他们所处的地理、社会、经济和政治环境等。

比如，在西班牙无敌舰队（Armada）启航前不久，悲观的舰队司令官向皇帝呈递了辞职报告：

> 我的健康状况非常糟糕，从有限的海上经历中我知道，我总是晕船……这次远征作战规模很大，目的极为重要，负责此次远征的指挥官应当非常熟悉航海和海上作战，然而我对这两者都一无所知。指挥官所需的关键能力我一项也不具备……如果您任命我，请慎重考虑这些情况，我很可能会辜负您对我的信任。④

---

① Quoted in Marder（1952）p. 296.
② The *Edinburgh Review*（1894），quoted in Marder（1940）p. 205.
③ 译者注：作者在这里是以"盐"比喻海洋意识。
④ Medina Sidonia quoted in Clarke and Thursfield（1897）p. 166.

这份报告的重要性不在于它告诉了我们西班牙人的性格特点，而在于它揭示了选择与任命一个如此勉为其难的指挥官的西班牙海军体制。各国海军正是以这种或更多的其他方式，反映出本国海军体制的优点与弱点。

八、　结论

海权的四个源泉（资源、政府类型、地理和海运业）和三个要素（商船队、海军基地和作战手段）共同构成了海权系统。很显然，这个系统的每一个组成部分都不是静态的，它们之间相互作用。一个组成部分发生了变化，其余的组成部分都要受到影响。政治的稳定能够促进经济的发展，而经济发展可能产生新的海洋推动力，进而改变海上态势。所有这一切，都能够对海军战略产生重大影响。因此，研究海权起源和要素的经验警示我们，脱离现实世界去研究抽象的海上战略原则是危险和困难的，因为正是现实世界产生了这些原则并主导了它们的应用。

第四章

决战

一、引言

　　1921 年，英国政府围绕未来的海军作战问题，特别是战列舰作战问题，举行了一次听证会。在与会人员中有几个与 S. S. 霍尔（S. S. Hall）海军上将持相同观点，他们认为战列舰的时代已经过去。霍尔举例证明这个观点。他指出，在第一次世界大战中，相比其他舰艇而言，战列舰并没有多大作为，明显没什么用处。

　　轮到里奇蒙德发言时，他严厉地驳斥了霍尔上将的观点，并对传统理论中的决战价值进行了简要总结：

　　　　霍尔上将说，当主力舰"投入战斗并赢得胜利……但我们海军的主要任务是保护海上贸易，战列舰并没有为实现这个目标做出任何实际贡献"。这种观点表明他对战争中最简单的事实都一无所知。许多问题已经通过消灭敌人的主力舰艇解决了，因此再集中我们的主力舰已无必要：过去，由战列舰执行护航任务，现在用的是巡洋舰和驱逐舰。你的防御力在成倍增加，你通过封锁所施加压力的力量也在增强。如果敌人拥有海外基地，通过为远征作战实施护航，你占领这些基地的力量也在增强。入侵我国的危险已经排除，舰艇、人员和物资都可以用于保护本国贸易，或用于攻击敌方贸易。整个一战的经验都在告诉我们同一个道理：伟大的胜利，是把先前集中使用的主力舰进行分散使用之后取得的。[①]

　　决战之所以成为决战，不是因为胜利者给失败者带来了即刻的毁坏和损失，而是因为战斗所产生的后果。伟大的胜利能够让胜利者有效获得这种决定性的能力，能够依据自己的愿望利用海洋，并阻止敌人做同样的事。这就

---

　　① Richmond, Evidence to the Cabinet Sub-Committee on Ship-building 5 January 1921, Cab 16/37 Public Record Office, London.

从理论上说清了为什么要进行这样的海上决战，并从实践上指明了如何进行决战取决于当时的战略形势以及海军技术的状态。

1770 年夏季，俄罗斯波罗的海舰队的 3 支分舰队在斯皮里多夫海军上将和英国海军上将约翰·埃尔芬斯通（John Elphinston）的指挥下，在小亚细亚海岸附近靠近希俄斯岛（Chios）的切什梅海（Chesme），与土耳其舰队交战。这是"海军史上最有决定意义的战斗之一"，俄国人用纵火船伏击了停在港内的土耳其军舰，并记载了当时的场景：

> 由大约 200 艘帆船组成的土耳其舰队，大部分都陷入一片火海之中。这是怎样一幅悲惨和恐怖至极的画面！

> 这段话仅仅是含糊地描述了土耳其舰队的悲惨状况。火焰以极快的速度四处蔓延，土耳其军舰一艘接一艘地发生爆炸，每个落水的人都被吓傻了，只能随波逐流。尽管如此，俄国人仍然暴雨般地向他们倾泻炮弹、子弹和霰弹，目睹这场灾难的成千上万的土耳其人只能在岸边呼号哭泣，却没有一个人敢冒险营救他们的朋友。

> 现在毫无办法，失败者只有徒劳地尖叫、哀号，与胜利者的军乐声和欢呼声交织在一起，放大了此起彼伏的或悲或喜之声，宛如一曲庄重的挽歌，送别他们正在逝去的荣光。

斯皮里多夫后来满怀激情地写道："所有的光荣都属于俄罗斯海军，敌人的舰队被打垮了、粉碎了、砸烂了、烧毁了，抛上了天空，沉入了大海，化为了灰烬……我们，成为整个爱琴海的主人。"

埃尔芬斯通试图利用这次胜利所获得的制海权，去夺取达达尼尔海峡并攻打君士坦丁堡。然而斯皮里多夫并不这样认为。他封锁了达达尼尔海峡，率领俄国舰队在整个海区展开了一系列的攻击行动，甚至一度占领了贝鲁特（Beirut）。戈尔什科夫把他对许多当代问题的评述伪装成对历史事件的解释，他在其中一篇文章中写道："这支海军分舰队提高了俄罗斯的国际威望，为俄罗斯赢得了地中海沿岸各国人民的热烈支持。"[1] 虽然在一次实际战斗中，很

---

[1] Battle description from 'An Authentic Narrative' quoted in Woodward (1965) p. 52; also Gorshkov (1979) p. 75.

难在击沉舰船和杀伤人员方面取得具有决定意义的立竿见影的效果，但俄国的交通线实在是太长了，又缺少海外基地和足够的地面部队，这些都使得俄罗斯难以巩固已有的胜利。这个纯粹的地理现实夺去了俄国的部分胜利成果。这个现实进一步证明这个结论：一场具体战斗的决定性作用到底有多大，并不取决于战斗对敌方造成的直接损失有多少，而是更多地取决于其他因素。

　　即使在衡量这些相对简单的内容时人们也会发现，决战出现的次数要比乍看起来少得多。因为在一次大规模作战中，几乎不可能出现交战双方把全部海军力量，哪怕是大部分力量集中到一个战场的情况。总有一些舰船在建造或者修理，或者从一个地方驶往另一个地方，或者被派往别处执行任务。所以就算是遭到了一次惨败，战败方往往还保留着许多兵力可以再战。海上战争仍然可能继续下去，即使是取得了歼灭西班牙无敌舰队和特拉法尔加海战这样的伟大胜利之后，事实依旧如此。英国格林尼治皇家海军学院的一位历史学家曾经指出："从表面上看，无论如何，特拉法尔加海战都只是战争中一次不太重要的战斗。在此次战斗中，拿破仑的海军只有一小部分被歼灭，英国实际参加战斗的战列舰也仅占总数的六分之一。"[①]

　　决定性胜利看来还是取决于某种更大的优势：不管是地理条件、武器装备、操作技能，还是人员和舰船的数量与质量。在这些方面，劣势一方常常事先已有某些察觉，所以他绝不愿意进行决战，从而遭到灭顶之灾。弱者将竭力避免主力舰队之间的交战，而强者则努力追求这种决战。由于这两方面原因，一系列再普通不过的战斗的结果累积在一起，才有可能形成决定性后果。在双方都主动寻求决战的情况下，例如 17 世纪的英荷战争和第二次世界大战的太平洋战争，这种情况更是经常出现。

---

① Tunstall（1936）p. 173.

二、 桨船时代的决战

弗雷德·T. 简写道："在古代历史上没有一场具有鲜明特色的决战记载，进行大决战只是为了满足古代人单纯的雄心壮志。那个时代的指挥官完全相信这个理论，整个制海权取决于大决战的结果，马汉是这个理论的现代鼓吹者。伯罗奔尼撒人被雅典人打败后，能够轻易地再次集结一支舰队，继续战斗。罗马人和迦太基人也总是采取同样的方式……"①

在许多这样的"大决战"中，双方追求的唯一的直接目标就是取得制海权。每次决战的特点和结局取决于一系列的因素。由于古代战舰的续航力和适航性都很有限，所以海战通常在近岸海域进行：舰船排成一列横队，防御方通常都在战舰靠近海岸的一侧抛锚，避免敌人从侧翼迂回包围。海战战术往往是冲角撞击、接舷战和利用各种投射武器（戈矛、弓箭、石块、毒蛇罐）实施的远距离作战。选择何种战术则取决于当时的情况。例如在锡拉库萨海战中，更加专业的雅典舰队努力发挥出最高水平的操船技能，排成一队绕着敌舰快速航行，伺机从侧面撞击敌舰。为了克制雅典人的战术，锡拉库萨人决定在狭窄的大港（Grand Harbour）海域进行战斗，因为希腊人在这里将很难进行上述机动。锡拉库萨人很清楚自己的操船技能有限，因此特别加强了战舰的重型船首，准备以正面撞击雅典战舰。反过来，雅典人放弃了灵活的机动战术而选择了接舷战，并装载比平常更多的士兵投入战斗。为了对付这种战术，锡拉库萨人把船首包上兽皮，让雅典人抛掷的铁爪钩无法钩住而反弹出去。现在，锡拉库萨人希望与雅典人保持距离，通过远距离作战打败敌人。

总而言之，从这次雅典远征锡拉库萨的长时间会战中，可以看到相当多

---

① Jane（1906）pp. 149-150.

样化的战术。因此就此而论，这次会战非常独特。胜利往往属于战术或技术更能灵活压制对手优势的那一方。公元前306年，德米特里与托勒密（Deme-frius and Ptoiemy）① 在萨拉米斯岛（Salamis）附近海域进行了一场舰队决战。关于当时作战情形的记述表明，那个时代的海战绝不是平淡无奇、简单化的作战。狄奥多罗斯（Diodorus）② 写道：

> 舰队正在展开，水手长照例发出向神灵祈祷的信号，水手们高声祷告。当时两支舰队相距大约600码。德米特里人高举金色盾牌，让所有人员都能看到，这是交战的信号（毫无疑问，这个信号是从战线后面的小艇传递过来的）。托勒密人也采取同样的举动。在进攻号角齐奏、士兵高声呐喊之时，两支舰队迅速接近。交战是从相互射箭、投掷石块和标枪开始的，许多人在这个过程中受伤。接着双方靠拢，桨手在水手长的鼓励下拼命划船，甲板上的士兵则挥舞长矛刺向敌人。第一次撞击异常剧烈，有些战船两舷的船桨损坏殆尽，无法动弹，上面的士兵们也无法参战。另一些战船在撞击之后奋力向后划桨，以便再次实施撞击。有些舰长用船舷撞击敌人的船舷，致使双方战船紧贴在一起，因此许多战船成了跳帮厮杀的战场。有的跳帮士兵因为站立不稳，跌到船外而被淹死；有的则站稳了脚跟，杀死敌人或把敌人打落水中。战船的命运各不相同。有的水手较弱，但因为更高的甲板而成为胜利者；有些水手虽强，但因甲板较低而丢掉了生命。在海战中运气对成败具有巨大的影响。在岸上，勇猛是最重要的取胜因素；而在海上，由于各种意外经常发生，可能那些理应获胜的勇猛一方反遭毁灭。③

尽管桨船战舰一直使用到18世纪，但是最后一次大规模采用撞击战、投射战和接舷战战术的典型交战，却是发生在1571年的勒班陀（Lepanto）海战。然而，一些桨船时代的战术传统甚至沿用到了帆船舰队的作战当中。中

---

① 译者注：公元前323年，开创马其顿帝国的亚历山大突然去世，没有指定继承人。其部下支持不同的继承人，王位争夺战连绵不断，一直持续到公元前276年，主要包括四场战争。公元前208—前301年是第四次战争，交战双方是控制希腊的安提柯的儿子德米特里与控制埃及的托勒密。公元前306年，德米特里进攻塞浦路斯，萨拉米斯海战就发生在此期间。结果托勒密战败，德米特里占领了塞浦路斯。

② 译者注：狄奥多罗斯是公元前1世纪古希腊著名的历史学家，著有《历史丛书》四十卷。

③ Quoted in Rodgers (1937) p. 241.

世纪海战的最大特点就是在近岸海域进行，海战战术几乎就是陆上战术的翻版。例如 1340 年的斯勒伊斯（Sluys）海战，简直就是发生在海上的简单陆战。

三、 帆船时代的决战

科贝特认为，英国海军已经反复证明："最直接、最经济、最有效的夺取制海权的方法，就是消灭敌人的抵抗力量。"科贝特、科洛姆和里奇蒙德都持相同观点。在公海上主动寻求决战或者抢先攻击敌方海岸，这种思想是从 16 世纪英西战争时期发展而来的。伊丽莎白一世时期的海军军官（头一个可能就是德雷克）建议把这种富于挑战性的作战行动，作为从西班牙手中夺取主动权、在其完成战争动员之前打击他们的一种手段。①

在 1627 年半途而废的加的斯（Cadiz）远征作战中，英国舰队司令接到的命令可能是他们这种抱负的最好反映：

> 本次出征的主要目的，是削弱并破坏敌人的海上力量和贸易能力。为此应俘获和击沉敌人的军舰、商船等各类船只；破坏敌人的弹药库和港口城镇，断绝其后勤补给；让敌人无法补充水手、陆战队和炮手……夺取并占领敌方治下的、可用来支持我后续作战行动的某些地区。②

然而事实证明，这类目标更多的时候只是一个美好的愿望而已。在当时没有哪一个国家真正拥有足够的海军资源，去实施这种长期的、雄心勃勃的作战行动。太多的海军指挥官坚持认为，海上战争应当依据商业原则，为获取可能的商业利润而战斗或停止。即使是德雷克在追击西班牙无敌舰队的过程中，也曾在半夜里突然脱离了英军编队，致使一些军舰陷入了混乱，另外

---

① Corbett (1918) pp. 104, 154-155.
② Quoted in Richmond (1946) pp. 30-31.

一些差点冒冒失失地冲入西班牙后卫舰队当中。德雷克之所以这么做就是为了钱，他想把受伤的西班牙"罗萨里奥"号（Rosario）拖往南面实施洗劫。这种玩忽职守的行为在当时很典型，因此要想实施有组织的决战是非常非常困难的。

从肉体上毁灭敌人的作战思想主要与 17 世纪的英荷战争有关。荷兰和英国在航海技能、舰艇数量和战争意志方面不相上下，双方夺取的目标都是制海权，因此彻底消灭敌人有时就变成了理想的战略结局。由于这个原因，战争中充斥着异常残酷、血腥的战斗，最后双方的舰队都恢复了严格的队形，这是许多世纪以来难得一见的。当蒙克、迪恩和布莱克等陆海军将领（Monk, Deane and Blake）加入海上作战行列的时候，舰艇编队第一次真正采用了单纵队的队形。这并非巧合，用科贝特的话说，这是一支"战斗精神高昂的新式陆军"（the high military spirit of the New Model Army）。

然而，即使是这样，在实践中通过决战夺取制海权的做法也受到很多限制。例如，荷兰就始终受到了作战目标分散的困扰：既要寻求决战，又要保护贸易。英国经常袭击荷兰的商船队和渔船队，使得荷兰海军统帅马顿·特龙普（Maarten Tromp）[1] 的困难变得更加复杂。特龙普写道："我真希望我能有幸只承担两项任务中的一个：寻找敌人作战或者为商船护航，因为同时承担两项任务实在是太困难了。"但是航运业要求直接护航的压力迫使特龙普不得不努力解决这一问题。无论荷兰海军何时决定寻敌作战，他们都会被"因航运延误和船只损失而嘟嘟囔囔的商船老板"的抱怨所困扰。

按照乔治·唐宁（George Downing）的说法，虽然双方确实展开了"许多大型战舰，人员装备一切就绪，同仇敌忾……而且……渴望战斗"的斗争，但是彻底消灭敌人并充分享有不受干扰的制海权，仍然被证明是非常困难的。失利的舰队常常利用海雾、恶劣天气或风向变化而逃之夭夭；有时双方都由于缺少人员和补给，或者因内部争吵，或者为了取悦各自政府而削减海军经

---

① 译者注：马顿·特龙普（Maarten Tromp，1598—1653），荷兰海军统帅，荷兰共和国（1588—1795）著名海军上将之一。他几乎参加了第一次英荷战争的所有海战。特龙普作为混战派的最杰出代表，在与英国海军主帅布莱克的三次对决中赢了两次，迫使布莱克不敢与他混战转而研究新的战术。随着特龙普在斯赫维宁根海战中阵亡，荷兰海军士气大减，第二年英荷两国达成妥协。

费，从而丧失唾手可得的胜利成果，让战败者得以恢复元气；有时双方为了争夺制海权，兵力消耗殆尽，以致后来无法行使制海权。因此，塞缪尔·佩皮斯（Samuel Pepys）在 1666 年 7 月指出："一切都是为了我们能够控制海洋，这意味着胜利，或者至少表明我们没有被打败；但是否值得大肆夸耀，那就只有天知道了。"[①]

在接下来的一个世纪里，英国海军面临的是一个故意回避决战的对手。在英荷战争时期，皇家海军受到的困扰是作战中的那些实际困难；然而现在他们遇到了强大的法国海军，法国人对整个海上战争本质的认识与英国人完全不同。一名法国学者曾经总结法国海军的作战思想如下："法国海军总是宁愿保持征服的荣誉，也不愿意去捕获几艘舰船，这是更辉煌但实际上却不易实现的，因此他们能比较容易地达到战争中既定的真正目标。"[②] 换句话说，法国海军的指挥官们追求的是"长远目标"，即完成诸如为商船护航或者支援陆上作战之类的任务，这些任务优先于寻找敌人并在决战中歼灭他们。

1691 年，法国海军给刚刚取胜的德·图维尔的命令就是如此：

> 捕获这支船队（士麦那商船队，the Smyrna merchant）……比再次打败敌方舰队更为重要。陛下的旨意是，图维尔不要在英吉利海峡搜索敌人……即使英国人出海，法国占有兵力优势，陛下也不希望你进行攻击；相反，陛下希望你避开敌人。

在海军文献中，这种观点曾经受到广泛的指责。比如里奇蒙德就指出："这真是愚蠢至极的命令，它给法国舰队带来的破坏，比英国大炮曾经造成的破坏还要多。"[③]

依据这些批判性意见，这种思想有意贬低了通过决战夺取制海权的重要意义，必然导致法国永远处于劣势地位。即使原本有机会给英国人造成重大损失〔例如 1756 年的梅诺卡岛（Minorca）海战、1779 年的格林纳达（Grenada）海战和 1782 年的多米尼加（Saints）海战〕，法国人还是放过了他们，以免危及正在执行的任务。在稍后的一段时间，德·兰纳桑坚决反对这种思

---

① These passages owe much to Wilson (1957).

② Ramatuelle quoted in Rosinski (1977) p. xiii.

③ Richmond, book review, *Naval Review* (1933).

想。如果法国一味回避战斗，敌人将"更有能力实施进攻作战，给法国带来严重的损害……例如封锁军港，阻止我们的巡洋舰出海，摧毁我们的商业港口，派遣部队登陆法国海岸，等等。法国快速分舰队的确不会遭到敌人打击，但却不能保护法国免受攻击。"[1]

因此，英国海军在这一时期的任务就是迫使处于劣势的敌人与其作战。为此，皇家海军或者攻击对法国极为重要而不得不进行防卫的目标（如主要的贸易航线或海外殖民地），或者直逼法国舰队停泊的港口。此外，皇家海军还组织了多次联合登陆作战，如 1694 年和 1707 年登陆布雷斯特（Brest），1711 年登陆费罗尔（Ferrol），1758 年登陆埃克斯岛（Isle of Aix）。沃尔夫（Wolfe）[2] 认为，这将迫使敌人出海，"必然发生我们应当竭尽全力追求的海战"。1799 年，英国再次实施了登陆布雷斯特的作战行动，以及类似的登赫尔德、费罗尔和加的斯登陆作战。尽管如此，但总的来看，这些远征作战的结果令人失望。

一旦在海上被英国海军抓到，法国人通常采用最符合他们战争理念的特有的战术。一般情况下，法国舰队宁愿处在英国舰队的下风处，这样他们能够更容易地脱离接触。法国人也力求用炮火轰击敌方的桅杆和风帆，以降低其航速，使其不能轻易追上自己。法国人具有高水平的战术素养，部分原因是得益于对帕拉·奥斯特（Pere Hoste）和比戈特·德·莫罗盖等人著作的悉心研读，这使得法国人在不想应战时更加难以被找到。再加上英国人极其顽固地坚持"战列线"战术的神圣不可侵犯，使得海上决战变得更加困难。[3]

避免舰队陷入混乱状态（信号系统的破旧不堪加重了这种危险）显然是非常重要的，于是英国海军的战斗条令鼓励舰长们严格保持单纵队队形，直到整个舰队慢吞吞地机动至最佳的歼敌位置。这个条令的主要问题归结于这样一个前提假设：即将受刑的人不会在行刑前偷偷溜走，而是会耐心地、有礼貌地等着，直到行刑人完成了各种麻烦的准备工作。正如刘易斯（Lewis）

---

① de Lanessan（1903）.

② 译者注：沃尔夫将军，1759 年英国进攻魁北克时的陆军指挥官，他指挥英军出奇制胜，本人却在即将胜利之时中弹身亡。此战宣告了法国在加拿大战场的全面失利。

③ Such is the argument of Laughton（1875）p. 524.

教授指出的那样，这种形式主义会不可避免地导致无效的结果：只有主动地或者偶然地抛弃这种战列线战术，才可能取得我们梦寐以求的真正的胜利。①

若想取得战术成功，需要有比打破过度形式主义更多的东西。首先，要有追逐胜利的渴望。纳尔逊就是渴望胜利的人。他说过："我的目标不是封锁而是战斗。只有在海上，我们才有希望实现我们祖国的期望。"胜利需要高水平的作战技能、性能优良的舰船和火炮、有效的情报和高昂的士气。行动迅速、出其不意、应变灵活，拥有了这一切才能赢得胜利。要想获得胜利，还必须坚韧不拔、坚定顽强，在击溃敌人之后能够勇猛而持续地追击逃敌。因此，马汉指出："交战后持续地、毫不松懈地追击敌人，与在战斗中奋勇杀敌一样，是绝对必要的。"②

马汉的这句话实际上是对"集中"这个普遍原则重要性的一个特别阐述，其重要性被所有海上战略学家以各自不同的方式反复强调过。卡斯坦斯写道："战略的第一原则，就是在决定性的作战点上，实现最大限度的强大。"③ 这不意味着必须把自己的全部兵力都集中到一个地点，而是说在部署兵力时必须围绕同一个目标展开，各兵力集团之间要密切协同、相互支援。即使是一支看起来分散部署的舰队，也必须在实质上是一个密切联系的整体。在最后谈到如何领会战争的实践性时，马汉指出："应当正确地理解'集中'，它不是像赶羊那样把部队拢成一团，而是按照一个共同的目标进行兵力配置，并按照一个共同的意志有效地连通起来。"事实上，聪明的分散是整个集中原则的核心，这是科贝特提出的一个观点。他指出："没有分散，就不可能有战略上的集中。"他认为，整个特拉法尔加海战就是这种弹性集中（elastic concentration）的完美范例。最好的做法就是，通过表面的分散部署造成虚弱的假象，诱使敌人来战，进而歼灭之。④

所有这些观点的推论，必然是一支舰队不可能同时做两件事情。里奇蒙德曾经以英荷战争中的一个战例，来说明违背这条金科玉律将产生怎样的后

---

① Lewis（1948）pp. 455-536.
② Quoted in Puleston（1939）p. 295.
③ Custance（1907）p. 123-124.
④ Mahan quoted and discussed in Corbett（1918）pp. 114-136；（1910）p. 250.

果。英国在取得一次胜利之后的很短时间内，在荷兰实际上并未丧失战斗力的情况下，立即把舰队分成两个部分：一支分舰队前往地中海执行商业护航；余下的分舰队，因为舰艇数量少于已经补充完毕的荷兰舰队，很快被打败了。里奇蒙德写道，英国海军从中学到了教训，从此"在应对敌主力舰队时高度重视兵力的集中问题"[1]。

在这个问题上，里奇蒙德完全重复了马汉的观点。马汉强调，一个睿智的海军指挥官，在集中兵力消灭敌主力之前，不会考虑任何其他问题。最近的战争实践似乎进一步验证了这个观点的正确性。在 1905 年的日俄战争中，日本人看来是"完全掌握且实际运用了海军的'一个目标'原则，即控制海洋。由此得出，海军的目标就是敌人的海军，是敌人有组织的海上兵力"[2]。俄国人可能是受到了"要塞舰队"思想（Fortress Fleet，后文将进行阐述）的影响，藐视了这个原则，因此失败；日本人遵守了这个原则，自然赢得了胜利。

在实施战斗的实际过程中，也必须遵守"集中"的原则。马汉认为，纳尔逊成功的秘诀之一，就是他对夺取决定性战果的绝对追求；另一个秘诀是，纳尔逊并不是一个只会打打杀杀的傻瓜，二话不说直接冲向敌人，就像一头冲向大门的公牛那样。相反，他总是集中他的全部兵力去攻击敌方舰队的一部分。因为突击敌人战列线的两端很像陆战中包围敌人翼侧的打法，所以发起攻击的理想方法，应当是集中兵力突击敌舰队的前锋或者后卫兵力。在通常情况下，突击后卫舰队的效果会更好，因为敌前锋需要经过较长的时间才能转过头来救援后卫。在尼罗河（Nile）之战[3]中，纳尔逊甚至成功地实施了著名的"双重包夹"（double envelopment）战术。但无论纳尔逊在特定的战斗中选择哪种特定战术，他的思维总是（像特拉法尔加海战所表现的那样）遵循马汉所谓的"所有聪明作战的基本准则，就是力求在主要突击点上对敌人

---

[1] Richmond（1946）p. 67.

[2] Mahan（1911）p. 422.

[3] 译者注：也称为阿布基尔湾海战，是法国大革命战争中一次重要的海战，发生于 1798 年 8 月 1 日—2 日，地点在尼罗河河口附近的阿布基尔湾。英国舰队在纳尔逊的带领之下，突袭停泊在阿布基尔湾的法国舰队，将其主力尽数歼灭。拿破仑远征埃及的大军失去了舰队的掩护和海上补给，大败而归。此次海战的政治意义更为重要，英国的胜利鼓舞了俄国和其他欧洲国家的信心，直接促成了第二次反法同盟的形成。

形成明显的数量优势"①。这也正是纳尔逊的成功之处，他在实战中坚决贯彻了这条古老的准则，因而百战百胜。

就马汉而言，风帆时代的海战表明，决战是海上战争总体哲学的核心内容。马汉认为，历史表明：

> 在战争中采取单纯防御的一方，等待他们的结果只能是灭亡。一旦宣战，作战行动必须是主动的、进攻性的。面对敌人，不是要挡住他们，而是要狠狠地揍他们；然后才能宽恕他们的罪行，夺回他们的所得。但是，在此以前，你必须不停地、毫不留情地痛打他们。

在海上全歼敌人的舰队，是控制海洋、切断敌人与其殖民地的联系，使他们的商业财富源泉枯竭，迫使他们关闭某些港口的最佳手段。②

关于纳尔逊在特拉法尔加海战的作战计划，特别是他的明确论断——"我的目标很清楚，就是逼近敌人，进行决战"，马汉给予了高度评价。在概括纳尔逊作战思想时，马汉指出，决战是消灭敌人主力的最可靠手段，它具有重要的精神意义和象征意义。马汉对战斗进行了严格的区分（人们有时会忽略这一点）：具有决定性效果的战斗和无效果的战斗。后者是单纯地为了战胜敌方而进行的战斗，例如1812年战争中的巡洋作战。他指出，这类无效战斗都是些"零星分散的行动，彼此之间，或者与任何能够左右战争的主要作战行动之间，或者与任何名副其实的作战计划之间，都毫无联系"③。

另一方面，尼罗河海战则是名副其实的决定性作战，不仅因为英国击沉了许多法国舰船，杀伤了大量人员，而且因为这次海战带来了丰硕的战略成果。为了说清这次海战的重要意义，马汉引用了法国人朱里恩·德·拉格莱维亚（Jurien de la Gravière）的一段话：

> 这次海战所造成的后果无法估量。我国海军从来没有从这次可怕的打击中恢复应有的信心与力量。这次战斗的结果，是把地中海送给了英国整整两年；俄罗斯舰队乘虚而入开进了地中海；法国陆军陷入了埃及人的反抗之中，土耳其政府决定公开反对我们；印度脱离了我们的控制

---

① Mahan quoted in Westcott (1919) p. 156.

② Mahan quoted in Westcott (1919) pp. 128-129；Mahan quoted in Puleston (1939) p. 294.

③ Nelson quoted in Mahan (1899) p. 695；Mahan quoted in Taylor (1920) pp. 234-235.

范围，使得法国处于崩溃的边缘；几近熄灭的法国—奥地利战争重新燃起，导致苏沃罗夫（Suwarrow）和奥俄联军逼近我国的边境。[①]

马汉指出，海上控制至关重要，因为它能够而且也的确经常带来上述的重大效果。他认为，只有在一次大规模决战中夺取胜利，或者即将夺取这种胜利，海军才能够有效地控制海洋。

四、 二十世纪的决战

马汉主要是从帆船时代的海战分析中得出自己的观点，但是正当他发表这些观点之际，世界各国海军的发展已经处于新技术日新月异的洪流之中——动力、武器装备和防护装置都与以前大不相同。许多人提出，海上战略原则和作战概念也将发生变化，至少在以下这些方面存在很多不确定的内容。

以蒸汽机的出现为例，有些人认为它所提供的航行的可靠性和独立性，将使舰艇编队运动变得更加精确和几何化，有可能实现三角形的、正方形的和平行线形的完美机动。另一些人则认为，蒸汽机会使海上战斗立即陷入眩晕般的混乱状态。同样，其他的观点可分为冲角派（1866 年利萨海战之后，重新出现过反常但短暂的冲角战思想）、后膛炮派、鱼雷派、水雷派、潜艇派和飞机派等多种派别。这些新观点对舰艇的设计理念产生了深刻影响：舰队的规模和构成发生了革命性的变化，舰艇的分类和编成方法也被彻底改变。不再采取传统的战列舰、巡洋舰和护卫舰的三三制划分方式，各种专业化舰艇层出不穷，还产生了近乎形而上学的"均衡编队"（the balanced fleet）概念，即能够充分代表并有效协调所有类型的现代海上作战的编队。

技术进步对于海战样式也产生了深远影响。在一段时间里，舰艇排成单

---

① Quoted in Mahan vol. i （1892）p. 284.

纵队堂堂之阵的战法不再流行；相反，有些人认为战斗将退化为混战，退化为乱哄哄的充满烟尘与混乱的斗殴；其他人则希望舰艇中队采用单横队，以几百年来在欧洲海域从未出现过的方式撞击敌人。结果，单纵队战术在这场口水仗中幸存下来，因为单纵队是运用当时依然是海军的最好武器——舷侧集火射击的最好方式。

即使如此，蒸汽时代的海战本质，在所有物质方面都完全不同于 19 世纪的海战。日德兰海战与特拉法尔加海战根本不是一回事，战场环境、射程和武器都不相同。即使是某些基本的战术，比如接敌，条件也完全不一样。在特拉法尔加海战中，双方舰队在拂晓时分相互发现对方，然后以 2 节的速度缓慢接近，直到中午才开始交火。"晴空万里，阳光照在敌舰的风帆和他们整齐的队列上。英国水兵都惊叹于这壮丽的景象。"纳尔逊有好几个小时的时间进行战斗准备，即使在交战开始之后，他也有很多时间去查清正在发生的状况。而在日德兰海战中，水兵们很早就在朦胧的天际线上发现了敌舰冒出的黑烟。两支舰队以 40 节的速度相互接近，大部分的交战时间在混战中度过。因此英国海军上将杰利科抱怨说："我真希望有人能告诉我，谁在射击，他们在打什么。"[1]

既然技术条件发生了巨大变化，那么很早以前得出的关于海战性质的结论还有什么实际意义吗？怀疑论者断言，如果分析的目的是更好地了解现在或未来，那么分析过去的战斗和战役就没有什么意义了。但是"历史学派"坚定地捍卫自己的信念：物质条件虽然不同，原则却是相通的。集中全部力量对敌之局部，以此原则为例，海军上将西普里安·布里奇坚持认为："自有考证的历史以来，海上赢得的每一次决定性胜利都是遵守了上述集中原则……不论舰艇采用什么样的推进方式，也不论舰艇使用什么样的武器和采用什么样的防护。"[2] 研究历史战例是揭示海战原则的非常好用的方法，除此之外，还有什么别的办法吗？

关于海战的本质，还存在更深刻的争论，双方采用了不同以往的方式，

---

① Quoted in Bacon (1936) p. 247.

② Bridge (1907) p. 218.

就是大家都很熟悉的"历史学派"与"唯武器论"（historians versus material-ists）的争论。这种争论很少涉及海战在历史上的重要性，主要是关于海战在现在和将来的重要性，以及与此有关的各种活动的重要性。其中最有代表性的是关于日德兰海战的争论。这次海战是不是决战？它达到了什么目的？究竟应不应该进行这样的海战？

首先，过去和现在都有一个明确的观点，认为日德兰海战是一次决战。作为海战的亲历者，海军上将内皮尔（Napier）指出："我认为这些文章……太令人沮丧，它们只统计了损失的数量，就像板球赛记分那样。"[1] 也就是说，全面认识一场海战，不应当过于关注战斗中双方的兵力损失，而是要重视这场战斗所带来的战略结果。戈尔什科夫深谙此道。他指出，德国人发动这次海战的目的是想夺取战场主动权，打破英国人的商业封锁及其影响。英国人进行战斗则是为了挫败德国人的企图，他们取得了成功，德国因此最终输掉了这场战争。[2]

即使如此，按照克雷斯韦尔和格伦费尔（Creswell and Grenfell）的看法，这场海战也许具有更大的决定性意义。英国无可争辩地取得了这场海战的胜利，打通了进入波罗的海的通路，减轻了德国潜艇造成的困难，并且还可能产生了巨大的精神效果。"除了光荣和喜悦之外，我相信，此次胜利还给全世界打开了想象力，向所有国家证明最后的胜利一定属于协约国，此次胜利也许可以轻松地把战争时间缩短一年。"格伦费尔认为，海战有两个终极目标："一个是消灭敌人的武装力量，另一个是控制海上交通线，这两个目标密切相关。"[3] 他接着指出，在第一次世界大战中，"纳尔逊式的传统海战开始变得越来越少。当权人物开始质疑，既然我们没有经过决战就拥有了我们所需要的一切，舰队决战是否还真的需要？"物质目标（控制海上交通线）超越了精神目标（实现心理上的优势）。因此，英国没有做好他们本应做好的事情，希望下一次他们能够做得更好一些。

以海军上将雷金纳德·卡斯坦斯爵士和西德纳姆勋爵（Lord Sydenham）

---

[1] Letter of 17 June 1916, in author's possession.

[2] Gorshkov (1979) pp. 98-99.

[3] Grenfell (1937) pp. 137, 175 et seq.

为代表的"冷酷战"（Guerre à outrance）学派也持有相同的观点。他们甚至指证，马汉本人最初也倾向于把次要目的（袭击陆岸、破坏贸易）置于主要目的（消灭敌方海军）之上。战斗是确保最终胜利所必需的次要目的得以实现的唯一手段。卡斯坦斯指出，马汉和科洛姆偶尔会忽视这个问题；而英国海军部和杰利科上将，甚至第一次世界大战的官方历史学家们，却经常忽视这一点。俄罗斯海军在日俄战争中也忽视了这一点，结果导致全军覆没。

卡斯坦斯对这一问题进行了稍微规范的表述。他指出，还有其他一些事情需要在海上进行。他攻击费希尔上将为集中建设"无畏"舰队而退役老旧军舰的政策。"他们似乎已经给自己描绘出了一种特定类型的战争，在这种战争中只有大型舰队和分舰队参加，然而……在过去的各种各样的战争中，每种战争都有各自的特点，需要特别的应对方法。"① 同样的道理，如果英国海军把注意力集中于这个压倒一切的规律之上，即寻找一切机会消灭敌人的主力，那就不会出现大的失误。

费希尔的无畏舰政策及其最终结果是：建造越来越大的战列舰。这在两次世界大战之间引起了许多人的愤怒，正如我们所知，海军上将里奇蒙德就是其中之一。但是不应想当然地认为（过去和现在有时就是这样），这些反对者必然反对决战思想。事实并非如此，这是把他们关于某种特定作战样式的具体观点（在平行航线上进行远程的重炮射击），与他们关于整体上必须战斗的普遍观点混淆在一起了。这些反无畏舰者和当时其他的改革派，并没有批判英国海军部把注意力过多地集中于作战，而是批判他们把注意力放在了错误的作战样式上。② 里奇蒙德指出："夺取制海权的首要和根本的方法，始终是消灭敌人的主力部队。"③

另一个公开反对无畏舰的人——海军上校伯纳德·阿克沃思更进一步地指出：

> 从最近一次战争中得到的主要战略教训，并不难以理解。很显然，英国海军的主要任务（海军的兵力结构，就是为了遂行这些任务而专门

---

① Custance (1907) p. 113.

② In my view there is such a misjudgement in the excellent Schurman (1965) p. 142.

③ Richmond (1946) p. 67.

进行计划和建设的），并不是现在到处流传的那种说法——在商业航线上巡逻以保护海上贸易，而是坚决、彻底地消灭、重创或者俘获敌人的主力舰队。这种作战行动会自然而然地带来某些特定的结果，其中的主要成果是获得陆上作战的战略主动权，简化贸易保护任务，并增强对敌港口的封锁效果。如果确是如此，那么战列舰显然仍然是、一如既往地是所有有效海权的中坚，是保证其他各型舰艇能够稳定、持续地在海上巡航的中坚。①

如果要替换上述最后一句中"战列舰"的话，那么用诸如"主力舰"这种不受时间限制的概念更为合适。这样就可以对上述争论进行普适性总结：决战是海上作战的中心任务。

关于决战问题，另一个学派多多少少反对把决战思想进行简单化的应用，并力图对决战的重点提出不同程度的限制、异议和修正。他们认为："海军战略必须包括双方舰队之间决斗式作战的观点，是很荒谬的。"科贝特写道：

> 由于对历史莫明其妙的误读，过去曾经产生过这样一种观点，即认为战列舰舰队的主要职能就是寻找和消灭敌人的主力舰队。这种观点不是历史的观点，而是书呆子的观点，没有哪个国家会像德国那样津津乐道于此，因为德国根本没有检验此观点准确性的海军传统。②

就事实而言，包括特拉法尔加海战在内的历史上的许多次决战，从战果上看无论如何都不具有决定性意义，至少在用战略性结果来衡量时都是如此。假设费希尔的波罗的海作战计划和英国的自然地理条件都存在固有困难，那么即使在日德兰取得了确实的胜利，又能产生多大的影响呢？1912年海军获奖论文（Naval Prize Essay）的作者指出："如果德国海军明天从地球上消失，任何德国人都不会为此损失一个芬尼而让处境变得更糟。既然国家不需要再为保持舰队而花费巨额资金了，实际上德国人的生活应该会变得更好。"③

总之，"纯粹的"决战已经变得越来越少，戈尔什科夫在谈到第二次世界大战时就指出了这一点。他说，"在这次战争中，交战双方海军主战兵力的大

---

① Acworth（1935）p. 116.

② Corbett vol. ⅰ（1920）p. 2.

③ Quoted Sydenham（1931）.

多数作战行动都与对岸作战有关"（例如太平洋战争中的航母编队作战），或者是"为了保护跨洋的或近海的交通线"（如击沉"俾斯麦"号海战和马塔潘角海战，Battle of Cape Matapan）。[①]

科贝特指出，在某些情况下，决战的可能性很小，因为劣势的敌人会想尽一切办法避免决战。与陆战不同，在海战中弱势兵力可以有效地撤离现场（撤入不受侵犯的港内），海上有更多实施机动的自由，因此很难真正发现敌人。最后他得出结论，这一切迫使我们"必须审慎地对待'搜索敌人的舰队'这一准则"[②]。

事实上，辅助性作战可能是迫使不愿决战的敌人进行战斗的最好途径。科贝特指出：

> 由于我们会不自觉地假定，海军的唯一任务是在海上打赢战斗，因而这个美好的愿望束缚了我们的战略观点。当然，这项任务毫无疑问是海军的一项极其重要的任务，决不应当有所忽视；但另一方面也决不能忘记，打赢一次海战的适宜时机，并不总是如你所愿地出现。海军史上最伟大的时刻，都是努力争取而来的。因此海军的首要工作，始终是对敌人的陆军和外交行动进行干扰破坏，以创造出这样的时机。[③]

实际上，在许多决战行动中，皇家海军并无必要去执行"我国战略始终要求的对交通线和交通要道的完全掌控"，当然这也是海军非常乐意之事。科贝特认为，此类情况在七年战争期间经常发生。[④]

依据上述理由，科贝特指出，指挥官有必要在寻求决战和执行显然的辅助性任务之间保持一种愉快的平衡。夸大舰队总决战的重要性是很有可能的。如果海军上上下下都"神化了决战思想"，他们将面临惩罚。科贝特认为，美国海军在美西战争期间就犯了这种错误，正是这种错误思想危害了美军在古巴的登陆作战。

科贝特还指出，在日俄战争中，日本向世人展示了很多非常好的解决办法。

[①] Gorshkov（1979）p. 11.

[②] Corbett（1918）p. 143.

[③] Corbett vol. i（1907）pp. 3-4.

[④] Corbett vol. i（1907）p. 289.

日本联合舰队司令东乡平八郎"致力于（美国也本应如此）构建这样一种态势，敌人如果想改变战争结局的话，就不得不前来打破这种态势"[①]。众所周知，日本在第二次世界大战期间仍然沉湎于对马海战的经验，顽固地坚持"毕其功于一役"的思想，结果忽视了海上战争中的各种防御性作战，错误地使用潜艇，忽视了保护自己贸易和供应线的必要性以及袭击敌人贸易和供应线的重要性。英国海军在两次世界大战中的表现，同样也可以作为例证。

五、 决战与英国海军

〔斯蒂芬·罗斯基尔（Stephen Roskill）〕

马汉在19世纪90年代指出，破坏航运的海上劫掠战从来没有被证明是具有决定意义的，而"舰队作战却是具有决定意义的事件"。马汉的看法完全符合英国当时的海军思想，而这种思想主要是从长期的反法战争（大革命时期和拿破仑时期的战争）经验，特别是从纳尔逊的决战经验中总结而来的。纳尔逊对英国海军规划和训练的各个方面都影响至深。纳尔逊是"海军统率艺术"的杰出代表，英国海军对其崇敬之至；他的观点被视为颠扑不破的真理，是平时的政策指导和战时的行动准则。这种状况一直保持到第二次世界大战之后。

19世纪对英雄的崇拜异常狂热。这种情况可能源于托马斯·卡莱尔（Thomas Carlyle）在1840年发表的题为《论英雄与英雄崇拜》（On Heroes and Hero Worship）的一系列文章，或者至少受到这些文章的激发。这些文章以文集形式多次出版，在50年后甚至被编入了《世界名著》丛书。卡莱尔的观点被一些学者继承并发展，比如托马斯·巴宾顿·麦考利（Thomas Babington Macaulay，1810—1859）、阿尔弗雷德·洛德·坦尼森（Alfred Lord Tennyson，1809—1892）和20世纪初的亨利·纽博尔特（Henry Newbolt，1862—

---

① Corbett（1918）p. 153.

1938）等。英国海军中好几代青年海军军官都受到杰弗里·卡伦德爵士（Sir Geoffrey Callender）撰写的《不列颠海上之王》（*Sea Kings of Britain*，三卷本，1907—1911）的熏陶。该书在应用卡莱尔的英雄崇拜主义的时候并不区别崇拜对象，包括德雷克、霍金斯、纳尔逊、科林伍德等海军将领，甚至暗含当时的海军将领。

在世纪之交，"决战派"仍然以这种或那种方式牢牢地保持着优势地位，在未来15年的所有海军造舰计划中，吨位和威力不断增大的战列舰仍然被优先建造。即使如此，英国政府仍然担心本国的食物供应安全，因此于1903年成立了一个皇家委员会，专门就这一问题进行调查并提交报告。困扰英国大臣们的另一个问题是外敌入侵的可能性，因为海军部无法让大臣们确信，只要英国的海军保持完好无损，敌方越过北海对英国实施大规模的海上入侵就是一场灾难，因此这种入侵并不是一个可行的作战行动。

1899年，德国海军上将提尔皮茨提出了著名的"风险理论"（risk theory）：建立战列舰舰队的目的是遏止战争，而不是对英国的海权构成威胁。在此之前，德国的海军政策始终未能引起伦敦的足够重视。但是提尔皮茨的雄心，加上德皇不负责任的讲话，把英国的注意力从法国和俄国吸引到了正在挑战其海上霸权的国家身上。英德海军的造舰竞赛由此开始，这是后来一战爆发的重要原因。1905年费希尔领导的英国海军委员会下令开始建造"无畏"级全重炮战列舰，仅用了一年多一点的时间就完成了建造工作。这次变革的主要效果，就是把全部的老式战列舰变成了过时之物。依靠这些新式战舰，英国拥有了压倒性的海上优势。所有海军强国都开始按照"无畏"舰的模式建造更大、更强的战列舰。这个新生事物表明，在1914年一战爆发前的那段时间里，"决战派"居于统治地位。1914年秋天，英国大舰队的建立让官兵们满怀信心，渴望再来一次特拉法尔加式的海战，因为这会让战争早一点且以令人满意的方式结束。

但是德国只给了英国海军一次验证"决战派"观点是否靠谱的机会。日德兰海战（1916年5月31日）并不具有决定性。虽然英国大舰队拥有战斗力最强的军舰，但在应对航运危机时，除了派出舰队所属的100艘驱逐舰中的一部分实施护航之外，大舰队的其他舰艇对此无能为力。这种做法遭到了舰队司令的强烈反对。尽管这种情况让前后两任舰队司令（1916年11月以前为约翰·杰利科，之后为戴维·贝蒂）都产生了挫败之感，但是白厅（White-hall）[1] 和海军的高级官员并没有放弃再打一仗的想法，希望可以在这样一场战斗中弥补日德兰海战暴露出来的缺点和错误，并取得决定性的战果。而德皇和他的顾问们却不打算让舰艇冒险进行这种交战，因为大多数情况下德国人都在努力寻求以优势兵力打击英国大舰队部分兵力的良机。这表明"决战"思想对德国也同样具有相当大的影响。

随着水下威胁的迅速增加，英国尝试了许多应对之策，其中有些方法甚至非常可笑。但这恰恰证明了一个简单直白的道理：在战前被寄予厚望的那些部署有巡逻兵力的海上交通线，用科贝特的话来说，并不比"死亡陷阱"安全多少。到 1917 年 4 月，英国商船损失的总吨位达到了天文数字，历史上最严重的危机清清楚楚地摆在人们面前。英国海军部和时任第一海务大臣的悲观的杰利科上将，都陷入了绝望。在这千钧一发之际，护航战略在不到 11 小时的时间里被引入了海军，这些情况学者们已经谈得很多了，在此不需重述。应当载入史册的重要一点是，在生死攸关的那年年底，德国潜艇被制服了，协约国面临的最严重威胁解除了。

在第一次大西洋之战中，生命和财产的损失如此之大，本应该促使人们相信战后要把护航置于最优先的位置，然而事实并非如此。反潜声呐的研制成功让某些人开始盲目乐观：潜艇不可能再造成 1917 年那样严重的威胁了。护航的相关理论与实践，在海军规划和战略中再次被人们忽视。第一次世界大战之后，衡量海军实力强弱的公认"标尺"，是主力舰的吨位和武器。早在贝蒂担任第一海务大臣的 20 世纪 20 年代，英国海军部就力求重启主力舰的建造工作，以免英国落后于实力不断增强的美国海军。由于反对非常强烈，海军部不得不放弃了这一计划，但这仅仅是暂时的。1921—1922 年的华盛顿会议对主要海军强国进行约束，但仅对主力舰、航空母舰和巡洋舰的吨位和火炮进行了限制。关于护航问题，只形成了一个极不明确的"决议"：禁止把潜艇用于袭击商船。在 1927 年的日内瓦会议（Geneva Conference）和 1930 年的第一次伦敦会议（First London Conference）上，主要讨论的是巡洋舰的数量、吨位和火炮。直到 1935 年希特勒德国复兴海军的意图已经明白无疑时，

---

① 译者注：白厅是英国伦敦市内的一条街，连接议会大厦和唐宁街。在这条街及其附近，有国防部、外交部、内政部、海军部等政府机构。因此，常用白厅指代英国政府。

英国才开始重振海军军备，但当时仍然把重点放在了（虽然不是全部放在）改进战列舰、航空母舰和巡洋舰之上。

对于每一个在两次大战之间度过了大部分服役生涯的英国海军军官来说，战列舰和"决战"思想的主导地位是不可撼动的，已经到了令人惊讶的地步。当时几乎每次舰队演习的最后阶段都是大舰对战，演习中"打赢海战"的将军深受尊崇。驱逐舰和潜艇的使用仅限于攻击对方主力舰；舰载飞机的任务是侦察和校正战列舰的火炮射击，并利用鱼雷降低退却之敌的航速，保证主力舰能够彻底歼灭之。证明战列舰继续保持优势地位的最好例子，也许是1938 年最新式的现代化战列舰"厌战"号（Warspite）进行的检验新装备性能的"长时间射击"。地中海舰队司令达德利·庞德（Dudley Pound）海军上将把整个舰队拉到海上，在马耳他岛附近进行了一场被认为是"小型日德兰海战"的演习。实际上，在大部分时间心神不宁的和平年代里，参谋学院和战术学校始终把主力舰的作战问题研究放在重要地位，对两栖作战和护航作战的关注度则低得多。唯一反对建造更多主力舰的人是海军上将里奇蒙德，他是一个因为坚持正统的海军等级制度而极不受欢迎的人。

与1914 年相比，战列舰决战学派在1939 年的优势地位明显下降，但绝没有被新学派所取代。航空力量的发展最终证明战列舰决战学派是错误的，这迫使英国海军不得不放弃坚持了几百年的"线式作战"战术原则。在这种情况下，初级编队指挥官（海军少将和上校）被赋予更多的指挥自由，而不是像过去那样严格遵守杰利科规定的刻板的"大舰队作战教令"，这一点非常必要。之所以实现了这一变化，是因为如果再继续坚持那种中央集权指挥，那么下级军官在还没弄清上级意图之前，可能军舰就已经被击沉了。1940 年11 月11 日英国航母的舰载机突袭塔兰托的意大利舰队，1941 年12 月7 日日军突袭珍珠港，以及1942 年6 月4 日美国航母在中途岛海战中大胜，最终让战列舰变为一种有用但次要的武器——它可以在协同作战中提供有效的火力支援。

至于护航作战，与1914 年之前相比，1939 年时的情况要好多了，英国已经完成了大量的准备工作。英国基本上接受了护航战略，只有空军还有些勉为其难。因为空军受到空军参谋长特伦查德爵士（Lord Trenchard）及其信徒反复灌输的观念的严重影响，他们的主要观点是：重型轰炸机现已成为主要的、决定性的武器，对敌军设施和敌方城市实施"战略轰炸"将赢得胜利。

在 1935—1940 年的海军造舰计划之中，确实包括建造一大批用于护航和扫雷的小型舰艇；相应的人员训练，在各类学校和训练机构的课程中也占有一定地位。此外，在 1917—1918 年已被证明行之有效的空中护航也得到了认可，但英国直到 1943 年才装备了适用于护航整个北大西洋船队的飞机。

一言以概之，我们坚信：设计和部署海上力量以保护航运的现实需求，是对海上力量主要功能的最好表述，而不是"决战""制海权""控制海上交通线"等抽象概念，这在 1945 年之前就已经被充分证明了。一旦完成了这项任务，其他所有的战略目的，如跨海远征等，都被证明是可以实现的。尽管科洛姆兄弟、科贝特、里奇蒙德和其他人一再努力地教育我们，海上战争是一个整体上非常复杂的事物，但是大舰和"决战"思想的主导地位，就像崇拜传统和迷信英雄那样，一直在英国海军中长盛不衰。

尽管各方针锋相对的观点非常复杂，无法形成一个简单化的结论，但有几点意见显然还是趋同的：第一，不应把决战看作海上战略的全部或者目标的全部；第二，通过决战夺取制海权的需求，与通过护航、两栖作战等行使制海权的需求，常常是矛盾的，因此在两者之间合理地分配资源是很困难的；第三，无法明确提出普遍适用的优先顺序。相反，在每个具体情况下都要提出一些确定的问题：战斗是什么样的？怎么打败敌人？追求决战将在多大程度上削弱行使制海权的能力？与此同时，敌人能够对我方利益造成多大损失？很显然，回答这类问题取决于特定的时空环境，也只有这样才能得出相应的优先顺序。有时应当把追求决战放在首位，有时则不应如此。科贝特经常谈及这个问题，他在论述特拉法尔加海战中纳尔逊的地中海战略时写道：

> 没有哪个伟大的将领，比纳尔逊更加透彻地领悟到打击敌人主力的战略重要性，他比任何将领都更少地受到惯性思维的干扰；也没有谁比纳尔逊更清楚，什么时候打击敌人主力是战局的关键，什么时候打击敌方主力要降到次要的地位。[1]

---

① Corbett（1910）p. 94.

第五章

战略选择与制海权

一、 引言："存在舰队战略"

虽然如前所述，在决战或一系列战斗中取胜，明显是传统的海上战略家们最推崇的夺取制海权的手段，但是他们对于怎么实现存在一定分歧。他们的论点的共同前提是：采取这一明确的直接路线去争取胜利的海军，在舰艇的数量和质量、作战技能和战斗精神等方面，都必须比对方更强大，或者至少与对方相当。

那么，实力居于劣势且按常规方法无法夺取制海权的海军，又该怎样行动呢？换句话说，明显的二流海军应当怎么办？与海权强国斗争的许多国家都面临这样的问题。但正如卡斯泰所述，决不能被实力的劣势所束缚，即使是最强大的海军，在某些特定情况下也可能被迫进行有限的防御。他进一步指出，英国拥有遍布全球、规模庞大的海上利益，由此造成的脆弱性迫使英国不得不经常采取防御性措施[1]，尤其是当英国在其他地区集中力量实施进攻时，更可能如此。简而言之，所有国家的海军在某个阶段，都必须解决好如何最有效地利用有限资源这个难题。

在这种情境下，就要在许多相关的海军对策选项中做出单项选择，这些对策选项一般被统称为"存在舰队战略"。它们都基于一个共同的假设前提，那就是制海权是相对而不是绝对的。有些对策实际上是想谋求一定实用程度上的制海权，但采取的是避免决战的迂回路线；还有许多对策主张利用处于劣势的海军力量在海上展开某些有效行动，比如攻击敌人的海上贸易或海岸地区，但并不追求最终打败对方的主力，目的仅是为了获得部分积极的战略性好处；另一些对策所追求的目标在本质上是消极的，通过不断进行骚扰和规避行动，以削弱强敌方充分享受其海上优势的能力。最后一种对策，仅仅

---

① Castex vol. ⅳ （1929） p. 137.

是为了让弱势海军能够继续存在下去而展开的某些作战行动。

这些"存在舰队战略"的不同变体虽然在程度上有所不同，但仍属同一类战略选择。这类战略的行动频谱涵盖了从低强度进攻到消极防御的各种作战行动。有的主张远洋作战，有的主张近海作战；有的主张持久作战，有的主张速战速决。实际上这些战略选择千差万别，显然很难用任何有意义的方式把它们归结到一个单一类型之中。然而这样做的一个主要好处是，有助于我们把这些战略与那些更传统的通过决战"一决雌雄"的观念区别开来。

二、 "存在舰队" 与本土防御

在海上战略的发展过程中，争议最多的问题，是在面对强大敌人的进攻时，劣势的"存在舰队"在本土防御中的价值如何。最早提出这一观点的人是赫摩克拉底①，修昔底德在《锡拉库萨远征记》中详细记载了他的主张。赫摩克拉底指出，雅典舰队的入侵路线，一定是从科孚岛的科西亚驶向西西里岛，当他们绕过意大利南岸时，翼侧将非常脆弱，这时对其进行侧击肯定有效，因此他极力主张把战舰集结在塔兰托和莱庇加角（Tarentum and Cape Iapygia）。赫摩克拉底认为，当雅典人发现他们时，将面临左右为难的困境：如果把补给品和运输船留下来，转而与锡拉库萨的舰队进行战斗，锡拉库萨人可以拒绝战斗，而雅典人将因此陷入巨大的麻烦之中。"他们既要保证紧缺的补给品运输，又要准备海上交战，在这些荒凉的海岸上他们将不知所措。"如果雅典舰队不顾一切地发起进攻，他们在战术上将自陷于极为不利之地。相比之下，锡拉库萨舰队则是一支生力军，秩序严整，不受补给船、步兵和物资运输的拖累。赫摩克拉底的结论是："在我看来，这些困难将极大地束缚

---

① 译者注：赫摩克拉底，锡拉库萨将军，在伯罗奔尼撒战争中期面对雅典发起的西西里远征作战，采取灵活主动的战术全歼了雅典舰队。雅典海军元气大伤，丧失了海上优势，战争双方的实力对比由此发生了根本性变化。此战也成为伯罗奔尼撒战争的转折点。

雅典人的行动，因此，他们绝不会离开科西亚。"① 遗憾的是赫摩克拉底的主张根本没人听，因此这个足智多谋的计划也就没有付诸实施。

无独有偶，两千年之后英国海军上将托林顿（Torrington）也提出了类似的建议。托林顿事件值得大家特别关注，因为在这次事件中，他首次提出了"存在舰队"这个新概念。菲利普·科洛姆试图恢复托林顿名誉的努力，引发了对这一概念背后所隐含理论的首次实质性探讨。简单来说，托林顿事件的大致经过如下：1690 年夏季，英国海军分成了数个分舰队，与德·图维尔上将指挥的在怀特岛（Isle of Wight）附近进行威慑性游弋的庞大法国舰队相比，每支分舰队都处于劣势。在该海域，规模最大的英军兵力来自托林顿指挥的舰队。6 月 26 日，托林顿报告："法国舰队实力强大，我们毫无胜算，如果非要与法军作战，那么我们将真的面临损失这支舰队的危险，同时也会让国家至少面临失去海上安全的危险。如果我们被打败，法国将成为绝对的海上霸主，拥有充分的自由去做他们想做的事情；如果有我们在旁边监视的话，他们就不敢做这些事情。"

出于这种考虑，托林顿建议避开敌人的舰队，直到增援兵力从其他地区赶到为止。"在此期间，当我们监视法国人时，他们无论是在海上还是在岸上都将无计可施，只能处于非常不利的境地……大多数人害怕法国会入侵英国，但我对此不敢苟同。我始终认为，只要我们拥有一支'存在舰队'，法国就不敢进行这种尝试。"②

但是英国政府没有接受这个思路，反而命令托林顿无论如何都要投入战斗。政府官员们也许误解了托林顿的意图，以为他只是为了保全他的舰队免遭危险，但不管怎样，结果就是失败。1690 年 6 月 30 日，英国舰队在比奇角海战（Battle of Beachy Head）中被法国击败。在战后的军事法庭审判中，托林顿被光荣地宣判无罪，但不得继续在海上服役。

菲利普·科洛姆从中得出结论：法国确实想入侵英国，但是只要英国执行托林顿的"存在舰队战略"，法国就不敢这么做。他还进一步提出了一个原

---

① Jowett（1900）book ⅵ，lines 33-34；Custance（1924）p. 68；Mahan（1911）pp. 226 et seq.

② Quoted in Colomb, P.（1899）pp. 115，122.

则性建议，那就是攻击敌方海岸是非常危险的举动，因为对于进攻者来说，必须首先确保制海权，这一点至关重要。即使一支防御舰队处于劣势，进攻者也决不会允许他们找到攻击己方运输船和补给船的机会，进攻舰队也决不能同时承担护航任务和决战任务。由于这些原因，有效地歼灭敌方舰队是实施联合远征所必需的预备行动。没有这个前提，就不可能安全地实施联合远征。

> 在没有"存在舰队"的情况下，袭击敌方本土是常有之事，但是无论何时，只要对方拥有一支能够袭扰的舰队，本土袭击就不会再有……只要附近存在一支可以自由攻击的劣势海军，那么敌人在对我方海岸实施任何作战行动时都将面对一个绝对的障碍。①

在这种情况下，如果行动冷静且处置得当，一支劣势海军就可以发挥出远超其全部作战能力的战略性影响。相反，如果劣势海军主动去寻求决战，必定会铸成大错。因此，托林顿的战略和科洛姆的观点，得到了科贝特和里奇蒙德的一致赞赏。②

实际上科贝特曾经指出，在七年战争（Seven Years War，1756—1763）中已经出现了"存在舰队战略"取得成功的若干例子。在这场战争中，法国就是以此战略来对抗英国的。路易斯堡总督、法国海军上将德·吕库尔（Erucourt）拒绝让他的舰队与英国海军交战，因为一旦开打，法国舰队必败无疑。这样将耽误对英国的进攻作战，并打乱法国在加拿大的下一步作战计划。稍后不久，法国人的冷静抗击以同样方式延长了在魁北克（Quebec）地区的作战进程。科贝特写道："法国成功的关键，在于运用防御性海军策略时具有高超的传统技能，因此能够把争夺海上通道和交通线的作战坚持到最后一刻。"科贝特强调，整个七年战争充分展示了海军防御作战的价值，尤其是当防御一方能够从持久战中受益时，更凸显了那些鄙视嘲笑防御作战的人是多么愚蠢和短视。当政治或军事环境发生变化，以及出现新的部队或盟军时，持久战对防御一方就更为有利了。科贝特还写道：

---

① Colomb，P.（1899）preface to 2nd edition p. ix；（1896）p. 173.
② Corbett（1918）pp. 191-195；Richmond（1953）pp. 214-219.

当然，从长远来看，防御作战本身不可能最终赢得制海权，但它可以阻止对方夺取制海权……战争的真正教训是……在制海权能够发挥正常作用之前，我们要认识到打破对方制海权极其必要、极其困难。[1]

然而，"存在舰队战略"能否成功，依赖于执行战略时的主观能动性，以及超越单纯追求生存下去的战斗精神。关于这方面的要求，海军上校理查德·肯彭费尔特在美国独立战争中进行了很好的总结：

我要说的是，许多战斗的胜利都取决于这支舰队。与优势舰队相比，这是一支劣势舰队。因而需要运用最优的技能和对策来应对敌人的图谋，密切注意并抓住有利的战机展开行动，充分利用有利条件尽力打击敌人战线中的某个薄弱部分；在没有这种机会的时候，则在敌人附近游弋，陷敌于困境，破坏敌之任何企图，除非敌人冒险蛮干；要能够控制敌人的注意力，迫使敌人除了时刻提防你的可能攻击之外，无暇他顾。

这个问题的关键在于西班牙和法国海军的出兵干涉，使得英国海军在数量上突然间变成了劣势，而且本土似乎也面临被入侵的危险。为此，英国竭力阻止法国向瑟堡和勒阿弗尔[2]（Cherbourg and Le Havre）集中运输船，并希望对手即使拥有优势巨大的舰队，也不敢在没有击败英国海军之前发动入侵。于是，英国海军实施了威胁性巡航，但在数周之内主动避免战斗，等待敌方的作战能力因疾病流行、配合困难和机动无效而不断削弱，直至自动放弃整个作战计划。依据科贝特的观点，这种主动有效的策略很好地诠释了应当怎样正确地理解"存在舰队战略"："海军的防御作战，应当保持舰队的积极存在，而不是消极存在，要让舰队充满进取心和昂扬的斗志。"[3]

科贝特坚决认为，防御与进攻并不是互相对立的，而是相辅相成的。只有在一个地方进行防御，才有可能在另一个地方实施进攻。他认为，太多的英国海军将领没有意识到进攻与退却之间存在着某种联系。他写道："他们特别容易犯的一个战略性错误，是无法领会蕴含于良好防御之中的作战威力。"[4]

---

[1] Corbett vol. i (1907) pp. 329, 475；vol. ii, pp. 373-375.

[2] 译者注：勒阿弗尔是法国北部港口城市，是整个诺曼底地区人口最多的城市。

[3] Corbett (1918) pp. 199, 191.

[4] Corbett vol. i (1907) p. 128.

最重要的是，在某些情况下"存在舰队战略"甚至能够直接为"进攻"目的服务。例如在 1782 年，巴林顿（Barington）上将在战斗中成功俘获了法国东印度公司的一个大型船队，"存在舰队"就是其中必不可少的部分。科贝特因此强调，无论如何，不应当把"存在舰队"作为消极力量而加以拒绝。

不幸的是，拒绝"存在舰队"的情况在过去经常发生，有时海军自己也这么做。比如，法国海军就因为过于消极，使得海军防御作战走向极端而背上了恶名。18 世纪时，法国海军通常属于弱势一方。为了弥补这个弱点，法国海军明确了自己的使命，就是执行辅助性任务，即使出现了进攻的良机，他们也绝不会有半点转变。卡斯泰指出，更糟糕的是，消极防御往往会麻痹军心，使士气消沉，导致在不必要的时候仍然保持防御姿态，比如美国独立战争期间就发生过这种情况。卡斯泰接着指出，正是由于这个原因，才必须要避免消极防御；必须保持不断的进攻，攻击敌方的海岸和海上交通线；敌人将被迫分散兵力，从而为反击创造有利条件。不过他也承认，这些在理论上说起来容易，真正实践起来很难。①

积极防御在某些情况下可以达成有效的结果，马汉认同这一观点，他认为要想取得成功，就必须对敌人的核心利益和其他战略要点构成威胁，进而迫使敌人分散兵力。积极防御的目的，是阻止强大的敌人集中兵力。

因此，弱势海军的目标应当是让兵力在海上保持尽可能长的时间；决不能分散战舰，而是把它们集中在一起，机动灵活地寻找战机，通过这种经常性的亮相，孤立的谣言总是会成倍地放大，引发敌人对多个方向安全的焦虑，从而诱使敌人派出多支分舰队。简而言之，就是要造成达弗吕上将所说的不利于对方的"兵力错配"（displacement of forces）。如果敌人犯了这样的错误，那么就可以逐个攻击敌人的分舰队，或者攻击敌人已被严重削弱的主力舰队。

尽管如此，马汉还是明确指出这是一个次优战略。他引用达弗吕的话来证明自己的观点："不管从哪种观点来看，海上防御只能带来被动，是不得已而为之，它决不应当被主动采取。""存在舰队"的成功，似乎主要取决于强

---

① Castex vol. iv (1929) pp. 149-154, 164-166.

敌犯错。这有悖于海战的基本原则：主力舰队的最终目的……不是为了海上追逐，也不是为了到处游荡，而是要控制海洋。①

关于"存在舰队"在本土防御中所起的特定作用，马汉坚持认为这种战略毫无作用，即使曾经确实发挥过作用，也不是应有之义。赫摩克拉底的建议听起来是对的，在当时情况下也可能是最好的办法；但是，它最多只能起到推迟敌军入侵的作用。雅典人不该攻击锡拉库萨，而应该首先集中力量进攻塔兰托，消灭西西里舰队，然后再从那儿出发继续作战。英国在 1690 年幸免于难的主要原因应归于德·图维尔的愚蠢无能，而不是托林顿的远见卓识——应当责备前者，而不是赞扬后者。德·图维尔原本应当利用比奇角（Beachy Head）② 的胜利进一步扩大战果，而不是放任自己转而攻击廷茅思（Teignmouth），在那儿他只消灭了几艘毫无价值的海岸巡逻舰，抓了几只羊。正如里奇蒙德指出的："如果图维尔能够恪守这一伟大的原则，通过坚持不懈地追击赢得完美的战术胜利，那么结局对于英国来说必将是致命的。"③

同样，马汉也对英国在美国独立战争期间的海军兵力部署进行了批判：英国不是集中兵力攻击法国的主要港口，而是在本土海域实施防御，并试图在美洲掩盖其全部弱点。结果英国不仅失去了美洲，也丢失了西印度群岛中的许多岛屿和梅诺卡岛（Minorca）④，甚至直布罗陀和本土安全也面临着严重威胁。不管怎么看，也不能认为海上防御行动在此次战争之中值得骄傲。在本土海域的防御中，与其说是英国的战略远见，还不如说是敌人的优柔寡断再一次佑护了英国。当然，这种优柔寡断在很大程度上是法国长期的防御思想所致；反过来说，部分原因是法国在多次败于英国的寻歼作战后产生了心理阴影。以上均是马汉的大致观点。⑤

---

① Maban（1911）pp. 243-244，295-296.

② 译者注：比奇角，位于英格兰东南部的东萨塞克斯郡的英吉利海峡岸边，是一处由白垩岩组成的海岸悬崖，高达 162 米，扼守英吉利海峡，战略位置重要。在大同盟战争期间的 1690 年 7 月 10 日，法国与英荷联军曾在此展开著名的比奇角海战。占据兵力优势的法国舰队取得了法军有史以来最大的海上胜利，消灭敌舰 10 余艘而自己无一受损，全面掌握英吉利海峡制海权达 1 个多月。

③ Richmond（1953）217.

④ 译者注：梅诺卡岛，地中海西岸巴利阿里群岛的第二大岛屿，面积 668 平方千米。现属于西班牙巴利阿里省，拥有天然良港马翁。

⑤ Mahan（1890）pp. 529-535.

马汉和卡斯泰两人都认为，科洛姆夸大了进攻者在发起攻击前必须取得的海上控制的"程度"，并高估了"存在舰队"在慑止此类企图时的能力（限制对方控制海洋的能力）。大量的历史事实表明，进攻者坚信"不冒险就无法打赢战争"，即使敌人的"存在舰队"依然存在，也要敢于进攻。1719年，俄国根本无视瑞典的"存在舰队"，在波罗的海发动了一系列大规模的袭击和登陆作战。卡斯泰写道，1758年康弗兰（Conflans）的舰队虽然在布雷斯特"隐约起到了'存在舰队'的作用"，但英国海军仍然在圣马洛和瑟堡（St Malo and Cherbourg）实施了登陆作战。

科洛姆对此进行了反驳：在1898年美西战争中，马汉亲自参与了此次战略计划，仅仅因为存在着一支塞维拉（Cervera）指挥的西班牙劣势分舰队，就极大地打乱了美国在古巴的登陆行动。因此科洛姆认为，在马汉亲身参与过的战争中，"存在舰队"的原则也得到了"非凡的、意想不到的证实"[1]。马汉认为这只是个特例，塞维拉分舰队可能起到了这样的作用，但也许它本来就不应该如此。

在近代，的确有许多登陆行动是在至少有一部分海域的控海权尚在争夺时发生的。在1905年日俄战争期间，《泰晤士报》（*The Times*）曾经警告日本，在俄国舰队尚存之时不能发起登陆，但是日本人不顾这一警告，继续在黄海登陆。1914年，法国和英国不顾奥地利和德国舰队的存在，向欧洲运送登陆部队。[2] 在第二次世界大战中，两栖登陆行动实际上往往是在面临敌海上兵力威胁，特别是有潜艇和轻型舰艇威胁的情况下进行的。例如德国入侵挪威的行动，甚至是在英国舰队占有优势的情况下展开的。实话实说，科洛姆提出的这条原则的确存在着许多例外。在这些情况之中，几乎不能认为它是一条原则。

---

[1] Colomb, P. (1899) preface to 2nd edition and Spanish War section p. xxxi.

[2] Castex vol. jv (1929) p. 146.

三、 "存在舰队" 与德国海军

对劣势海军在抵御入侵中的作用的怀疑，不应当扩散到对整个"存在舰队"理论的怀疑。对大多数海军战略家而言，"存在舰队"的内涵要比科洛姆的狭义理解丰富得多。例如，依据 J. R. 瑟斯菲尔德（J. R. Thursfield）的观点，"存在舰队"是指"在战略上无法夺得制海权，但又具备足够的力量，通过符合当时实际的战略战术运用，能够阻止对方取得制海权的舰队"。该战略所提供的可能范围，从德国海军在两次世界大战期间的经验中可以找到很好的证明。在第一次世界大战期间，英国大舰队与德国公海舰队相比具有明显优势，除非形势特别有利，否则即使是最具有进攻精神的德国指挥官也不愿意与英国交战。在第二次世界大战中，两国海军的实力差距拉得更大，因此德国海军统帅部也更加小心谨慎。即使如此，劣势海军也依然在两次大战中起到了重要的战略作用。

在和平时期，一支数量明显居于劣势但质量一流的海军，仍然具有重要的政治和战略作用。德国海军上将提尔皮茨在《1900 年海军法案》中首次公开提出了著名的"风险理论"，扼要地总结了"存在舰队"可能具有的威慑作用。"风险理论"的含义是：德国海军应当强大到足以对处于优势的英国海军造成一定损害的程度，英国遭到这种损害后，将在其他方面临更多的威胁。英国在搞懂了远期的战略后果之后，就不敢再利用海军优势强行推行有损德国利益的政策了。德国需要"一支能够迫使一流海权强国在进攻我海岸之前，不得不三思"的海军。事实上，这个政策并没有真正起到作用，因为英国在感到德国海军的威胁之后提高了警惕，逐步解决了与俄国和法国之间的原有矛盾，致使提尔皮茨所期望的"其他威胁"烟消云散。尽管如此，"风险理论"仍然值得关注，它是利用劣势海军对显然无法用直接军事手段保护的利益，进行间接政治保护的一种尝试。[1]

在战争来临之际，德国海军部的意图是积极地运用海军，同时避免主力舰队与英国海军发生正面对抗。德国尽其所能迫使英国海军分散兵力，以便在一系列针对大舰队的独立分舰队的区域伏击战中，能够不断地削弱英军的海上优势，直到其海军实力下降到德国公海舰队能够与之一战的水平为止。按照希尔（Scheer）上将和德国海军参谋部的想法：

> 舰队必须在有利情况下才能作战，因此，必须通过游击战等方式使得双方兵力规模相当时，才可以寻求与英国舰队的战斗……德国舰队必须克制自己，规避任何可能造成重大损失的作战行动。然而，这并不妨碍我们抓住有利战机打击敌人。[2]

既然英国很可能对德国沿海港口实施近距离封锁，那么在主力决战前实现"兵力均势"的机会将会很多。

正如戈尔什科夫指出的，"贯彻这一指导思想，将赋予德国在海上的行动自由，然后通过海上封锁扼杀英国"。换言之，积极的"存在舰队战略"有可能最终创造出有利条件，让德国能够获得所期望的有效制海权。（在两次世界大战之间，日本海军也打算采用同样的战略，来应对越过太平洋不断向西扩张的处于优势的美国海军。）

然而不幸的是，这一战略对德国没有起到任何作用。英国一直没有对德国沿海进行近距离封锁，德国计划展开的伏击战很难部署，而且往往无法达到希望的结果。双方造舰速度的差距又进一步拉大了双方海军实力的差距。在日德兰海战之后，德国终于放弃了这一战略。德国"风险舰队"（Risk Fleet）的建设，以及运用风险舰队挑战英国海军优势的企图是毫无希望的，这一做法经常被指责为一个代价高昂的错误。也许，他们应该早点运用潜艇和巡洋舰。

在第二次世界大战中，德国海军更不可能采用这个雄心勃勃的战略。相反，海军上将雷德尔（Raeder）采取了一种更加消极的"存在舰队战略"，以

---

[1] Quoted Steinberg (1965) p. 165.

[2] Scheer (1920) pp. 25, 68.

最大限度地利用好有限的资源，这不禁让人想起 18 世纪法国的战争实践。

德国海军作战条令规定：

> 即使敌人的海军在力量上处于劣势，也只有在必须攻击才能达成主
> 要目标时才可以攻击。即使没有取得实质的胜利，作战海区变幻莫测的
> 气象情况也可能对敌人的航运造成不确定性或延误。因此，德国军舰在
> 遥远区域的暂时消失将会增加敌人的混乱。[1]

"存在舰队战略"的两种变形之间的差别仅仅是程度上的不同，以及它们带来的程度不同的益处。在两次世界大战中，德国海军主力的单纯存在，曾使处于优势的英国海军被牵制在北海之内，并影响到英国海军在全世界的部署和运用。停在挪威湾中的"提尔皮茨"号，就迫使英国对驶往俄国的每支商船队实施严密护航，从而发挥了远超其实际能力的破坏性影响。丘吉尔对此总结得很是到位："这艘德国军舰的存在，立即造成了难以名状的普遍性恐惧，对所有要点都构成了威胁。它的出现或消失都会立即引发对方的反应和忧虑。"[2]

这些兵力的存在，迫使英国把原本可以执行其他任务的舰艇保留下来。比如在第一次世界大战中，希尔上将宣称："英国舰队停留在遥远的北方，不敢攻击我国沿海地区，并从源头上消除潜艇的威胁。"原来在大西洋作战中具有重要价值的护航舰艇，不得不保留在北海之内；具有决定意义的反潜作战（如在德国沿海布设有效的反潜雷区）也无法进行。这些都是因德国的这支"存在舰队"而造成的。在第二次世界大战中，雷德尔计划通过一支老式战列舰组成的小舰队，把英国海军牵制在北海海域，然后利用潜艇、巡洋舰组成破袭编队和特混编队，去切断英国赖以生存的海外物资补给。

事实上，雷德尔的"Z计划"（Z Plan）表明"存在舰队战略"与"劫掠战"战略之间可能存在着一定联系，即相互为对方创造有利的条件。正如培根（Bacon）指出的，在第一次世界大战中，航运攻击的成功将迫使英国海军分出部分兵力实施直接护航，从而造成英国大舰队在面对突袭时更加脆弱。[3]

---

[1] German Naval War Order, 4 Aug. 1939.

[2] Churchill, Aug. 1941 quoted in G. Frere-Cook, *The Attacks on the Tirpitz* (London: Ian Allan, 1973) p. 12.

[3] Bacon (1936) pp. 194-195.

这两种战略结合起来就有可能迫使英国在一定程度上（事实也的确如此），不得不在战略上极大地分散兵力，从而无法充分享受海上优势所带来的全部好处。

在第一次世界大战中有很多此类情况，这引发了评论家们的疑惑：到底是哪儿出问题了？至少阿克沃思相信这样的回答：英国自己就是被"防御"这个"异端邪说"给毒害了。尽管如此，既然英国拥有更为强大的海军，那么他们的托词显然要比德国少得多："一支存在舰队，一支在武器上具有巨大优势的舰队，将被视为在海上取得决定性胜利的一个可以接受的替补……安全第一成为海军的战争学说，这在英国海军历史上可能还是第一次。"[1] 不仅如此，阿克沃思还认为，英国夸大了鱼雷和水雷的威胁，反应过度，忽视了自己的传统。正因为如此，德国海军的防御作战取得了超出应有效果的成功。

对于"存在舰队战略"的成功，很难给出普遍性结论。成功不取决于谁是进攻者或谁是防御者，而取决于谁拥有、保持和行使战略主动权。这绝不是实力最强的海军或者最积极寻求决战的一方的专利。成功看来的确需要一些基本条件，比如相对应的实力、合适的地理环境，特别是要有足够的用于机动和隐蔽的空间；成功在很大程度上也依赖于其他战场的战略形势。1942年，海军上将詹姆士·萨默维尔（James Somerville）被派往印度洋，以"存在舰队战略"对抗日军的进攻。基于上述原因，我们很难看出这一行动如何真正产生丘吉尔所希望的那种战略影响。

在力量差距不大的情况下，萨默维尔本人富于进攻的思想本应发挥出应有的价值——因为在历史上"存在舰队战略"执行得越主动，战略效果也越好。然而诚如卡斯泰指出的：不管海军的进攻多么积极主动，弱势一方通常不可能"摆脱枷锁并逆转局势"，这当然是正确的；掌握制海权的一方，拥有更多的一锤定音的机会。[2] 即使如此，在面对强敌时，一个积极的"存在舰队战略"，要比完全消极的或者孤注一掷的战略更有价值。传说德国公海舰队在1918年曾经打算对英国舰队发动这种敢死队式的突袭。

---

① Acworth（1930）p. 12.
② Castex vol. ⅳ（1929）p. 164.

四、　舰队封锁：　概述

如果数量居于劣势的海军运用某种"存在舰队战略"，则优势一方通常会采用某种舰队封锁的方式加以应对。海上战略家一再指出：舰队封锁的目标是军事性的，不应当混同于经济性封锁，因为后者的意图是切断敌人的贸易，或者破坏其重要物资供应。即使在同一海域、同一时间，由同样的舰艇实施这两种类型的封锁，二者之间的区别依然存在。

一般来说，舰队封锁的军事目标，是阻止敌方舰队对封锁兵力自由利用海洋的能力产生实质性干扰。如果敌人被舰队封锁限制住，那么封锁兵力就能够在封锁线外有效地掌握制海权，其他没有真正参加封锁作战的舰艇就能够自由地行使制海权了。

马汉认为，在法国大革命战争（French Revolutionary Wars）期间，英国舰队的正确位置应当"位于敌人港口的前面，越靠近越好"。这是保护英国海上利益的第一道防线，也是主要防线，而且是攻击敌人的最直接的战线。马汉写道："在所有战役中，强大舰队的作战正面应当尽量向敌方前推，直至各分舰队可以有效地互相支援，并确保舰队与基地之间交通线的安全。如此一来，不仅可确保国家最重要的利益更加远离战争威胁，而且可以确保那些保持作战线始终接敌的己方兵力，在利用作战正面之后的地区（此处指海区）时的行动安全。"

马汉认为，既然舰队的这种部署能够为所有的海上封锁兵力提供有效的间接保护，那么这种方法显然比实施直接保护的其他方法要经济得多。他认为，英国海军在美国独立战争期间就是错误地采用了直接保护的方法，与之相反，英国本应在关键点，即在敌人主力舰队的基地附近集中兵力。因此，他很赞赏英国海军部在应对即将到来的对德战争时采用的方法。他写道："英国舰队集中在北海，在这里可以很好地保卫英国的所有利益——不列颠群岛、英国的商业和殖民地，同时能够富于侵略性地控制德国的海上商业航线。"①

舰队封锁是达成这些目标的一个有效战略，有许多理由可以支持这一结论。其中最明显的一个理由，是它可以让封锁舰队始终掌握敌人在什么地方——这也是最重要的好处。科洛姆认为，这一点非常重要，对于"没有能力把敌人堵死在港内，或在敌人出港时与之作战"的兵力而言，这种封锁方式的选择是合理的。这样的封锁兵力可以监视战场情况的变化，并回传报告。在特拉法尔加海战之前，科林伍德在加的斯附近海域实施的这种封锁取得了巨大效果。②

但是在封锁时采用的具体方法，以及由此带来的战略效果的性质与大小，在很大程度上取决于采取何种封锁形式。海上战略家通常把封锁分为"严密封锁"（close blockade）③ 和"开放封锁"或"远距离封锁"（open or distant blockade）。海军上校罗斯基尔写道：

> 如果我们把舰队近乎永久地部署在敌人基地附近，这种封锁被称为"严密封锁"；如果舰队只是远距离地监视敌人，定期在敌基地附近巡航，且只在局部海区实施了大致的控制，那么这种封锁就是"开放封锁"。④

这两类封锁的差别体现在程度上，除了封锁兵力靠近敌基地的程度以外，还有许多衡量指标。一个经常想到的指标，就是这些封锁兵力能否进行现场补给；另一个指标由科贝特给出，就是在敌舰队驶出基地时"遭受立刻攻击的确定程度"。尽管存在许多差异，但这两类封锁各有优点和缺点。

---

① Mahan vol. i （1892）p. 340；（1911）p. 183.
② Colomb, P.（1896）p. 196.
③ 译者注：也称为"近距离封锁"。
④ Roskill（1962）pp. 48-49.

五、 舰队封锁：远距离封锁与近距离封锁

英国海军在整个 18 世纪最经常采用的封锁体系就是远距离封锁。为了节约舰艇和人员，英国海军在封锁法国布雷斯特海军基地时，经常把主力留在托贝或斯皮特黑德（Spithead）①，依靠部署于法国海岸附近的轻型兵力掌握法国海军出动的时间。

这种方式有以下多个优点。最重要的是，可以避免严密封锁所带来的兵力过度损耗。科洛姆指出，1800 年豪勋爵（Lord Howe）之所以决定对布雷斯特进行远距离封锁，是因为"封锁舰队如果在布雷斯特附近海域持续实施威慑，人员和舰艇将被逐渐消耗，随着时间的推移，被封锁兵力的作战能力将越来越强，直至强大到足以击败封锁兵力"②。海上战略家们强调，在作战海域附近拥有后勤基地非常必要，因为封锁兵力执行的就是一项消耗性任务；很显然，后勤基地越接近，封锁兵力执行任务的能力也就越强。

如果封锁的目的不是为了阻止敌人出海，而是促使敌人出海以便在战斗中消灭之，那么远距离封锁优于近距离封锁。里奇蒙德明确指出，严密封锁极少能够逼迫敌人出海。

> 在所有的海战中，当敌人依托港口掩护进行防御时，没有哪次封锁能迫使敌人出海作战。不论是西班牙、荷兰、法国或者德国，虽然都饱受海上压力，但没有谁因为这种压力而派遣舰队出海，与优势敌人在海上鏖战。③

---

① 译者注：英国在斯皮特黑德湾设有海军基地；其南面为斯皮特黑德海峡。该海峡位于大不列颠岛和威特岛之间，是英吉利海峡中部的一段小海峡，为开阔避风的深水海峡，是大型船只进出南安普敦水道最安全的航道。

② Colomb, P. （1896）p. 196.

③ Richmond（1934）p. 163.

另一方面，远距离封锁的战术，或者科洛姆所谓的"引诱战"（masking operation），是诱使那些自认为还有成功希望的敌人出海作战。科贝特指出，在七年战争中，英国海军上将博斯科恩（Boscawen）把近距离封锁改为远距离封锁，目的就是为了诱出并歼灭拉·克卢（la Clue）上将率领的法国舰队。"决战是我所愿，开放封锁是保证决战的最好方法。"英军远距离封锁的结果，是 1759 年发生了拉古什湾（Battle of Lagos）海战。[①] 然而，远距离封锁最著名的范例常常被认为属于纳尔逊。他曾写道："我的目的是战斗而不是（近距离）封锁。只有在海上才能实现我们国家的希望和期待，我的作战系统与（近距离）封锁完全相反，可为敌人提供任何出海的机会。"因此，当 1805 年 10 月纳尔逊率领全部兵力到达加的斯附近时，科洛姆就此写道：

> 纳尔逊根本不是为了封锁法西联合舰队，他故意把自己的舰船部署在敌人视线以外，目的是如果有可能，诱使敌人相信英军兵力比实际上要少。他在敌岸附近部署了一个舰艇中队和若干通信船，它们的任务是密切监视加的斯港，因此他可以尽早掌握敌人兵力行动的情报。[②]

如果封锁的目的是把敌人堵在港内，那么远距离封锁就是一种冒险的做法，因为这将不可避免地给决意逃脱的敌人更多的机会。但是如果目的是歼灭敌人主力，那么远距离封锁无疑是更好的选择。正因为如此，科贝特补充道，在富于洞察力的人看来，近距离封锁和远距离封锁是不同程度的或不同类型的制海权。不久之后，他接着写道：

> 严密封锁就是要把敌人堵在港内，使其无法利用海洋掩盖行踪，或者阻止一场确定的海上作战，这就是暂时的或局部的制海权。为了获得永久制海权，严密封锁的效果始终值得怀疑，因为开放封锁从一个好的内线位置开始，舰队由此能够保持良好的行动速度和状态，不会因封锁完全不起作用而导致士气低落。[③]

但是至少在短期内，英国海军有能力偶尔发动近距离封锁作战，以阻止敌人进出海军基地；或者用科洛姆的话来说，要把敌人的港口封锁到"任何

---

① Corbett vol. ⅱ （1907）p. 34.

② Colomb. P. （1896）P. 195.

③ Corbett vol. ⅱ （1907）pp. 234-235.

漂在水面的物体都不能进出"的程度。近距离封锁的效果立竿见影，正如拿破仑所抱怨的那样，即使不会遭到英国人的袭击，他们（指法国）也不敢把一艘小船派往海上。1758—1759 年，霍克在布雷斯特附近就曾建立起这种封锁。

近距离封锁的战略效果非常明显，在很大程度上阻止了法国对英国各种海上行动的干扰，尤其是极大地削弱了法国攻击英国海上贸易的能力。当然，即使是最严密的封锁，少数孤立的袭击舰突破海上封锁也在意料之中。正因为如此，在贸易航线上通常需要事前安排好直接的护航兵力。无论如何，近距离封锁能够明显降低敌方的威胁程度。正如马汉所说，近距离封锁是成功地保护贸易的基本要求。

在马汉看来，近距离封锁确实已经被证明是更具价值的封锁方式。由于当时地理条件或政治环境的制约，与英国对抗的敌方海军常常分散驻泊在几个基地或国家。这些海军兵力的总和往往与英国海军相当，甚至占优。因此英国迫切需要阻止敌人集中兵力。缺少事先必要的兵力集中，就不可能向英国殖民地或本土发起大规模的作战行动。马汉指出：

> 英国海军战略力量的主要任务并不是要严密封死敌方所有的港口，而是要有效防止敌人兵力从各个港口出发进行大规模的集结。对于拿破仑而言，分散在各处的舰队不仅要能够分散进入大海，而且应当按照指定的时间和路线展开行动，以保证各舰队能够迅速在指定地点集中，这一点非常必要。英国采取内线位置和交通线这个古老而有效的方法，来反制敌人的集中。按照近距离封锁的作战原则，英国并不奢望能够杜绝敌人任何一支分舰队溜出港口，而是要确保在任何时间都不会有太多的分舰队逃出，从而形成一支可能给英国带来灾难性威胁的联合力量，这是一个理性的、可能的目标。[1]

除非法国人愿意直接挑战英国的海上封锁，并寻求决战，否则他们立足于避战思想的唯一希望就只能是幻想。法国人是否有可能诱开英国海军，而后在其返回之前偷偷地派出一支攻击部队呢？马汉认为，只要英国人在封锁

---

① Mahan vol. ⅱ （1892）p. 126；vol. ⅰ , p. 339.

过程中坚定地执行主要任务——密切监视法国舰队的行踪和意图，这种情况就不会出现。

马汉在其著作的一个非常有名的段落里，颂扬了这一原则的正确性：

> 从战争爆发到特拉法尔加海战之间，海军上将康沃利斯（Cornwallis）在冬、夏两季对布雷斯特实施的近距离封锁，是封锁作战史上最出色的战例，没有之一……这是枯燥乏味、无所事事的几个月，是在法国舰队眼前观察和等待英军主力的几个月。对许多人来说此次行动实在是毫无意义，但正是参与行动的水手们（或者舰员们）拯救了英国。世界上还从未发生过比此次行动更为深刻地展示海权对于历史的影响的作战行动。正是这些从不被大陆军放在眼中的，志在远方、历经风浪的军舰，横亘于英国与世界主宰之间。[1]

尽管近距离封锁具有种种显著优点，但是科贝特仍然坚持认为，持久的近距离封锁基本上是一种虚弱的战争样式：它消耗巨大；它需要在数量上占据明显优势的舰艇（大约比对方多 25%~33%），以及大量准备就绪的后备力量；它对人员和后勤供应的要求很高。仅举一例，长期海上活动不可避免地产生损耗（特别是舰船底部的污垢），造成封锁军舰的航速不断降低，更难以对付刚从船厂驶出的法国军舰。由于这类原因，近距离封锁常常因压力过大而中断，或者不会作为首选方案。因此，佩皮斯记录了威廉·考文垂（William Coventry）的这样一段话：

> 不喜欢把舰队停留在荷兰沿岸，因为我们认为荷兰舰队将在 14 天后出海，到那时，由于某些舰船受损，舰队还没有做好准备，我们将不得不在这样恶劣的情况下在敌方近海与敌作战，结局可想而知。[2]

也许建立近距离封锁，甚至会促成敌方海军滞留在港内，熟练地实施"以逸待劳"。因为劣势舰队在运用这一策略时，能够让优势一方持续地遭受损失，并吸引比其他办法更多的舰艇（战列舰和巡洋舰，后者在任何时候都不够用）。通过这种方法，数量劣势的舰队可以"牵制住"优势对手，并迫使

---

① Mahan vol. ⅱ （1892）pp. 118-119.

② Colomb，P.（1899）p. 51.

其"消耗过多兵力，从而降低其进攻力量和护航力量"①。换言之，近距离封锁反而可能给予被动的"存在舰队战略"以多于其应有效果的战略效果。

根据某些观察家的观点，随着海战进入蒸汽时代，近距离封锁的相对缺点实际上越来越多。蒸汽舰船没有风帆舰船那种近乎无限的巡航能力，现场补给的困难比过去更大了。而且现在不再需要风力航行，被封锁兵力在选择突破或挑战封锁兵力时，拥有比过去更多的自由。也许更加重要的是，鱼雷、水雷、潜艇以及飞机的最终出现，意味着封锁兵力将会受到来自岸上不断增强的、令人头痛的甚至可能是危险级别的消耗。正如前面所述，法国青年学派认为，他们的鱼雷艇将使敌人的有效封锁变得不可能。

在英国海军中也有人相当勉强地承认，近距离封锁战略已经"寿终正寝"。有人指出，与过去那种向岸风具有重要意义的年代相比，蒸汽动力可能使得封锁方受到更多的限制：袭击舰和分舰队在真正出逃时，也可能更难被发现。尽管马汉和科贝特坚决维护近距离封锁的广泛原则，但他们也承认，新事物的出现"将给封锁兵力带来远比之前大得多的压力，并迫使封锁兵力与敌人保持比过去远得多的距离"。不管是否愿意，近距离封锁在实践上将更加远离敌人。到 20 世纪初，英国海军部已经接受了这个现实。

这导致在第一次世界大战中，英国选择的封锁目标是北海而不是德国公海舰队，英国舰队也没有在德国湾（German Bight）附近出现。这正是德国人所希望的情形——这样的话德国就能够逐渐累积实力，从而与英国"扯平"（equalised）。因此北海的南半部变成了一种海上"无人地带"。

如果德国选择在这一海区进行巡航，他们就选择了被英国切断后路而被迫交战。英国的策略就是让德国舰队不时地离开基地，去执行杰利科在《日德兰快报》（*Jutland Despatch*）中所描述的"定期扫荡整个北海"……因此，近距离封锁的传统方式被新型方式所取代。所谓新型方式就是给敌人留出足够机动的海区：在这种诱惑面前，敌人早晚都会忍不住出海，英国就有机会切断敌人后路，迫其作战。在此期间，敌人还被切断了与远方所有重大行动的联系。敌人不得不为行动自由而战……

---

① Richmond（1930）p. 40.

因此，除非弱势方希望作战，或者走投无路，或者被突袭，否则不要指望会有海战发生。①

像其他大多数远距离封锁一样，英国在第一次世界大战中实施舰队封锁的部分目的，就是为了引诱敌人出海，进而在公海上将其歼灭。从这个方面看，英国的封锁未能实现预期目标，但至少在其他的主要目标上取得了巨大成功，比如保护"封锁线后"的海上利益。德国的水面舰艇兵力被有效地遏制住了，无法在北海以外的海区活动。因此英国保护了其他海域的海上利益，不会遭到大规模的水面攻击。格林尼治皇家海军学院的一位历史教授自豪地写道：

英国战舰守护着北海，就像双层大门保护着房子一样。只要杰利科上将坚定不移，多佛尔的战舰巡逻能够持之以恒，德国舰队的力量即使再强大，也只能被牢牢地锁在世界之外。霍亨索伦王朝（Hohenzol-lerns）②的无畏级战舰无法前出到任何一条贸易航线，无法触碰到英国任何一个海外领地的边缘，无法干扰到英伦三岛赖以生存的物资进口，无法阻挡从世界各地涌来、为拯救人类文明而战的勇士们的滚滚洪流。③

但是，同样道理，远距离封锁的抵消作用不能提供完整的保护。尽管非常谨慎，但敌人的水面舰艇仍然在北海不断地展开行动，其效果有时会让英国海军非常尴尬。比这更严重的是，总是有足够的德国潜艇能够无声无息地突破封锁线，攻击英国的运输船队，造成了近乎毁灭性的恶果。英国人从实践中已经认识到这种封锁方式很不完善，因此当时许多海军高级将领使出浑身解数，渴望在海上对德国舰队取得一次重大的决定性胜利。因为他们意识到，虽然情况不妙，但由于德国海军在竭力避免海上交战，所以英国海军面临的形势可能会变得更加糟糕。

双方高层都很清楚，一旦英国海军取得了决战胜利，就为近距离封锁铺平了道路，德国潜艇将被死死地封在港口之内。然而双方都有一些人对这种

① Pollen（1918）p. 287.
② 译者注：霍亨索伦王朝是欧洲三大王朝之一，从勃兰登堡－普鲁士到德意志帝国，延续了500年（1415—1918）。
③ Callender（1924）p. 253-254.

假设持非常怀疑的态度。他们相信，随着战略环境的改变，潜艇、水雷和飞机已经出现，集中资源对英国船队实施直接保护（或攻击），效果反而会更好。

　　许多类似的思潮一直延续到了第二次世界大战期间。封锁作战越来越紧密地与其他作战行动结合起来，难以区分。随着海军航空兵的加入，特别是在发现和消灭（潜在的或现实的）封锁线内外的敌海上兵力方面，航空兵的作用日益重要，传统的封锁作战变成了多维空间的封锁作战。最后，技术和战略形势的发展，赋予被封锁兵力（主要是德国和意大利的海军）比过去更多的行动自由和更大的海上回旋空间。尽管在实践过程中封锁面临着上述诸多困难，但封锁的主要目的依然没有变化。在第二次世界大战中，跟此前的许多战争一样，海上封锁为优势海军提供了遏制劣势对手的最好手段——尽管这个对手只是潜在危险，从而为国家相对安全地利用海洋提供了更多机会。但是，一如此前，封锁作战所能够提供的保护，远不如大量歼灭敌人主力所带来的保护那么全面。

六、　制海权：概述

　　科贝特指出："制海权不是别的，而是控制海上交通线……当我们说，我们的战列舰舰队的首要目标，必须始终是消灭敌人的战列舰舰队时，其真正含义是，我们战列舰舰队的首要任务是夺取并阻止敌人夺取主要的海上交通线。"

　　如果这就是制海权，那么已有的制海权有什么用处呢？根据大多数海军战略家的观点，答案非常清楚：制海权之所以值得拼命争夺，是因为制海权能够让一切成为可能。制海权具有决定性意义，不论是对自身而言，还是对其他的可能结果而言，都是如此。

　　英国海军上将西普里安·布里奇精辟地总结了制海权的可能好处：

制海权能够让拥有它的国家，在其愿意的任何地方攻击敌人，在敌人可能最薄弱的地方攻击敌人。同时，当遭到敌人的猛烈攻击时，制海权能够为拥有它的国家提供安全保障，为其海上贸易提供尽可能最有效的保护。实际上，制海权是海战的主要目标。[1]

做出如此明显的理性阐述会遇到一些麻烦，因为阐述人会经常把侧重点和理解上的严重分歧隐藏起来。"制海权"一词或多或少地被作为"海上强国"的同义词，成为一个确实能"统治海洋"的国家的主要特征。但这种用法可能造成人们对制海权概念理解的绝对化，因此最好避免这种夸张的用法，而仅把制海权作为海上战争的一个战略概念的标签，严格且狭义地使用。另一个必须牢记于心的区别，是夺取制海权和行使制海权之间的区别。科贝特指出："在平常的讨论中，没有哪条海战原则，像不能利用主力舰队主宰海洋那样被人忽视。"主力舰队的数量再多、再无所不在，也不足以行使制海权和控制海上交通线；这个任务是"轻型舰艇，以及为其提供支援的巡洋舰和中型舰艇的任务"。主力舰队通过消灭或重创（destroy or neutralise）敌人赢得制海权，但只有其他的上述兵力才能行使制海权。[2]

拉塞尔·格伦费尔对两种兵力进行了明确区分：所有行使制海权的小型舰艇，在重要海域和航线两端海区巡逻，为商船和军用船队护航，截击敌商船队等，它们构成了所谓的"控制舰队"（Control Fleet）。夺取和保持制海权，是"主力舰队"（Battle Fleet）的任务，在其掩护之下，"控制舰队"展开行动。之所以强调二者之间的区别，是因为二者的任务不同，对舰船和战术等方面的要求也不尽相同。只有拥有了一支非常"均衡的舰队"，海军才可能同时完成这两项任务。

和平时期，人们常常会过度重视主力舰队而过于轻视控制舰队。正如我们所知，杰利科麾下的英国海军在第一次世界大战期间饱受责难，就是因为没有处理好两种舰队的均衡关系。例如，尽管英国大舰队在北海耀武扬威地来回巡弋，但德国潜艇却几乎绞杀了英国的海上航运——至少从数据上看是

---

[1] Corbett vol. ⅰ (1907) p. 308；Bridge (1910) p. 84.

[2] Corbett vol. ⅱ (1907) pp. 20-21.

如此。英国在第二次世界大战中又犯了同样的错误，他们忘记了行使制海权甚至比夺取制海权的要求更高。① 英国在发现这一事实之后，立即对舰队的优先顺序进行了调整，这一点从其战时的造舰计划之中可以看到佐证：战列舰和航空母舰暂缓建造，护航舰艇和登陆舰艇的建造位列第一。许多战争都表明，两种舰队都非常重要，一种舰队的成功往往取决于另一种舰队的胜利。

另一个导致混乱甚至是错误政策的原因，是把制海权看作一个排他性的、绝对的概念。持这种观点的人认为，制海权就是为了实现所有目标而对整个海域进行完全控制。克拉克和瑟斯菲尔德（Clarke and Thursfield）认为："不存在局部的或不完全的制海权，要么是绝对的制海权，要么就没有制海权。"罗辛斯基关于这个问题的观点模棱两可，但他也坚持绝对论："对同一海域的分别控制等于根本'没有控制'……在海上不存在胜利与失败之间的折中方案。"②

马汉也受到了批判，因为他认为"制海权……是个独霸的东西，它不能被分享，在一段时间内只能为一个国家所拥有"③。有时候，马汉由于所写文章超出了大多数人能够理解的范畴而受到责难，因为其适用范围很广，所以在解释马汉的观点时不同的人有不同的理解。但马汉在很多场合都明确表示，制海权这个他很少使用的词语，在本质上是一个相对的而非绝对的概念。大多数海上战略家也认同这一观点。科贝特经常使用"有效制海权"（a working command）来表述他的观点，以保证其准确性。

影响制海权相对性的最明显变量是时间的相对性，是某个海军被认为能够主宰海洋的时间跨度。历史反复证明，制海权是短暂的，得到之后很快就会失去。马汉指出："很显然，在历史上，海洋从来不曾被独霸，即使英国在最强盛的时期也是如此，制海权的争夺也许不需要经过一系列各有胜负的战斗才能决出。"④ 但有时候，制海权的争夺可能会贯穿整个战争时期，比如英法联军在克里米亚战争中就是如此。

---

① Brodie（1965）p. 75.

② Clarke and Thursfield（1897）pp. 126-127；Rosinski（1977）p. 4.

③ Comment by G. S. Graham, quoted in Reynolds（1974）p. 211.

④ Mahan（1911）pp. 260-261.

几乎不可避免，制海权在空间方面也是相对的。它可能是局部的，或是全面的，也可能介乎两者之间。布罗迪指出："当双方争夺的海域非常广阔，双方兵力在基地之间大范围地机动时，此时，全面制海权的缺失很可能就是一种必然。这种情况在太平洋的辽阔海域中，几乎是不可避免的。"① 太平洋太宽广了，在战争最终结束之前，谁也不能指望能够在一段时间内控制整个太平洋。法国的海军战略常常被认为用无比巧妙的方式把时间和空间的相对性很好地融为了一体。法国希望能够把英国舰队诱开一定时间，以保证他们能够隐蔽地在英国登陆。1804 年，拿破仑写道："我们只要能够掌控英吉利海峡 6 个小时，就可以成为世界霸主。"不管制海权多么有限，这种制海权都必不可少。

最后，制海权在程度上也可能是有限的。马汉十分清楚，"无论双方海军力量的差距有多大，至少弱势一方总是可以找到机会到海上去，袭扰未设防的地点……进入已被封锁的港口"②。控制不是绝对的。海上控制，只能在海上战争的特定维度中展开行动：空中、水面和水下。换句话说，制海权的一种均势很可能只适用于一个维度，而不适用于其他维度。比如，德国海军在制海权的斗争中，水下作战的成效远远超过了水面作战。这个结论在某种程度上适用于两次世界大战。与之类似，制海权可能主要适用于某些类型的舰船及其所执行的任务类型。第一次世界大战期间，海军上将雷金纳德·培根（Reginald Bacon）③ 就发现，"即使在北海，我们所能取得的制海权也仅仅是战列舰所在的海域：敌人始终能够用战列巡洋舰、轻巡洋舰、驱逐舰和潜艇发动进攻"。无论封锁多么严密，英国都必须对位于封锁线后面的航线和海岸线实施直接的防卫。④

正是由于这些原因，即使是"永远的、全面的"制海权，在现实中也不可能是绝对的。对方总是至少拥有实施某些海上行动的可能，但这种能力也

---

① Brodie（1965）p. 108.

② Mahan（1980）p. 14.

③ 译者注：雷金纳德·培根（1863—1947），英国海军上将，1917 年在任多佛尔巡逻舰队司令时，提议在北海布设雷障以阻击德国潜艇进入大西洋。

④ Bacon（1936）p. 192.

许不会对战争结局产生什么重大影响。按照卡斯泰的观点，制海权是"相对的，不完整、不完美的"。无论何时，最好不要去追求建立全面的制海权，而应追求建立起动态的、暂时的海上控制区，"我们渴望利用……特定的海区以达成我们的目的"①。

基于上述观点，建议在实际使用中，从一开始就应当避开"制海权"这个词语。这个概念在某些方面显然容易造成误导：正如我们所知，制海权在理论上暗含的绝对性要比在实践上更多。对于不甚明了的人来说，这个表述可能会造成错误的印象：似乎一方失去了制海权，另一方就必定得到了制海权。更有甚者，由这种错误印象所产生的糊涂观念，可能会在实践中导致战略性错误。为了获得尽可能绝对的制海权，海军可能会树敌过多（因为威胁到了中立国家——科贝特曾经强调过这个问题）②，或者忽视行使制海权的真正需求（过于重视主力舰队，而轻视了控制舰队）。战略思考有不同的目的，它可以帮助我们理解历史教训，也可以帮助我们为未来做好准备。如果脑子里只有似是而非的想法和模糊的概念，无论是上述两种方式的哪一种，都只能造成弊大于利的结果。

出于这个原因，有些学者宁可从一开始就避开使用这些抽象的概念，但这种做法使得归纳工作变得非常困难，没有归纳就难以形成理论。另一些人则使用"控制交通线""主导海洋""海上控制"或"海军优势"之类的术语来代替制海权，所有这些术语虽各有侧重，但总体来看表述的是同一事物。布罗迪的总结非常到位："制海权是相对的，夺取制海权仅仅意味着在斗争中拥有了明显优势，只要我们把这些牢记于心，就不妨碍继续使用这个古老而光荣的传统术语。"③

---

① Castex vol. ⅰ（1929）pp. 99-101；Roskill（1962）p. 184.

② Corbett vol. ⅱ（1907）p. 5.

③ Brodie（1965）p. 74.

七、 夺取制海权：小结

在夺取或保持制海权的三种方式之中（决战、"存在舰队"和封锁），第一种一般被看成是主要的、最迅速、最经济的方式。至少对海军强国而言，的确如此。决战肯定比"存在舰队战略"起效更快、更可靠，而且比封锁具有更大的优势：一旦决战胜利，那些参战舰艇就可以分散使用，帮助行使制海权。此外，海洋非常辽阔而且没有固定的航线，用陆上同样的方式牵制敌人是非常困难的，因此立即、就地、彻底地消灭敌人，好处倍增。

有些评论家认为，消灭敌人的海军主力是一个极为重要的目标，正如我们所知，它甚至成了目标本身。由于某种原因，制海权已经超出了单纯的控制海上交通线。"冷酷战"学派曾经抱怨道：

> 海权源于保护海上交通线，海权的目标即是保护海上交通线，这个战略性歪理邪说由马汉首创，但他在最后几部著作中的一部里放弃了这个观点：因为这种说法抹杀了海权的完整的真正的目标，即消灭或者重创能够威胁海上交通线的任何兵力。[1]

过于强调决战是夺取制海权的主要手段，这种观点遭到了多方批评。首先，用戈尔什科夫的话说，主力舰队交战的结果"通常不会超过战役范畴"，对整个战争几乎不会产生明确的战略意义。[2] 其次，过于重视舰队对舰队的作战需求往往会造成破坏性后果，会忽视商业护航和攻击敌岸等看似普通的任务。再次，事实证明，如果敌人选择了某种形式的"存在舰队战略"，这时再想打成一场真正的决战是很困难的。最后，在某些地缘战略环境中，保持制海权可能比打败敌人的主力舰队更为重要。因此，杰利科上将在日德兰海战

---

[1] Arthur Pollen in letter to Richmond 11 Nov. 1936: Richmond Papers, RIC/7/4, National Maritime Museum, quoted by Permission of the Trustees. See also Chapter 4, section d and, on Mahan's role, Custance (1924) pp. 95-98.
[2] Gorshkov (1979) p. 215.

中小心翼翼，不敢贸然出击是有一定道理的。

如前所述，"存在舰队战略"是劣势海军根据自己的劣势地位而做出的合理选择。按照最积极的方式，"存在舰队战略"在理论上能够让开始时处于劣势的海军逐渐战胜强大的对手，并保持海上优势。然而这种成功极为罕见。更为常见的是，"存在舰队战略"只能力争阻止敌人夺取制海权，或者降低敌人享有制海权的可能性。1942年，布罗迪指出："我国海军向全世界提供了一个成功经验：只要积极、灵活地行动，一支劣势舰队就能够在辽阔的太平洋上实现预定目标。"到1944年，接连不断的惨败逆转了整个战局，迫使日本海军不得不转而采取"存在舰队战略"，这"对我们的行动造成了相当大的影响。只要日本海军仍然存在，我们在兵力前伸时就不能太快"。

德国海军是另一个很有意思的例子。德国海军没有夺取水面优势的希望，但它的存在对于盟国来说影响巨大。"由于牵制了大量的英国战舰……德国为意大利海军在地中海的行动创造了极好的机会，但是意大利海军完全挥霍了这些良机。真正从德、意主力战舰的存在中得到好处的唯一国家，是日本。"①

众所周知，应对"存在舰队战略"的方法通常是封锁。一支具有相当力量、适合战场地理环境的海军，可以把敌人封堵在特定海域之外，从而为其他兵力实际行使制海权提供安全保障。这个过程往往是漫长的、令人厌倦的，与那些大洋上的伟大海战相比，那些执行封锁作战的无数官兵常常找不到成就感。然而，行动的目标是相同的，而且封锁的成功概率可能更大一些。因为不管怎样，封锁经常会引发战斗。

八、 制海权：实现目标的一种手段

对于绝大多数海上战略家来说，制海权不过是达到目的的一种手段。科

---

① Brodie（1965）pp. 91，112.

贝特曾指出：

> 制海权过去不是，将来也不可能是目标本身。这一点尽管非常明显，但在制定海军政策时却经常被忽视。我们忘记了以往战争中的真实情况：仅仅关注海军史上那些激动人心的时刻，遮蔽了我们放眼未来的双眼；我们不自觉地认为，打败敌人的舰队就解决了所有问题。[①]

当然，事实并非如此。

菲利普·科洛姆在写到英荷战争时，也强调了制海权的手段性质。"如果交战双方都一再集中海军兵力攻击对方，仅仅是为了争夺海上霸权，这种行为无法理解，除非在取得霸权之后还会发生些什么。"[②] 双方都拥有巨大的海洋利益需要保护或拓展，因此双方顽强地投入战斗就绝不是偶然的巧合了。追求的目标越重要，争夺制海权的斗争也就越激烈。

制海权的价值并不在于物质上的征服或占有，这种观点只在陆战中才有意义，制海权的价值在于能否利用海洋。最近一位评论家指出："海上战略的核心是海洋的利用问题，谁能够获得制海权，谁就能利用海洋达成自己的目标，并阻止敌人同样的企图。"[③] 海洋的利用取决于当时的环境。在一个时期，海洋可以被用作创建殖民帝国的基地，就像 16 世纪的葡萄牙以及之后的荷兰和英国那样。

但在太平洋战争中，制海权所带来的战略后果明显要狭义得多，正如里奇蒙德所说：

> 因为没有英国海军的存在，美国在珍珠港的舰队也丧失了战斗力，而且盟军失去了马来半岛（Malaya）和爪哇海（Java Sea），所以日本在争夺制海权时没有对手，可以自由地调动兵力……攻击英国、荷兰和美国在太平洋的领地。但在随后的一系列海战中，同盟国打破并摧毁了日本的海权，使得日本无可避免地走向最终失败。同盟国掌握了全面的制海权，通过三种方式威胁日本：登陆日本本土诸岛；从空中和海上轰击日本的工厂和城市；运用封锁手段切断日本从本土和沿海渔场获取食物

---

① Corbett vol. i （1907）p. 6.

② Colomb，P. （1891）p. 173.

③ MccGwire （1975）p. 624.

的两条供应线。正如尼米兹上将所说："我们的海权，赋予了我们利用自己全部资源的可能，我们给予日本的选项只有两个：要么是投降，要么是缓慢却必然的灭亡。"①

然而，在我们深入思考海洋的这些"用途"之前，应当注意到制海权的运用范围受到三个方面条件的限制。第一，制海权既不是无限的，也不是无所不能的。比如第二次世界大战的挪威战役就已经证明，制海权对抗空中和陆上优势的能力都很有限。德军向北推进，作战范围不断扩展的德国空军把英军赶到了海上，即使英国海军具有水面优势，德国空军依然能不断攻击海上的英军。因此，制海能力也许常常取决于陆上优势，而不是其他的东西。

第二，顺序问题。多数关于海上战略的著作指出，海上作战存在着天然的顺序。首先，海军必须集中力量通过决战或封锁夺取制海权；其次，完成这项任务之后，海军才可以分散兵力去行使制海权。但在实际情况中，事情的发展很少这样干净利落、井井有条。正如科贝特所言："外部的某些必要因素会干扰这种顺序，使得行使制海权的作战行动不可避免地与夺取制海权的作战行动同步进行。"② 马汉指出："在联合作战中，护航舰队是与作战舰队同时起航，还是在夺取制海权后再出航，决策这个问题是个困难而且争议很大的麻烦事。"采取"彻底的教条主义观点"并不是一个明智的选择，最好的办法是具体问题具体分析。比如，能够承受的风险有多大；敌人的舰队有多近，有多大力量；目标的重要性怎样……在做出任何关于顺序的决定时，都必须充分考虑到上述这些问题。

戈尔什科夫赞同这一观点："为确保海上优势，在特定海域或特定方向展开的作战行动，既可以在海军执行主要任务之前进行，也可以与主要任务同步实行。"他还进一步指出，第二次世界大战中的绝大多数决战，都与某些更大规模的破交作战或对岸作战相关，或者就是其中的组成部分，比如马塔潘角（Cape Matapan）海战，击沉"俾斯麦"号的作战，珊瑚海（Coral Sea）、中途岛（Midway）、菲律宾海、莱特湾（Leyte Gulf）等海战。戈尔什科夫相

---

① Richmond（1946）pp. 326-336.

② Corbett（1918）p. 211.

信："我们都将看出，这种趋势将不断增强。"[1]

这也引出了第三个限制条件，即制海权对海上目标的真正必要性。传统观点认为，那些把己方行动严格限制在对海岸和贸易的直接攻防之中，并避免为争夺制海权展开大规模作战的国家，通常都失败了，或者至少没有发挥出舰队的应有效用。比如18世纪的法国舰队，或者第二次世界大战中的德国舰队、苏联的波罗的海舰队和黑海舰队[2]。那么问题来了：四种主要海上作战行动（登陆作战和抗登陆作战，保交作战和破交作战）的成功，在多大程度上依赖于通过消灭或重创敌人主力而得到制海权？

先从海洋用途的第一项谈起。大多数海上战略家认为，对于一个准备对敌海岸发动重大攻击行动的国家来说，制海权必不可少。关于这个问题，菲利普·科洛姆阐述得最为透彻。他坚持认为，海军如果不能保持制海权，就只能实施被他称为"相互蹂躏战"的战斗，即中世纪英法两国以牙还牙般地相互攻击对方海岸的作战，此类作战行动虽然能够为攻击方带来一些补偿，但在战略上毫无意义。他认为，是伊丽莎白一世时代的人首先认识到了制海权的必要性，并建造了能够实现制海权的舰船。他写道：

> 控制海洋，或者我们今后将固定称之为的"制海权"，从今以后应当被理解为海上战争的目标。一个追求其他目标的国家，诸如进攻或者突袭港口或城镇，或单纯地保护海上贸易，必将接受一个处于劣势的海军、一个失败的海军，只要这个国家继续保持这种态度，就永远不要指望其能够给对手造成重大的损害。[3]

对于大规模跨海远征作战而言，制海权是必需的。远征的规模和成功的机会，取决于所享有的海上控制程度。因此，海洋不应当成为中立区。科洛姆指出，法国始终认识不到这一点，总想通过巧施妙计〔例如七年战争期间的什瓦泽尔（Choiseul）方案〕，把英国舰队诱离英吉利海峡，从而取得很小程度的制海权。更为愚蠢的是，法国有时会试图一次完成两项任务：赢得制海权，同时实施登陆。科洛姆认为，军事行动如果同时追求两个不同的且互

---

① Gorshkov (1979) pp. 122, 217, 233.

② A major theme of Ruge (1979) .

③ Colomb, P. (1899) p. 24.

相矛盾的目标，注定会失败。如果科洛姆还活着，他会毫无疑问地认为，日本在珊瑚海和中途岛海战中的作战战略就是检验上述原则的最好的两个例证。只有当进攻方具有足够的压倒性优势，可以把舰队兵分两路分别执行任务，且在遭敌攻击时均有合理的必胜把握时，才能够同时追求这样的双重目标。实际上，当一个国家具备这种作战能力时，也就意味着该国已经牢牢掌握了制海权。

如果缺少这样的优势，却偏要实施此类双重目标的作战，将非常危险。正因为如此，科洛姆才坚定地支持"存在舰队战略"。他认为，1866 年发生的利萨海战（Battle of Lissa）① 就是一个警告，它告诫我们：在进行登陆作战时，即使是一支弱小但完整的敌方舰队被漏掉了，也可能会导致非常可怕的后果。在这次海战中，奥匈帝国在波拉港（Pola）② 有一支小舰队——

> 要攻占利萨岛，绝对需要首先重创这支小舰队。无论是梅迪纳-西多尼亚（Medina-Sidonia，西班牙舰队司令，他也想同时完成两项任务），还是佩尔萨诺海军上将（Persano，意大利舰队司令），都没有足够的海军兵力去同时执行双重任务：瘫痪敌防御舰队和掩护己方登陆作战。他们甚至还都企图堂堂正正地行动，结果都遭到了惨败，真是活该。③

通常来说，大多数海上战略家都认可这个逻辑。比如马汉总结道："如果不能在足够的时限内保持海军优势，就不应该尝试开展大规模的跨海作战，这应当作为一项原则去遵守。"④ 但也许需要强调的是，马汉这里谈论的并不是"绝对"制海权，而是在时间、空间和程度上都受到较大限制的"有效"制海权。科贝特进一步强化了这个观点。"在彻底打败敌方海军之前，连一个营的兵力都不能向海外调动"——他认为对持有这种荒唐观点的人"应当处以绞刑"。行动所需要的制海权的程度，取决于既定决心的抱负有多大，以及可能面临的困难有多少。

---

① 译者注：利萨海战是蒸汽铁甲舰队的首次大海战，开启了一个崭新的海战时代。此战对海战战术的发展产生了重要影响。1866 年 7 月 18 日，为夺取奥匈帝国在亚得里亚海的海军基地利萨岛，意大利海军以 11 艘铁甲舰为主力开始实施登陆作战。7 月 20 日，以 7 艘铁甲舰为主力的奥匈舰队对意大利舰队发动攻击。结果是兵力占优但缺乏训练的意大利舰队损失了 3 艘铁甲舰，包括旗舰"意大利"号被撞沉，人员损失 1000 余名。

② 译者注：波拉港距离利萨岛约 165 海里。

③ Colomb, P. (1899) p. 129.

④ Mahan (1911) p. 218, emphasis added.

1940 年德国进行的挪威登陆，就是一个很有意思的验证：到底多小程度的制海权就能够满足需要。在斯卡格拉克海峡（Skaggerak）的狭窄海域里，德国的确取得了相当程度的海上控制权，但在稍北一点的海域，他们的控制程度就大打折扣了。雷德尔海军元帅把全部信心寄托在作战行动能够完全地出其不意，以及德国空军有能力应对盟国随后的所有反击行动。后一个有利条件在拿破仑和德·简维尔亲王（Prince de Joinville）的作战方案中不曾有过。尽管如此，整个作战行动依然非常危险，雷德尔也公开承认，"此次行动违背了海战理论的所有原则"，因为它是在英国海上霸权的尖牙利爪之下进行的。[1] 绝大多数海上战略家可能都会赞同雷德尔的观点。但科贝特对"利用突然性夺取暂时的局部制海权的可能性"表示怀疑，究其原因，是"没有看到……陆上战略与海上战略的本质区别"[2]。一致的观点似乎是，既然两栖作战特别容易遭到敌方反击，在所需的制海权程度不甚明确时，最好是确保超出常规的安全余度。

正如我们所知，两栖作战所固有的脆弱性，是科洛姆对他早期版本的"存在舰队战略"如此坚信的主要原因。尽管许多战略家认为他夸大了劣势舰队的威慑作用，主要原因是他过高估计了进攻方对于制海权的需求程度，但大多数人仍然赞同以下观点：保卫本土免遭外敌入侵的最好的、最可靠的手段，还是阻止敌人获得必要的制海权，同时最好保持住自己的制海权。克拉克和瑟斯菲尔德指出："只要我们的舰队能够保护我们，对真实入侵的恐惧就是纯粹的胡思乱想。"[3] 虽然空军的出现似乎正在日益剥夺海军的传统防御功能，但这绝不意味着上述战略原则已经过时了，这仅仅表示需要不同的军种来实施这些原则。事实上，正如我们所知，"要塞舰队"思想对传统观念的挑战要比这个大得多。

现在让我们转入下一个问题：制海权对于攻击或保护航运的必要性。科洛姆显然认为，实施贸易战的前提条件和行使制海权之间联系的紧密程度，要比实施对陆作战松散一些。他明确指出，适用于争夺制海权的兵力，在保

---

① Raeder, report to the Führer, 9 Mar. 1940, Führer Naval Conferences.

② Corbett (1910) p. 41.

③ Clarke and Thursfield (1897) p. 54.

护商业航运时可能毫无用处。保护商业航运极其困难，因为对商船的攻击"在历史上就与制海权几乎，或者根本就没有关系"①。

科洛姆在讨论英荷战争时，概括了那些制海权与保护（或攻击）航运之间相互联系的传统观点。他指出：

> 也许在海上只有一系列单纯的伟大海战，没有商船的因素纠缠其中，舰队为夺取制海权而战，制海权仅仅是实现目标的一种手段而已。对制海权的胜者而言，这个目标就是自由之海，就是有实力捕获、消灭或者干脆切断败方的商业航线。②

英荷战争似乎可以证明，制海权对于成功地保护贸易至关重要。荷兰经常发现自己要同时完成两项任务，而从理论上讲应当是夺取和保持制海权在先。英国也经常搞砸这种平衡。比如，罗斯基尔就指出，在1652年9月的肯蒂什·诺克海战（Kentish Knock）之后，英国"犯了一个严重的错误——把舰队中相当一部分兵力派往地中海去执行护航任务，这就使得荷兰重新掌握了在英国本土海域的制海权"③。只有在安全且永久地保持制海权的情况下，才可以分散兵力，在直接保护商业的行动中行使制海权。不但如此，行使制海权的兵力实际上与夺取制海权的兵力是不同的。但即使如此，一般来说，护航兵力的成功主要依赖于主力舰队所提供的掩护。

也许更加出人意料的是，"有效制海权"常常被认为是成功地打击敌人航运的关键。马汉用最不容置疑的语气写道：

> 制海权，不是去捕获几条运输船或者商船——尽管这样多少可以削弱一个国家的财力。制海权，应当是独霸海洋的实力，把敌人的舰队逐出海洋，或者只允许他们以逃亡者的身份出现；通过控制广阔的公海，切断敌人从事海上贸易的快速路（highways）。这种独霸的实力，只有伟大的海军才能用得好。④

这个观点被许多人，甚至包括法国青年学派所接受。比如，德·兰纳桑

---

① Colomb, P.（1891）pp. 32-33, 212.

② Colomb, P.（1891）pp. 256-257.

③ Roskill（1962）p. 34.

④ Mahan（1890）p. 138.

写道：

> 在大多数军官看来，如果我们没有战列舰舰队，或者我们的战列舰
> 舰队不够强大，不足以在我国近海海域与敌人争夺制海权，那么，我们
> 必将被迫放弃所有关于实施劫掠战的主张。[①]

然而，正如我们很快就会看到的那样，总有怀疑论者，不愿意承认消灭
或牵制敌方的主力事实上是破交作战取得成功的前提条件。

至此，我们已经简要地探讨了海上战略家们关于如何夺取制海权，以及
夺取制海权的关键要点。接下来，我们将转到他们关于行使制海权的正确方
式这个问题上来。

---

① de Lanessan（1903）.

第六章

行使制海权

一、 对岸作战

实施对岸作战或者击败对岸作战，是行使制海权和利用海洋的两种主要方式。由于在海上战略中缺乏一个连贯的术语，利用海洋的此种方式受到了不利影响。多种矛盾的词语和定义，相互竞争以争取支持：两栖作战，联合作战，陆海联合作战，对岸投送力量，跨海突袭和跨海攻击，从海上进攻敌人本土，等等。所有这些概念各有优劣之处，但没有一个能够得到广泛的认可。在这种情况下，后果也许不像"海权"或"制海权"称谓的争论那样严重。尽管这个称谓仍在争论之中，但对于它所表达的含义还是有共识的。就像"莎士比亚玫瑰"① 一样，不管如何称呼它，至少闻起来的香味都是一样的。

对岸作战所涉及的内容很广泛，按照规模来说，大规模对岸作战包括从海上攻击到征服敌方领土，小规模对岸作战包括轻微的袭扰和舰炮轰击。这些作战行动在作战目标、作战力量和对战争结局的影响等方面，差异巨大。

利用海洋实现对陆地的征服，是上述所有可能之中最具雄心的一种，正如戈尔什科夫所指出的："战争目标主要通过占领敌方领土得以实现。"他接着写道：

> 打赢海军对岸的作战，其效果要比打赢海军对海军的作战更明显。因为前者直接完成了"占领领土"的任务，而后者只是为下一步解决领土任务创造了前提条件。②

或者，正如布罗迪更为简洁的观点："海军作战之所以重要，主要原因在于它们对于陆上作战的影响。"换言之，既然从根本上来说战争就是为了争夺

---

① 译者注：出自莎士比亚的名著《罗密欧与朱丽叶》中的名句——"玫瑰即使换了一个名字，也依然芬芳如故。"

② Gorshkov (1979) p. 214.

领土，那么实施对岸作战的能力，应当被视为海军艺术的总的巅峰。[1]

只有通过这种方式，海军才能够巩固在海上业已取得的胜利果实。19 世纪初，俄国海军为支援希腊抗击土耳其而出兵干涉时，很快就发现无法快速输送足够的兵力登陆，这极大地降低了海军整体行动成功的价值。俄国人的经验表明，海军力量往往需要上岸才能发挥决定性作用。一旦上岸，海军对于战局的影响，将成为左右战争结局的关键因素。

1947 年，美国海军五星上将尼米兹在写给海军部长的报告中，着力强调了这个问题的重要性：

> 战争的最终目标是摧毁敌人的作战能力和战斗意志，从而迫使其服从胜者的意愿。过去，这种屈服是通过陆上和海上的各种力量不断施加压力得以实现的，在两次世界大战期间，空中力量也加入其中。通过真正的物质占领达成绝对控制，压力的最佳效果才能展现出来。这种最佳效果只能在陆上获得，因为物质占领在陆上能够得到巩固和保持。经验表明，某种形式的攻击，或在敌邻近海域及其上空进行，或在敌本土进行，对于取得战争决定权是非常必要的；但对于攻占一个国家的首都或其他核心区域，这种攻击有时却并非必要。然而，必须对敌领土、领海或领空实施充分的攻击，才能确立胜利者的毁灭性潜能，引发敌人的绝望直至他们屈服。对日本的实力削弱就是一个恰当的例证。

当然，不仅大多数海上战略家认可这个观点，而且有更多的陆权战略家也愿意接受。地缘政治学派始终坚持认为，海权国家无法打败陆权国家，即使海洋强国试图登陆上岸也办不到。一个国家无论在海上有多么强大，都很难打败另一个幅员辽阔、相距甚远、海权难以在其大部分国土产生作用的国家。英国在美国独立战争中的失败，就向世人充分展示了这种困难。并且，这次战争中英国并没有面对大陆联盟，仅仅是面对了敌对的海洋联盟。[2] 从英国 1588 年击败无敌舰队的海战和 1805 年特拉法尔加海战中，我们也可以汲取同样的教训。在这两个史例中，英国在海上取得了辉煌的胜利，但其效果

---

[1] Brodie（1965）p. 153.

[2] Kennedy（1976）p. 114.

因陆上战略形势的变化而迅速消退。只有凭借与盟国的伟大合作，英国才有能力打败拿破仑——制海权和两栖作战是不够的。在更早的英西战争中，把海战胜利转变为战略胜利这项任务完全超出了英国的能力范畴，有没有盟国都是如此。

许多战略家，甚至是那些海上战略家，都认为这些困难更大的可能是增加了，而非减少了。比如，里奇蒙德在1934年写道：

> 一个拥有强大的现代化军力的国家，在试图利用海洋发动攻击时，即使在海上没有抵抗，也可能因难以实现而不得不放弃。在面对任何一个现代国家的军队时，进攻方能够投入的兵力永远不足以发动一次海上攻击。[1]

如果这个观点是正确的，那么未能赢得战争胜利的对岸作战将比过去更为少见。

但是，对岸作战仍然非常关键，只不过是在一个低一点的层次上而已。戈尔什科夫认为，第二次世界大战表明，"即使是在与大陆敌人的战争中，海军依然扮演着重要的角色"。他进一步补充道："我们的海军军事科学已经形成共识，战争结局在陆上决定，因此海军在战争中的任务服从于地面部队的任务所需。"[2] 这对于东线战场（Eastern Front）的双方海军来说都是正确的。陆上作战需要海军提供火力支援，输送登陆部队，击败敌方的海上和内河兵力，协助陆军渡过江河，运输后勤物资，以及破坏敌人的海上交通线。这些任务绝不是什么新任务。在历次此类陆上战役中（作战初期需要从海上运送攻击部队或者存在海上战线），海军的这些任务都是传统内容。据说威灵顿曾就半岛战争（Peninsular Campaign）[3] 发表过如下意见："如果谁想知道这次战争的历史情况，我会告诉他，是我们的海上优势赋予我保持军队战斗力的能

---

① Richmond（1934）p. 173.

② Gorshkov（1979）p. 3.

③ 译者注：半岛战争是拿破仑战争中的一次重要战争。交战双方是法国对阵英国、西班牙和葡萄牙联军，交战地点在伊比利亚半岛。战争从1808年法军占领西班牙开始，持续至1813年法军全部退出西班牙。威灵顿趁势追杀到法国南部，成为反法联盟中第一支攻入法国境内的部队。半岛战争牵制了法国大量的兵力，并造成了法国大规模的兵力损耗，加速了拿破仑的最后失败。

力，而敌人却无法做到这点。"① 戈尔什科夫认为，海军的这种贡献至关重要，它证明了即使在与大陆邻国发生战争时，也应当保持一支相当规模的海军。

从海上突击具有牵制作用，如果用好了就能够产生重要的战略影响。科贝特在论述七年战争时，对这种可能进行了最为深入的探讨。他对突袭以及他称之为"非常规打击"的作战样式特别感兴趣，"非常规打击"的作战规模和作战意图都反映了牵制作战的目标。这两种作战都是"打乱敌人计划、加强盟国实力和我们自身地位的一种方法"②，而不是为了永久占领、守住大片敌国领土的真正进攻。实施真正的进攻非常复杂，需要集结大量的兵力（有时会超过 5 万人），因而"失去了快速、隐蔽、突然的优点……加上其固有的弱点"，使得真正进攻的执行困难重重。③

与之相反，对岸作战的目标是"保持在联合远征作战中的力量，以及舰队的恰当运用能够对大陆性战略施加骚扰性影响"。科贝特指出，通过持续不断地对法国大西洋沿岸进行有威胁的突袭，英国海军迫使法国将大量兵力驻扎在各个薄弱地区，极大地限制了法国在威斯特伐利亚（Westphalia）与普鲁士的作战。即使是 1757 年处理不当的罗什福尔（Rochefort）事件，也造成了法军精锐部队向西开进而不是向东。④ 实际上，这种战略是否具有科贝特断言的那种牵制作用，是存在疑问的，但是这个观点在此前和之后都为大家所熟知。一连串的这种突袭，激怒了当时正在集中精力指挥奥地利战役的拿破仑："英国在唐斯（Downs）的运输船上的 3 万人，就能够牵制我 30 万大军，这将把我们削弱到二流国家之中。"⑤ 像英国这样的海权强国，正是通过此类方式产生了远远超出其军队规模的战略性影响。

然而海洋学派提出，如果对岸作战不是针对敌方大陆沿岸的薄弱点，而是针对其最能赚钱的殖民地和海外基地的话，这种作战的灵活性将会收效更好。1801 年 3 月，陆军部长亨利·邓达斯（Henry Dundas）指出："我认为，

---

① Quoted by Rear Adm. T. Byam Martin in dispatch to Lord Keith, 21 Sep. 1813. Naval Records Society, vol. xii, p. 409.

② Corbett (1918) p. 51.

③ Corbett vol. ⅰ (1907) pp. 207-208.

④ Corbett vol. ⅰ (1907) p. 228.

⑤ Quoted in Brodie (1965) p. 155-156.

在英国能够参与的几乎每一场战争中，攻击敌人殖民地的战术都应当是首选。"① 这类作战行动可以为多重目的服务，可以帮助大英帝国拓展疆域，特别是在最具竞争力的对手在欧洲大陆陷入死战时更是如此。布罗迪指出，这个策略"清晰地阐明了英国作为一个陆军始终较弱的小国，是如何击败那些军事强国，成长为一个拥有地球上一部分最理想地域的帝国的"②。

此外，就实际打赢战争而言，对岸作战可以大大削弱敌人的财政收入——这显然是战争能力的重要组成部分——并破坏敌方可用的海军和私掠船基地。对于这类作战行动的战略用途，始终存在争议。马汉表示支持，而里奇蒙德则反对。里奇蒙德写道："我们现在可以看到，这类作战行动对整个战争进程并未产生期盼的结果，联军如果在欧洲某一战线上做出同样的努力，收获将会更大。"③ 尽管如此，在整个殖民时期，这种两栖作战仍然是欧洲战争的一个突出特点。

对岸作战还可以为其他一些小目标服务。有时，对岸作战主要是为了占领一些地区，以便在随后的谈判中作为讨价还价的筹码；有时，对岸作战是为了鼓舞己方士气，并打击对方士气。炮击敌方海岸也常常归入此类行动。有些人把彻底摧毁某个关键点作为行动目标，而另一些人则把短时的集中炮击视为令人讨厌之事。

最近，两栖作战通常是为了实现海军的目标：攻占、摧毁或瘫痪敌人的海军基地，或者阻止敌人获得基地。在 18 世纪，两栖作战的更大目标，有时是为了迫使对方（通常是法国）准备陆上作战，从而降低其海上的威胁。纽卡斯尔公爵（Duke of Newcastle）指出："当无陆上之忧的时候，法国就会在海上胜过我们。所以我始终坚持认为，我们的海军应当保护我们在欧洲大陆的盟国，这样就会分散法国的资源，使得我们在海上能够继续保持优势。"④ 最后，正如科贝特所指出的，这类作战行动有时是逼迫勉强之敌出海应战的一种手段。沃尔夫将军曾制定了这样的计划，科贝特对此评论道：

---

① Quoted in Richmond（1946）pp. 338-339.

② Brodie（1965）p. 155.

③ Richmond（1946）p. 340.

④ Quoted in Richmond（1946）p. 117.

这个想法绝对正确。作为一种战略手段，这个计划非常清晰，非常有力，非常适合我们的特定资源。唯一让人惊讶的是，它极少付诸实施。有多少次我们因为敌人的海军采取守势而头疼，但我们却极少明确而果断地采用这个找到敌人舰队并消灭之的简单办法。[1]

在第一次世界大战初期，英国就是抱着这个想法，采取各种不同的方案攻击德国的海岸；而德国也采用了与之类似的方案，突袭英国的东海岸。

不管目标是什么，取得对岸作战的成功都是非常困难的，因此海上战略家们对此提出了许多建议。他们（科贝特亦是如此）要求，至少应在相关海域"保持适当的海军兵力优势"。罗斯基尔指出："很显然，在登陆区周边及其附近海域建立起一个充分有效的海上控制区，是确保对岸作战行动取得成功的绝对的先决条件。"[2]

海军的任务是在登陆部队海上航渡时实施"掩护"，以防止敌主力舰队实施截击。[3] 如果护送是首要任务，那么这种"掩护"应当是"充分的"；如果护送不是首要任务，则"掩护"可能只是"基本的"。"护航中队"应保护登陆部队免遭局部的和小规模的攻击。通常认为，把这项功能区别清楚是十分必要的，掩护舰队必须拥有一定的遂行独立海军行动的自由。佩萨诺上将在利萨海战中的惨败，对于那些忽视这个原则的人来说，就是一个实例的教训。科贝特写道："当奥地利舰队出现时，佩萨诺却无法及时地派出足够的兵力前出迎击，因为他手里没有适合实施独立海军作战的精干兵力，于是他被劣势敌人彻底击败了。"[4]

输送、卸载陆军兵力，为其提供军事支援和后勤补给，都需要高水平的军事训练和作战准备。要完成这个专业性强、要求高的任务，无论是人员技能还是装备性能，都不可能一蹴而就，这可以算是经验之谈。对于此类行动的指挥官来说，这个经验当然也适用。里奇蒙德指出，深谋远虑是极其重要的。"事先考虑不周，往往导致远征作战因缺乏一些必要手段而受挫，有时甚

---

① Corbett vol. i （1907）pp. 269-270.
② Roskill （1954）p. 11.
③ Grenfell （1937）pp. 28-29.
④ Corbett （1918）p. 269.

至导致失败。比如缺乏登陆作战的火力支援舰艇，运送陆军的船只数量不足，缺乏正确设计的登陆艇，缺乏当地的地图、海图以及气象资料，等等。"[1]

远征作战应当避免军种之间内耗的"腐蚀性因素"（corrupting blight），这点特别重要。科贝特认为，陆军和海军"应当像一个大脑的两片脑叶那样，既各自独立、严格地按自身规律运行，又密不可分；拥有协调一致的脉动，而不是各行其是。"最重要的，也许是"下达命令的人和指挥作战的人，都应该非常清楚他们所要追求的目标"[2]。

马汉指出，只有能够确保本土安全的国家，才有能力从容地发动两栖作战。海军基地应靠近战场，这非常必要。[3] 作战的突然性和速度也非常重要，因为如果敌人知道了登陆地点，就能够及早进行增援，这将使得进攻作战不可避免地暴露于危险之中。海军在这方面可以发挥作用，它可以在不同地点进行佯动和精心策划的欺骗，让敌人陷入犹豫不决直至最后一刻；它也可以帮助陆军避开敌人的锋芒。总而言之，隐蔽、深谋远虑和目的明确，极其重要。

这些取胜的必要条件，在缺少时反而能看得最清楚。里奇蒙德认为，在1915 年的达达尼尔战役中，多个这样的条件得以非常明显地展现出来：

> 牵制作战遭到重挫……老战略家们坚信的关于国家武装力量运用的每一条原则，以及战术家们运用的每一项战术，都被推翻了。陆上战役取代了牵制性的两栖作战行动，军舰被用来攻打和占领堡垒，隐蔽被抛到了九霄云外，灵活机动变成了龟速集结。如此一来，给了敌人充分的预警时间和针对性调整部署的时间……这次行动从一开始就应该是一次"两栖作战"，但一开始就违背了过去所有的经验教训，最终变成了一场灾难。[4]

在第二次世界大战即将开始时，达达尼尔战役的惨痛教训，加上对 1917

---

① Richmond（1941b）.

② Corbett vol. i （1907）pp. 218-219.

③ Mahan（1911）pp. 200，205.

④ Richmond（1941b）.

年德国在波罗的海奥伊塞尔岛（Oesel）和其他几个小岛①非常成功的登陆作战的忽视，让大家形成了两栖作战非常困难的普遍共识。当时人们普遍认为，潜艇、水雷和飞机的出现，大大增加了登陆作战的风险。作战规模越大，这种观点就越正确。内燃机的使用和陆上通信的极大改善，似乎也加强了防御者抵抗进攻的实力。

尽管如此，正如布罗迪所看到的，"在第二次世界大战中出现了一系列从海上发起的攻击，其规模之大前所未见"②。戈尔什科夫的统计结果是，在二战中总共发生了 600 次登陆作战，平均每三天就有一次。而且，几乎所有的登陆行动都成功了。

这些登陆作战可分为两种类型：一类是具有重大战略意义的大规模登陆作战，如挪威登陆、日军在菲律宾和东印度群岛③的登陆、地中海登陆、诺曼底登陆，以及太平洋战争中的一连串登陆作战；另一类是难以胜数的被戈尔什科夫称为战术级行动的登陆作战，如在欧洲东线战场的登陆。综合来看，各种形式的海军支援行动的确对战局产生了很大影响。德国海军上将卢格（Ruge）指出："海权在封闭的黑海和亚速海（Sea of Azov）④ 的运用，对于陆上作战产生了相当大的影响，使苏联免于彻底失败。"⑤

两栖作战的效果超出了战前的预期，原因是多样的。在战争中，交战双方多被辽阔的海洋隔离，这种战略环境显然需要实施大量的两栖作战。新的海军攻击手段增强了进攻者的力量，对陆上防御者造成了前所未有的严重威胁，尤其是在航空兵出现以后。海军上将尼米兹在 1947 年的报告中写道：

> 两次世界大战之间海军航空兵的发展，为海军提供了更加灵活、作战半径和突击威力也大大增强的打击手段。航空兵是我们太平洋进攻的

---

① 译者注：这几个岛屿属于西爱沙尼亚群岛，奥伊塞尔岛是其中的主岛，归当时的俄罗斯所有。1917 年 10 月 12 日，德国集中海陆空兵力在奥伊塞尔岛的 Tagalaht 实施登陆，经过激战打败了俄罗斯守军，于 10 月 20 日全面占领该群岛。

② Brodie (1965) p. 157.

③ 译者注：东印度群岛是 15 世纪前后欧洲国家对东南亚盛产香料的岛屿的泛名。这里的"东印度群岛"主要是指印尼的苏门答腊岛和爪哇岛。

④ 译者注：亚速海是东欧的一个陆间海。西北临乌克兰，东临俄罗斯。南临刻赤海峡，与黑海接壤。亚速海是世界上最浅的海，平均深度只有 8 米，长约 340 千米，宽约 135 千米，面积约 3.76 万平方千米。

⑤ Ruge (1979) p. 77.

先锋。首先，它扫清了日本海军在海上的所有抵抗。接着，它又成为进攻关岛、塞班岛和硫磺岛（Guam, Saipan and Lwo Jima）的第一波突击兵力……海军航空兵在所有作战行动中的运用，充分展示了海军的这种能力：在任何需要的地点集中足够的飞机，在战场上碾压敌人的抵抗。这些行动表明，海军航空兵比其他任何兵力都更有能力充分贯彻机动原则和集中原则。[1]

二、　抗击入侵

在 19 世纪的英国，陆军和海军在抗击入侵时的各自任务，始终是一个长久而富有争议的话题。关于这场争论的过程和结果，我们在前面已经提到了。[2] 简而言之，陆军认为，在防御作战中海军基本上不靠谱，这意味着国家必须沿着海岸线建立强大的防御力量。沃尔斯利（Wolseley）将军在 1896 年这样评述道：

> 我知道，没有什么比浮在水面上的东西更易遭遇灾难和危险的了。我们经常看到，在风平浪静之时，我们最好的装甲舰却撞成一团；而暴风更是能吹散甚至几乎摧毁我们当时最好的舰队。因此，保持一支强大的陆军是非常必要的，其强大程度至少要能够确保我们沿海的安全。[3]

英国海军当然反对所有诸如此类的观点。他们坚信，并始终坚信，一支强大的舰队可以牢牢地控制英国周边海域，除了极小规模的袭扰之外，海军能够拦截并摧毁所有的外敌入侵。90 年前，圣文森特勋爵就曾断言："我不会讲法国人不会来，我只会说他们不可能从海上来。"[4]

---

① Nimitz（1947）.

② 参见第二章第三部分。

③ Quoted in Marder（1940）p. 65.

④ Quoted in Grenfell（1937）p. 43.

海上战略家提出怎样的体系，才算是有效的完善的海军防御体系？保持制海权（通过不断地追求决战决胜，或者通过封锁作战），是抵御入侵的第一道防线。对英国而言，没有任何敌人能够穿过英国舰队防御的海域，输送兵力实施登陆作战。另一方面，如果敌人掌握了制海权，就不需要再发动登陆作战了，因为处在这种逍遥位置的敌人，只需要破坏英国的海上航运就可以迫使英国投降，而且比入侵行动产生效果还要快得多。因此科贝特认为，入侵英国这样的国家，必然是在其基本丧失了制海权之后才会发生。在这种情况下，众所周知，可以恰当地运用"存在舰队战略"。一般来说，保持高层次的制海权，就可以从源头上制止敌人实施的入侵行动，从而保卫本国领土或任何海外属地的安全。

在许多情况下做到这一点的最好方法，是发动一系列的劫掠式攻击，就像德雷克在西班牙的无敌舰队出航之前做的那样。德雷克强烈要求，把这种战法"作为鼓舞陛下和臣民们发扬勇敢无畏精神的一种手段，不是惊恐于敌人的入侵，而是要到可能发现敌人的地方，去搜寻上帝和陛下的敌人……我们把 50 艘战舰用于攻击敌人的海岸，就能够获得比在本土使用更多战舰所获的战果还要多得多；我们去得越早，就能够越有成效地教训他们。"[1] 此后，德雷克在 1587 年对加的斯进行了一次非常成功的奇袭。

这种主动进攻的思想，与那些鼓吹所谓"要塞舰队"战略的观点形成了强烈的对比。后者曾经盛行过一段时期，特别是在海军弱小的国家，比如 19 世纪的意大利、美国，以及十月革命后的苏联。自 20 世纪 20 年代后期以来，苏维埃新学派很好地继承和发展了"要塞舰队"的部分观点。1930 年，苏联红海军第一政委穆克列维奇（Muklevitch）明确海军的战时任务："在战争中，海军应伴随陆军前进，不应该依据日德兰海战总结的经验教训来指导我们的行动，因为与敌舰队在远海展开的作战并不能解决我们的问题，我们应当以水雷、潜艇和海军的飞机为主，打一场'小规模战争'（small war）。"

换言之，苏联的海军力量不应当集中于若干大型的作战平台之上，而是应当分散为大量的小型平台。在敌入侵兵力越靠近苏联海岸时，由这种小平

---

[1] Quoted in Custance（1907）p. 302.

台组成的"蚊子舰队"（mosquito fleet），就越能够对敌发起猛烈而残酷的打击。苏维埃新学派希望在新技术的支持下，按照全新的海上战略路线进行海上战争。新学派的领袖之一亚历山德罗夫（A. P. Alexandrov）[1] 用振聋发聩的语气发出号召："打倒制海权理论！"[2]

传统战略家对这种思想进行了严厉的驳斥。圣文森特勋爵在 1805 年指出："我们最大的信心，源自我们巡洋舰在海上的戒备与行动，任何减少海上执勤的巡洋舰数量并将其用于保卫港口、海湾和海岸的做法，我认为都将给我们带来灭顶之灾。"因此，他坚决反对这样的计划，即建立大量的由炮舰和小型近岸舰艇组成的防御型小舰队，用以支援岸上的"海防部队"。[3] 马汉也同样批评了这种削弱海军的观点，他指出：

> 在进攻作战中关于海军的正确认识，毫无疑问，应当聚焦在战列舰上，就像防御思想最后会聚焦在小型舰艇上一样。凡是把海军作为单纯的消极防御手段的做法，在实践中都被证明是错误的……海军的有效职能就是进攻。[4]

如果敌人不顾一切地强行通过尚未获得制海权的海域实施入侵，他们将面临两种选择：一是把所有兵力，包括战列舰舰队和运输船队，都集中在一起，必要时杀出一条血路；二是把上述两种兵力分开，用战列舰舰队诱开英国舰队，然后趁机派出运输船队。

不论是哪种情况，海军的任务都是阻止敌人"静静地驶向英国"。如何完成好这个任务，海上战略家们对此提出了许多建议。搞清敌方意图显然很重要，因此必须进行抵近观察（也许是实施封锁）。科贝特的建议是，阻止敌人的进攻，直至敌人感到"没有希望发动一次力所不及的作战"。与仓促进攻相比，这个方法可能效果更好。[5] 科贝特指出，可以肯定的是，"不管威胁我们的远征兵力是小规模袭扰性的，还是大规模入侵性的，英国舰队的主要目标

---

① 译者注：阿纳托利·彼得罗维奇·亚历山德罗夫，苏联科学院院长，三次社会主义劳动英雄，苏联原子动力学奠基人。

② Quoted in Woodward（1965）pp. 206-207.

③ Quoted in Bridge（1910）p. 269.

④ Mahan（1911）pp. 151, 293.

⑤ Corbett vol. ⅰ（1907）pp. 93-94.

都是敌人的运输船队，而不是护航舰队，这始终是我们必须遵守的首要原则"①。总之，科贝特相信，现代的情报速度，以及日益增长的抓住、消灭敌登陆船队和护航舰队的作战能力，至少能够让英国跟以前一样拥有在海上成功拦截敌人的机会。然而在两次世界大战之中，大多数登陆行动都安全抵达了目的地，只有少数几次在海上遭到了部分拦截（例如 1941 年的克里特岛，1942 年的珊瑚海和中途岛）。尽管如此，因为担心登陆行动遭到拦截，特别是在航空兵出现以后，许多两栖作战计划从一开始就被放弃了。

然而，绝大多数海上战略家都认为，有些登陆兵力可以到达目的地，特别是当他们只是小规模兵力时。因此，海军必须在近岸海域建立起第三道，也是最后一道防线。海军上将佩卢（Pellew）在特拉法尔加海战之前就曾说过：

> 我认为海军兵力应当由三部分组成：一支舰队在敌海岸附近游弋；另一支舰队由主力战舰构成，在唐斯枕戈待旦；第三支舰队在本土海岸附近，能够消灭在前两道防线中漏网的任何敌方兵力。②

陆军也将在第三道防线中发挥重要作用。

当然，如果敌人成功登陆并且巩固了滩头阵地，海军的任务也绝对没有结束。在这种情况下，通过袭扰敌人的海上交通线，海军可以阻碍敌人的任何机动，甚至迫其撤退。里奇蒙德就曾经列举过这样的例子："1592 年，丰臣秀吉率领日军侵入朝鲜后，朝鲜通过封锁日本陆军最终解救了自己。朝鲜海军切断了日军的海上交通线，通过海上封锁最终迫使日军退回了日本。"③ 传统的海上战略家相信，从所有这些史例中明显可以得出这样的结论：应把海军视为"英国的海上木墙"④（wooden walls of England），它是保卫英国或其他任何海洋国家的主要手段。

---

① Corbett（1918）p. 256.

② Quoted in Richmond（1930）p. 74.

③ Quoted in Richmond（1930）p. 24.

④ 译者注：在第三次希波战争中，强大的波斯占领了雅典，失败主义和投降主义在希腊城邦中蔓延。当时流传太阳神的一个预言：希腊的命运要靠木墙才能拯救。为了提振士气，希腊执政官地米斯托克利认为，木墙就是战船，希腊的未来在海上。他号召大家到海上利用萨拉米斯岛以东海域的有利地形，迎战波斯。在战斗中，希腊人充分展现了高超的指挥艺术和技战术水平，大败波斯舰队，一举扭转了战争走向，最终拯救了希腊文明。此战亦成为历史上著名的以少胜多的经典海战。因此，文中所述"海军是英国的海上木墙"，应当是引自这个典故。

三、 攻击海上交通线

对某一方通过海洋运送人员和物资的能力实施破坏或者支持的行动，往往是海上冲突的一个显著特点。在两次世界大战中，破坏敌方商业航运的作战样式频谱，包括从一个极端——对重要原材料优先购买权的破坏，到另一个极端——战略轰炸。虽然攻击敌海上交通线与所有此类作战行动一样，主要目的是破坏敌人的战时经济，但也经常采取更为直接的方式以支援岸上作战。苏联人针对德国陆军的海上补给线实施的作战，对东线战场的战争进程产生了明显的、积极的影响。

间接的经济性作战与直接的军事性作战之间的明确界线，也因为两栖作战常有的"经济性"目标而变得模糊不清，比如 18 世纪英国攻击法属西印度群岛和 1940 年德国入侵挪威。因此，最近有评论家指出，"海洋的军事利用和商业利用构成一个连续的统一体"①，精确区分各种不同的"海洋用途"，常常会显得勉强且无益。考虑到这个原因，攻击海上交通线的作战频谱，将包括从一个极端的商业封锁，到另一个极端的破坏陆军海上补给线。

在另一方面，劫掠战直接指向敌人的航运。它的拥趸们认为，战争无论如何总是与贸易相关。海军上将乔治·蒙克（George Monk）说道："无论出于何种考虑，我们想要的就是从荷兰人手中抢走更多的贸易。"因此在英荷战争中，攻击敌人的商船具有明显的实际意义。

不但如此，对于海军力量弱小的一方来说，采用这种作战样式非常合乎逻辑。事实上这种情况太多了，以至于科贝特得出了这样的结论："如果一方的战争计划是以摧毁贸易为基本目标，那么他在海上的实力肯定居于劣势。如果拥有海上优势，那么他的目标就应当是通过决战或者封锁，把这个优势

---

① MccGwire（1976）p. 15.

转化为有效的制海权。"① 正如弗雷德·T. 简指出的："采用常规战法,弱势
一方将不可避免地迅速遭到失败,而采用劫掠战则可以大大延长作战时间,
并清楚自己在被击沉之前将给敌人造成一定的损失。"若干年后,德国海军上
将希佩尔用自己的论述准确回应了上述观点:"使用战列巡洋舰在大西洋上进
行巡洋战,仍然是运用我们的公海舰队打击敌人,进而证明自我存在价值的
方式之一。"②

劫掠战最著名的战例之一,是 1693 年法国对驶往士麦那 (Smyrna)③ 的
庞大运输船队的攻击。法国之所以采取这个策略,是因为拉乌格海战④的失败
挥霍了夺取充分制海权以入侵英国的良机(远海作战的失败会导致胜方的商
业航运安全面临更多的威胁,没想到这种模式竟然变成了普遍现象)。巡洋舰
和私掠船组成的法国突袭舰队,在诸如敦刻尔克之类的港口海域,给英国的
航运造成了巨大损失。劫掠战的代表人物,如著名的琼·巴特、福尔班、迪
盖-特鲁安 (Jean Bart, Forbin, Duguay-Trouin),以及后来的叙尔库夫 (Surcouf)
确立了法国海军的某些传统。这种思想后来在法国青年学派的理论中也得以体
现,而且以某种变形形式被许多弱小的海军所采用,如 19 世纪的俄国海军和 20
世纪的德国海军。

破交作战的目标,通常是给敌人造成破坏而不是使其经济崩溃。攻击商
业航运除了会摧毁高价值物资等造成有形破坏之外,还会推高海上保险费用
和运输费用。这将迫使受害方减少部分商业活动,允许中立国取代其位置,
从而伤害其远期贸易前景。总之,劫掠战将减少支持战争的财政收入和国家
信誉。既然存在马汉所谓的"战争命脉"(sinews of war),那么破交作战就能
够产生相当大的战略意义。正是这个原因刺激了英国,使其在 16 世纪攻击西

---

① Corbett (1918) p. 236.

② Jane (1906) p. 145; Hipper quoted in Philbin (1977) p. 77.

③ 译者注:士麦那,即今天的伊兹密尔,是土耳其第三大城市,位于土耳其西部,人口 300 万,是爱琴海沿岸的主要港口城市。

④ 译者注:该处原文为 Hogue,但在 153 页第二段用的是 La Hogue,因此判断这里也应为 La Hogue。此战是大同盟战争中的决定性战役,交战海域位于法国瑟堡半岛西北端的拉乌格角,时间是 1692 年 5 月 29 日至 6 月 4 日。路易十四为征服英国,决定集中法国舰队主力,掩护登陆船队横渡英吉利海峡在英格兰南部登陆。但因法国的轻敌和情报泄露,英国和荷兰得以组成了强大的联合舰队。经过激烈的战斗,联合舰队赢得了胜利,法国损失了最精锐的 15 艘主力战舰,再无实力挑战英国的海上霸权。此战后,法国只能用劫掠战来争夺部分制海权。

班牙的运金船队，在 17 世纪和 18 世纪攻击法国的运输船队。里奇蒙德写道：

> 大家一致认为，阻止西班牙从新世界获得财富，能够有效地削弱波旁联盟的战争力量……毫无疑问，英法两国一致认为金银是关键的战争原材料。[1]

然而，技术发展似乎使得海洋国家比过去更加依赖海外供应，因此也就更经不起敌人对海上交通线的袭击。与此同时，飞机和潜艇的出现提高了攻击的杀伤力。对于实施劫掠战的一方来说，不仅可以造成对手的经济损失，而且造成对手经济崩溃和大饥荒都是有可能的。在两次世界大战中德国对英国的作战，第二次世界大战中美国对日本的作战，都有这个目的。

更传统的海上战略家们通常比较怀疑此种观点。科贝特就批判过霍金斯关于对西班牙作战的观点，认为这种观点"通常是致命的，但又经常以战略新发现的名义复活，海战将遵循经济规律，不必先夺取制海权，只要掠夺其商业就可以迫使一个大国屈服"。同样，马汉也没有被商业毁灭论者在英荷战争中的努力所打动。他认为，如果没有适当的支援，"巡洋舰能在距离本土不远的地方匆忙作战，这种打击虽然令人痛苦，却不能致命"。拉乌尔·卡斯泰对法国青年学派的观点痛加驳斥，这很值得关注。他认为，劫掠战需要得到其他的军事支援才能发挥决定性作用，单靠舰队自身的力量，所有针对交通线和商业的攻击都难以成功。1914—1918 年，德国潜艇的破交作战就是因为没有水面舰艇的支援而失败。水面霸主将始终主宰关键的海上交通线，除非伴随水面作战行动，潜艇才能使制海权处于争夺之中，否则潜艇无法战胜水面舰艇的数量优势。关于德国在第二次世界大战中的潜艇战，戈尔什科夫持有完全相同的观点。[2]

在质疑劫掠战的多种理由之中，有种观点认为，用劫掠战去谋求胜利是根本无法接受的野蛮行为，在潜艇时代更是如此。德·兰纳桑声称：

> 这些人忘记了自己国家将会面临怎样的报复！除非在最严厉的命令之下，否则我们有愿意干这种恶心事的舰长吗？难道我们有不顾国家荣

① Symcox（1974）pp. 221-233；Richmond（1953）pp. 352-353.
② Corbett（1898）pp. 129, 335；Mahan（1890）pp. 132-133；Castex vol. iv（1939）pp. 113-114, 285-344；Gorshkov（1979）p. 120.

誉和国家利益而下达这种强制命令的部长吗?[①]

除此之外,持怀疑态度的人们还可能认为,海洋大国拥有巨大的海上资源,只有最坚韧的持久破交作战才有希望获得成功。大规模作战当然最需要大量的战列舰支援。马汉写道:

> 当一个国家的财政和产业仅集中在几艘运宝船上,就像西班牙的风帆舰队那样,也许一次打击就可以伤到它的战争命脉;但是当它的财富分散在数千艘来来往往的船只上,并且这个系统的根基扎得既广又深时,它就能经得起多次的残酷打击,即使损失许多漂亮的枝干也不会危及生命。只有通过掌握军事上的制海权,延长对战略性商业中心的控制,这种攻击才能致命;要从一支强大的海军手里夺取控制权,就只有与之战斗并战而胜之。[②]

科贝特亦支持这一观点。

两种观点针锋相对,争论仍在继续。在海上战争中,劫掠战能够得到的常规作战支援越多,成功的希望也就越大,这绝不是偶然的巧合。拉乌格海战后的劫掠战效果显著的原因之一,就是法国实施了"存在舰队战略",这个战略同时也阻止了英国在面对法国破袭舰队时,分出兵力为商船提供充分的护航。

这个事例支撑了如下观点:在切断对方海上交通线的作战中,常规的海上作战事实上为其提供了最大的成功可能。马汉认为,这个目标很容易实现,只要"在海上掌握了压倒性的力量,这支力量就能够把敌人的舰队驱逐出海洋,或者只允许其以逃亡者身份出现"[③]。别忘了,是克伦威尔的主力舰队,而不是他的商业袭击舰摧毁了荷兰的贸易,从而让阿姆斯特丹的大街上杂草丛生。

强制性商业封锁,是摧毁敌人海上商业的最有效方式。马汉在其著作中写道:

> 在欧洲大陆毁灭的十年里,在所有的战争浮华之中,在法国陆军及

---

① de Lanessan (1903).

② Mahan (1890) p. 539; Corbett vol. ⅱ (1907) pp. 375-376.

③ Mahan (1890) p. 138.

其仆从对欧洲的肆意践踏中，不断蓄积着对法国命脉的无声压力，这种悄无声息的力量一旦被注意到，在海权作用方面必定给人留下最深刻、最有冲击力的印象。①

支持者认为，英国实施的商业封锁能够彻底摧毁敌人的战时经济；按照里奇蒙德的观点，商业封锁打击的是国家经济的根本，而零星作战砍去的仅仅是枝条。② 虽然商业封锁是一种最有效的战争形式，但通常被认为比单纯的掠夺要人道得多。基于这两方面原因，必须允许海洋强国保持他们以此种方式干预敌人航运的传统权力。海上战略家们担心本国政府可能忌惮于劫掠战的警告，会同意把所有打击贸易的作战行动都视为非法。因为这种作战行动不如远洋大战那样引人注目，于是在政治家和选民中产生了忽视商业封锁重要性的倾向。科贝特指出，事实上通过执行这一策略，"我们就是在实施制海权所能赋予我们的打击敌人的最好方式"③。

上述论述表明，英国对拿破仑实施的商业封锁，的确对法国的战时经济造成了决定性损害。毫无疑问，英国在第一次世界大战中的商业封锁，也是此类封锁中最有效的一个。伯纳德·阿克沃思指出："四年来所有的德国商船都被赶出了海洋，前所未有地向全世界展示了海权最令人震惊的作用。"④ 德国与外部世界的进出口贸易通道被堵塞，到1918年时对外贸易下降到仅有1913年的七分之一。德国国内出现了严重的物资短缺，海军学者在描述封锁效果时不吝其辞。拉塞尔·格伦费尔写道："据说，德国人意识到德国崩溃了，不是因为他们厌倦了吃老鼠，而是因为他们再也无法忍受老鼠肉的替代品了。"⑤ 民众贫困、秩序丧失、军事崩溃，随之而来的是可怕、冷酷的最终战败。当时的德国人肯定极少意识到，英国的封锁才是造成他们灾难的主要原因。

之所以难以检验这些观点的正确性，是因为第一次世界大战中的封锁效

----

① Mahan vol. ii （1892）p. 184.

② Richmond （1930）p. 56.

③ Corbett （1918）p. 166.

④ Acworth （1930）p. 56.

⑤ Grenfell （1937）p. 45.

果与其他一些事情纠缠不清。比如，德国的食品短缺通常被认为是英国海军所致，事实上大部分原因是，青壮年去了前线而导致农业生产被忽视了。商业封锁的效果明显是一个程度问题，它取决于多种因素：被封锁国对外部物资的依赖程度，生产本国代用品的能力，中立国的态度，与陆上其他国家的通道情况，能够利用地理条件实施封锁的程度，冲突的时间长短。如果条件得当，如在1914—1918年对德和二战中对日的类似作战中，商业封锁的确为胜利做出了实质性贡献。即便如此，德国却仍然有能力在1918年春季发动大规模的攻势，而且差点就取得了成功。这个事例说明，尽管封锁的效果很好，但封锁仍然无法一锤定音。在第二次世界大战中，对德封锁的效果更加糟糕，这表明陆权强国能够保障自身在相当程度上不受海权强国的影响。

在本节中，到此为止，破坏海上交通线都是被作为目标来论述，但是持不同观点的海军学者认为，破交也可以被作为实现其他目标的一种手段。比如，攻击敌方贸易能够作为保卫自己贸易的一种手段。或如科贝特所言，破交还可以成为海权强国在遥远地区打一场有限战争的先决条件，在这些被海上隔绝的战场上，敌人因无法得到增援而难以扭转战局。当然，破交也可以作为一种迫使消极防御之敌出海作战的手段。科贝特写道："这种压力，可能是迫使敌人进行决战的唯一手段。"[1] 在某些情况下，劫掠战也许是弱小海军充分"调动敌人"，从而有希望打败强敌的唯一手段。德·兰纳桑认为，"商业摧毁战可以作为一种海上战略手段，能够迫使对手把他们的舰船分散到世界各地，从而缩小敌我之间在欧洲海域的实力差距。"[2] 类似的这种观点，肯定启发了若干年后德国海军的多名统帅。

当然这些战略手段的最终价值如何，取决于它们所引导的其他海军行动的成败。尽管它们是间接的、有条件的，但是攻击敌人海上交通线所取得的战略效果，至少不会少于直接击沉的众多船只及其货物损失所带来的效果。

---

① Corbett（1918）p. 87.

② de Lanessan（1903）.

四、 保护海上交通线

马汉用瑞士著名战略家约米尼的名字命名了自己心爱的小狗，由此可以合理地推断，他应当跟约米尼一样相信"交通线主导战争"（communications dominate war）。马汉认为，利用海洋作为运输手段的能力，是"一个国家活力的真正根源"。尽管过了一段时间之后马汉修正了自己的观点，但他坚信"海军的必要性，源自和平时期海上航运的存在，并将随着航运的消失而消失"。对马汉和绝大多数海军学者而言，破坏和保护海上交通线是海上战略的核心。①

因为大家对海军最主要的职能存在争议，所以上述论断引发了大量争论，特别是新技术或新思想（正如法国青年学派的观点）的出现可能颠覆现有的全部思想和技术时，更是如此。关于保护贸易的斗争方式的公开辩论尤为激烈，给许多原本声誉良好的人带来了污点。

约翰·科洛姆因最早提出保护英国海上交通线的重要性而广受颂扬，但他亦因引入了"帝国的海上大道"（Imperial water roads）这个关于海上交通线的有害概念而受到诋毁。马汉当然也受到了谴责，甚至里奇蒙德也被波及，因为与其他任务相比，他们低估了保护贸易的重要性。即使是科贝特，这个清醒、沉稳的楷模，也偏离了直率而缜密的思路，含糊其词地反对起海上护航的观点。因此，至少在一定程度上，科贝特应当为一战时英国在保护贸易方面所犯的重大错误负责。② 总而言之，在和平时期讨论清楚保护贸易的问题，就像在战时执行好保护贸易任务一样，困难而危险。

然而批评家有时因热情过头而忘记了保护海上交通线是一种多维度的作

---

① Westcott（1919）pp. 16, 18；but see also Mahan（1911）p. 355-356.

② Respectively, Waters（1957）pp. 7-8；Schurman（1965）pp. 135-137；Grenfell（ 1937）p. 91.

战行动。这个问题没有单一的解决办法，也没有简单的答案，必须对防御战略进行补充完善，这种情况曾经发生过多次，海上战略家们也都承认这个事实。他们的观点的共性和差别，主要表现在程度与侧重点方面。他们各自坚持的主张，就像用同样的食材烹饪出了不同的菜肴一样。

比如，马汉把侧重点放在了制海权是保交成功的必要前提之上，因而受到了批评。马汉认为，通过海战的胜利或有效封锁的成功所取得的海洋控制，能够阻止绝大多数破袭舰出海作战，并能够为那些轻型护航兵力在对抗敌破袭兵力时提供必要的掩护。在下一代人（里奇蒙德、卡斯泰和罗辛斯基）看来，第一次世界大战证明了马汉的这一主张无比正确。

1921 年，里奇蒙德向英国战列舰建造调查委员会（committee of enquiry on battleship construction）提出建议："担任护航、巡逻或游猎任务的小型舰艇能够独立地自由行动……依赖于大舰队的掩护。假如地震堵住了斯卡帕湾的出口，舰队被封在港内，那就没有什么力量能够阻止德国的主力舰艇与轻型舰艇一起出海，把我们所有的轻型护航舰艇统统扫荡干净。"

罗辛斯基亦表示赞同："如果德国公海舰队被有效地封锁在港内，英国护航兵力就只需要对付那些溜出北海的德国潜艇就可以了。如果它们还不得不面对敌人强大的水面兵力，那么护航任务就不可能完成了。斯堪的纳维亚护航编队由于必须在封锁线的前面航行，所以受到了很多考验和磨难。这个事实残酷地表明，如果没有英国大舰队提供基本的掩护，难以想象护航行动将会在更大范围内发生怎样的危险。如果德国海军夺取了制海权，他们的潜艇作战行动也会比先前有效得多。"[1]

"有效制海权"，也是突击敌海军基地以防止其破袭舰出海的前提条件。正如里奇蒙德所指出的，这一策略（通常被形象地比喻为"堵住老鼠洞"或"捅掉马蜂窝"）是英国保护贸易的传统特点，比在远海实施一般性巡逻要有效得多。弗雷德·简写道："那些主张用小型巡洋舰巡逻的人，实际上并不比那些建议不要捅马蜂窝，而应该打掉单个马蜂翅膀的人更有逻辑。"[2] 当然，

---

① Richmond, evidence to Bonar Law Enquiry, 5 Jan. 1921, Cab. 16/37, Public Record Office, London; Rosinski (1977) p. 13; also Castex vol. ⅰ (1929) p. 147.

② Jane (1906) p. 174.

捅掉马蜂窝要比预先夺取制海权容易得多。

尽管如此，海军的作战行动似乎还是具有其内在顺序。约翰·科洛姆指出："我们作战舰队（war fleet）的主要任务是消灭、捕获敌舰，或者将其限制于港内。除非这项任务完成了，否则所有运用海军直接保护商业的想法都必须放弃。在从战争爆发到海军真正完成任务的这段时间里，我们的航运和商业会受到多大程度的影响，取决于我们商船队的预先安排以及它们执行的情况了。"

联系到第一次英荷战争中特龙普的作战优先顺序，里奇蒙德也提出了非常相似的观点：

> 之前的经历是否会重复，舰队是否会再次担负海战和护航的双重任务呢？特龙普和一些著名的将领毫无疑问地认为，一次只能干一件事情。"当英国在海上依然强大时，我们的商船应当静静地等待，既不要出去也不要返回祖国，直至我们的战舰首先前去迎战英国人，将其消灭或者赶回港口。在完成了上述任务之后，我们的商船才能够在小型舰队的护航下安全地往返。"关于保护贸易的理论，看来没有比这个总结得更好的了。①

事实上，当时的情况迫使特龙普上将不得不动用 80 艘军舰，为一支由 200 艘商船组成的庞大船队实施护航。由于一系列原因，理论上的行动顺序在付诸实践时，不得不进行大量的修正。经常出现的情况是，在舰队完成"主要任务"之前，贸易就已经遭受了太多的损失，仅仅是因为护航被忽视了。善于躲避的敌人往往能够把战斗推迟很久，甚至使之无法进行。海上封锁（特别是远距离封锁）通常无法阻止大量针对商船的破袭舰偷偷地溜出港去。

在这种情况下，过于死板地坚持制海权的必要性，的确让在直接和间接的保护贸易手段之间实现所需的平衡变得更加困难。由于海军资源（能用的舰艇、人员、时间等）是有限的，因此对抗贸易破袭的两种手段不可避免地出现了相互竞争，这也正是纳尔逊和杰利科经常抱怨兵力不足的原因。因此，过于重视夺取制海权的需求，很容易导致对行使制海权的困难程度重视

---

① Colomb quoted in Waters（1957）p. 57；Richmond（1953）p. 116.

不够。

还有一种观点认为，坚持传统的人不但夸大了制海权在保护贸易方面的作用，而且以一种奇怪的方式把眼界放得太高，把制海权目标瞄向了一个没有必要耗费那么多精力和财力的层次。正如海军上将格雷顿所指出的，1941—1943 年的地中海战局表明，长时间控制一个宽广的海域虽然很受欢迎，但并不必要。地中海是一个处于争夺之中的海域，交战双方都可以利用。格雷顿不动声色地补充道，需要时双方的船队都汇集于此，航线虽成直角交叉，却"幸运地从未发生冲突"①。这表明，只有对商船"航行的水面，及其空中和水下"这个动态空间实施暂时控制，才是真正必要的。② 任何超出这个范围的行动都是白费力气，都不应获准从直接护航任务中分走轻型兵力。

另一个同样存在不少争议的观点，把关注重点放在了有兵力巡逻的海上航线、游猎群（hunting groups）和有保护的重点海区。这个观点主张，战舰应当"沿着连接辽阔帝国各个区域的海上贸易航线，以及远征作战必经的海上通道"进行巡逻，从而最好地控制这些海上交通线。这种海上通道的巡逻需要游猎群的支援，它们善于"追踪、穷追猛打和消灭敌人的每一艘巡洋舰。必要时，这种追击可以追到天涯海角"③。巡逻和游猎主要集中在目的地海域附近，正如科贝特所说："哪里有死尸，哪里就会有秃鹫聚集。"破袭舰在这里比在茫茫大海上更容易发现目标，反过来，它们在这里也容易被发现。如果每个重点海区的战斗都胜利了，制海范围就应当向外扩展，逐步建立起一个跨越全球的庇护链。

有批评者认为，这个方案在 20 世纪根本不起作用。把护航兵力分散成游猎群或巡逻群，对于保护商船或者击沉潜艇都没有多少意义。这种做法常常使人员极度疲劳，而且代价巨大。第二次世界大战初期"无畏"号（Courageous）航空母舰的沉没和"皇家方舟"号（Ark Royal）航空母舰的重伤，都证明了这一点。这样做，还意味着失去了无数次保护商船和击沉潜艇的机会——在实施护航时本来是拥有这些机会的。

---

① 译者注：德意的航线为南北向，英国的航线为东西向。
② Gretton（1965）p. 22.
③ Bridge（1907）p. 123；Sir John Fisher, quoted in Marder（1940）p. 95.

　　尽管在实践中无非是一次次"亡羊补牢"，但是游猎群或巡逻群的做法却具有惊人的死灰复燃的能力。它成为第一次世界大战大部分时间里的标准程序，导致了许多类似 1916 年 9 月第二次波特兰战役（Battle of Portland）那样的事件。当时 3 艘德国潜艇在比奇角和埃迪斯通灯塔（Eddystone Light）[1] 之间的海域活动，这片海域由朴次茅斯、波特兰和普利茅斯三大海军基地管控。英国派出了 49 艘驱逐舰、48 艘鱼雷艇、7 艘 Q 船[2]（Q-ships）、数百艘武装辅助船以及大批飞机，在海上反复搜索。水面白浪翻腾，空中飞机嘶吼，真是热闹得很。然而德国潜艇却在一周内击沉 30 艘商船之后全身而退了。在第二次世界大战中，这种错误的游猎群战术又"复活"了，直至 1941 年才被英国真正放弃；而美国做出同样的决定，是在不足两打的德国潜艇 6 个月内在西大西洋击沉了一百万吨商船之后的事了。[3]

　　造成这种刚愎自用的主要原因有两个。一是认为游猎和巡逻是"进攻性"行动，因此效果会"更好"。这种惯性思维无疑源自对历史的误读，以及对纳尔逊某些耳语的片面理解。第二个原因，也是错误更为严重的观点，认为保护贸易在本质上是海上要道和重点海域的战略防御问题，应当采取陆军保护陆上通道的类似方式。其实这两个问题完全不同。海洋与陆地不同，海洋自身没有任何内在价值，既不需要占领也不需要守卫。海洋所有的价值在于，是什么经过了这里。正如格雷顿海军上将所指出的，"是船需要保护，而不是海图上的那些航线"[4]，对轻型舰艇的运用应该反映这个基本事实。因此，我们不需要守卫海上的航线，而是要保护沿着航线航行的商船。

　　在批评家看来，这个错误理解的起因主要是语义学问题。约翰·科洛姆和他的"帝国的海上大道"对此负有一定责任；马汉也是如此，特别是他把海洋描述为"人们借以通向四面八方的广阔的公有地，但是在这片公有地内，过去经常使用的那些航线表明，由于受各种原因的制约，人们只能选择一些特定的航线用于航行"[5]。由此推断，使用海上的小路、公路或大道——或统

---

① 译者注：灯塔在英格兰西南端康沃尔郡的雷姆角以南 14 公里处海中的一块岩石上。

② 译者注：Q 船，伪装成商船的猎潜舰，船员全部为志愿人员。英国在一战期间共装备了 180 多艘 Q 船，共击沉 11 艘德国潜艇，击伤 60 余艘。

③ Roskill（1954）pp. 10ff；（1962）pp. 158, 179.

④ Gretton（1965）p. 22.

⑤ Mahan（1890）p. 25.

称为"海上交通线"（sea lanes），可能确实没有什么坏处，但是把它作为一个作战概念来指导行动，却会带来灾难。最好开除那些坚持这种观点的海军军官。对这些词汇的误读的确造成了伤害，因此许多海军学者宁可不用"海上交通线"之类的抽象用语，而代之以"保护航运"（protection of shipping）。①

游猎思想所带来的一个不幸后果，是可能会对保护贸易中传统的船队——护航队的概念产生冷漠的倾向。这种疑虑也得到其他方面的支持。船队集结会浪费大量的时间，几百艘商船同时涌入港口在经济上代价较大：通常需要在船队的其余船只靠港前，给那些"单溜的船只"付费以让其提前出港空出泊位。还有人对于商船是否具有在船队中保持队形的技能和纪律，持相当怀疑的态度。纳尔逊就曾说过："他们的行为太丢人，就像我曾经看到的所有商船队一样，队形每天都是乱哄哄的。"②

普遍的观点是，这些做法在蒸汽时代更为正确：改变船舶的正常航行是极为费钱的；众多烟囱冒出的浓烟将向所有人提示船队的位置；装有无线电并有多条航线可选的单艘商船比过去更容易隐蔽自己。1911年科贝特写道："现在大家都在怀疑，护航为商船队增加的安全，能否超过商船因此而付出的经济损失和战略混乱。"③

正是因为这些原因，只要找到一丝理由，人们就会产生放弃护航行动或者调整护航行动的冲动。例如在1940年，航速在14.9节以下的商船被要求编成护航船队，航速如果大于这个速度，则允许独立航行。到当年年底时，航速限制标准被降低了，让船舶拥有更多的独立性从而提高交货率，但试验却失败了。1943年在印度洋上也放松了预防措施，结果也是一样的。罗斯基尔指出："在大西洋作战中历尽艰难学到的教训并不适用于印度洋，可以无视以前的诸多经验教训，在新时期复兴传统的游猎群理论，这些都是非常不靠谱的观点。"④

尽管航海技术和商业实践不断发展，但护航船队依然保留了下来；尽管

---

① Waters（1957）.
② Quoted in Mahan（1899）p. 28.
③ Corbett（1918）p. 245.
④ Roskill vol. ⅲ, Pt. ⅰ（1954）p. 348.

游猎、巡逻、武装商船、规避航线、Q 船等各种方式各有其位，但护航船队仍然是几百年来保护海上贸易最好的、最主要的手段。即使是在经济最困难的时候，护航船队也是明智的选择。这一点可以从以下事实中得到证明：护航船队的船只和"单溜船只"需要支付的保险费率是不同的（这是贸易保护任务的另一项重要内容）。市场的力量也迫使商船加入护航船队。

不仅护航船队的目标，而且护航船队的战术，基本上都没有变化。比如，沃特斯在 1794 年有过如下描述：

> 以大型护航船队为例，其中应编有许多护卫舰艇，分别配置在船队的前面、后面和两翼，船队应根据船只数量编成 3 路、4 路、5 路或 6 路纵队。另外还要派出护卫舰艇担任瞭望哨，以便通报一定距离之外的情况，并及时报警敌人的出现……战斗舰艇应保持在船队航向的前方一点，占据上风位置，军舰配置在这里可以迅速驶向需要的地方……整个船队的前进速度应当按照航速最低的船只来调整，但是，如果发现因此而损失了太多的时间，应果断放弃这些船只。因为有时就算可能会遭受一些小损失，也比因延误而暴露整个船队要好得多。[1]

如果把空中的护卫和侦察也考虑进去的话，那就明显变成了第二次世界大战中大西洋护航船队的战术部署了。

组织护航船队之所以有意义，是基于两个基本理由。第一，它为单艘商船提供了免遭发现和攻击的最高概率，即使根本没有护卫也是如此。格伦费尔写道：

> 如果我们假定可以在 10 海里外发现一艘船，那么就可以用一个半径10 海里的圆环来代表海上的一艘船，这个圆随船而动。如果有 25 艘船分别通过一个海区，相互间隔保持在视距之外，那就会有 25 个半径 10 海里的可视圆。如果把这 25 艘船编成一个船队，这个船队形成的可视圆并不会比一艘船的大多少，也许半径只有 12 海里……由此可知，船队被敌人发现的概率，要远远小于同样数量的船只单独航行时被发现的概率。[2]

即使一个大型商船队被一艘破袭舰发现了，绝大多数商船也能够逃脱，

---

① Quoted in Waters（1957）p. 21.

② Grenfell（1937）p. 54.

只有一两艘商船可能遭遇不幸。这些论述也表明，下面那些时不时冒出的建议都是错误的：由于护航舰艇太少无法保护商船，因而不能组织护航船队；要清醒地认识到组织大型船队是危险的，这是把太多的鸡蛋放在了一个篮子里。

第二，护航船队为发现、重创和消灭敌破袭舰艇创造了极好的机会。正如马汉所说，护航船队是"明智地运用集中原则以保护商业"的最佳方式。他说：

> 事实上，由零星的巡洋舰造成的船只损失比例很小，这说明上述作战模式普遍适用。因此，护航船队体制的效果，不论在什么情况下都支持这个推论：当护航船队体制在恰当地系统化和可操作化之后，作为一种防御措施，要比寻猎独行的破袭舰更加有效，因为寻猎计划即使再周密，也仍然如同大海捞针一般。[①]

后来里奇蒙德指出，尽管马汉只是从风帆战争实践中总结出这个观点，但这个观点永远正确。"手段会变，原则永存。那些奢谈新式武器（如潜艇、飞机和水雷），引发海战'变革'的人，最好牢牢记住这句话。"[②] 面对这样一个广为流传的观点，过去的经验虽有价值，"但现在已经完全不同"，人们应当好好想想里奇蒙德的这段评论。

---

① Mahan vol. n（1892）p. 217.
② Richmond（1930）p. 65.

第七章

海军面临的新环境

海上战略从来不是在空谈中决定的，始终是在条件不断变化的现实世界中决定的。马汉和科贝特等海军大家的著作，实质上可以看作海上战略为适应这些变化而采取的方法的集合。但有时环境变化太大，海上战略需要大变革，而不仅仅是适应，应彻底抛弃某些旧的基本概念并代之以新的概念。在现代条件下，老的海军学术权威们的智慧可能会产生误导，甚至将军队带向彻底的危险，至少在指导现实和未来策略方面就是如此。这种观点从来没有像今天这样得到广泛认可。这主要是对海上战略的政治、经济、法律和技术环境在过去一代人的时间里的变化的一种反应，接下来让我们简要地梳理一下这些变化。

一、 政治环境

（彼得·奈洛，Peter Nailor）

在不太遥远的过去，"武力施压"（applied force，其海军表现形式通常被称为"炮舰外交"）是外交政策的一种主要手段。这个术语并没有充分反映出这个内部充满了激烈斗争的世界，以前的国际体系所包含的国家要比现在少一些，它们控制或统治的属地数量比自身多得多，军事力量的强弱也参差不齐，这些军事力量中的绝大部分都是按照传统的方式和目的而建设的。传递情报、实施恐吓、展示实力，或发起谈判，这些行动相对较少；通信不可靠、不迅速，只有很少一部分人能够通过公开方式获得这些信息；政治和经济的相互依赖性不强，而且比较简单；国际会议和国际组织不是很多，情报网络还不太普遍。颠覆活动比较少见，体育运动不太重要，芭蕾舞团只在国内演出，从来不出国，既没有欧洲电视网的歌曲大赛，也没有开罗电台（Radio Cairo）。与今天那些有影响力的联盟、对手和其他国家的各种直接与间接方式相比，国际上关于行动的词汇量非常有限，使用这些词汇的需求也大多局限于那些实际上主导国际体系的少数几个国家之中。在世界上没有哪一个国家强大到"说一不二"的情况下，使用武力或威胁使用武力，是治国之道中一个实用而且合法的工具。

然而，现有的手段都发生了变化，能够代替军事力量的手段都可以用，"武力施压"的效果和特点似乎都有所下降。最主要的原因是国内环境。实施积极外交政策的目标，受到确立该目标时的信心（在民主国家更为多见）影响，而信心本身又受到行动性质的影响。因此，当战后英国把对外政策的主要目标集中于英国所关注的欧洲地区，并放弃苏伊士以东的陆上基地时，英国政府在这一时期实施大刀阔斧的主动作为是非常困难的。这是一个英国国力不断下降的时期，人们毫不怀疑，英国在继续寻找"派遣炮舰"所需资源时面临着巨大困难。美国的部分地区在越战之后的一段时期内，也以某种相同的方式，因意志沮丧而产生了类似的厌战情绪。

有观点认为，没有合乎逻辑的理由可以解释为什么要这样做。外交政策就像维护国家利益的其他手段一样，按照不同的层次执行，当具体行动不能以通常方式与政策取向保持一致的时候，就需要采取特别行动来维护那些特定利益了。无论如何细心地表达那些基本原则，外交政策的风格总是灵活多变的。即使是最强大的国家也无法左右国际环境的变化，因此需要具备对不利的甚至无法预测的变化做出正确反应的能力。然而，时代的情绪才是最重要的因素：虽然后帝国时代的厌战情绪有所减弱，但不管由于什么原因，海外冒险已经不受欢迎，必须要仔细权衡得失。这是一件非常麻烦的事，要么代价太高，要么现在的代价明显高于过去，特别是在"武力施压"的政策之下更是如此。这个政策遭受了许多批评，因为它的代价相当清楚，但带来的好处却不是那么明显。

实际情况是，过去英国在世界各地拥有许多海军基地，可为实施"炮舰外交"提供机会，同时也为缩短反应时间、提供后勤支援等实际需要提供了保障，但从减少费用的角度来看，却很难归功于海外基地的存在。海军部队以 X 港（port X）为基地驻泊，不是因为在发生紧急意外情况时能够听令迅速处置，而是因为该港出于某种考虑（或者过去曾经）比较重要。如果 X 港因为某种原因无法再继续使用，政府在面对无法预知的紧急情况仍然必须做出反应时，怎样才能从遥远的本土基地采取恰当的应对措施，就成了一个很难决策的问题。不仅在战术上很难做出安排，而且花费太大，在政治上更是困难重重：与向 500 海里之外派遣舰艇的决策相比，向 5000 海里之外派遣炮舰维护国家利益似乎是一个更高层次的政治决策。从性质上来说，它与下面的问题属于同类性质：一个当地的乡村警察就可以制止附近客栈里的争吵，但如果从郡警察总部派人去解决的话，可能需要一卡车的警察才行。而路途遥远耽误了时间，争吵可能已经变成了一场暴乱。你也许不需要用到所有的兵力，但你必须面对这种可能。如果因为兵力不足而导致行动失败的话，无论如何都无法接受。实际上，反应速度也许是个关键因素，从实施威慑的角度分析是如此，从控制事态的政治需要来看亦是如此。不能一如既往地提供可靠的本地基地，无疑让西方各国产生了现在更难有效地运用隐性力量（implicit force）的感觉，因此这种力量也不是那么好用了。但是这种感觉与同时增长的对苏联海军行动拓展的焦虑又是不一样的。如果"炮舰外交"在影响他国政府的决心、思维和政策方面真的没有什么帮助的话，为什么我们还要关心苏联在这场无谓的竞赛中是否开始挥霍资源了呢？

回答这个问题当然很复杂。英国的情况，至少有一部分涉及正在变化的游戏性质。英国的力量存在之所以遍布全球，是因为英国的殖民地遍布世界，其海外利益和贸易交通线需要保护。随着大英帝国的衰落，尽管英国渴望通过一个防御条约来支撑后殖民体制的稳定，但也不太可能在当地继续保持驻军了。政治自由必须被展现出来，即便与现在的新政府（过去的殖民地）的政治、社会和经济联系仍然密切。如果理性地保持新政府的独立性是一种趋势的话，就不能把安全保护继续强加于人。民族的斗争精神在许多国家的独立过程中突显，在某些独立运动理论中也如此重要，以至于阻碍了他们与过去宗主国之间的密切合作。

国家政策和立场的演化，支持了大国在国际争端中运用武力能力的变化。联合国组织（UNO）为如何解决国际纠纷提供了平台和一系列规范，通过军备控制提案来规范军备竞赛，并限制发动战争的方式方法，这些努力影响了我们实际使用或暗示使用武力的立场。尽管战争仍会发生，国际行动的类型千差万别，但从某种意义上来看，这并没有影响大家对于所有国家都应该遵守最高准则的期望。实际上，严重违背这些期望的行为将会受到国际舆论的谴责，而违反者会用需求和其他理由来证明自己是正当的。即使是最强大的国家，其政策通常也要受到这些变化的限制：至少在这种情况下，如果需要以使用武力代替自我约束下的威胁使用武力，那么这个决定必然是深思熟虑且名正言顺的，至少从己方的角度来看是这样的；不管怎样，这个决定可能会引发反对，甚至报复。

超级大国至少也跟其他国家一样，同样受到了这些变化的影响。有人认为，因为在某些关键地区调整对抗关系的做法，可以说已经超出了原有范围而影响到了其他问题，所以这些国家不得不更加仔细地思考自己要干什么和怎么干的问题。任何显示武力的行为都与双方的利害相关，一部分原因是双方都对误判保持着恰当的敏感，另一部分原因是双方都宣称自己拥有全球性利益。有些利益不太会引发直接竞争，但很多利益会。

值得注意的是，超级大国的利益冲突达到何种程度时，才会被认为是一种单独的行动类型，需要应用与"危机管理"相关的概念，而不是应用海军外交中诸如迪斯马克斯和麦克康泰尔（Dismukes and McConrtell）所谓的"游戏规则"的相关概念。如果确实已经发生了这种情况，那么对应当采取什么行动进行评估，从一开始就是件非常复杂的事情。对于双方中的任何一方来说，从直接的对抗性行动中后退一步仍然是可行的，但是如果挑战被接受，那么超级大国对于运用武力的竞争，也许就与始发事件的固有特点毫无关系了。在这种竞争中，"武力施压"行动具有的价值与造成的后果，将存在很大的差异。也许游戏从下象棋变成打桥牌，叫牌被增加了一倍，甚至在开始玩牌之前还要再增加一倍。

二、 国际法与海上作战

（一）1945 年之前（布赖恩·兰夫特，Bryan Ranft）

努力减少海上战争中的生命和财产损失，源自海洋这个要素的双重特点。对于交战国来说，海洋是战场；对于中立国而言，用马汉的话来说，人类幸福生活所必需的贸易是经过海洋这个辽阔的公有地进行的。海洋的这种双重特点不仅造成了交战国与中立国之间的冲突，有时也会给参战国的贸易集团与本国政府之间带来冲突。这些冲突始终都很重要，迫使各国不断尝试通过国际协议的形式加以解决，其具体载体为国内法和国际法，从而限制海军行动对平民生命和财产的危害。

这些尝试集中在寻找恰当方式，以确立起商船、船员和货物免遭战争威胁的豁免权。有人认为这些尝试是基于人道主义的，也有人认为这是为了促进中立国的经济利益。英国等海洋强国则认为，这些尝试都是无法接受的方案，因为这将剥夺海权最有价值的一项功能，即对人口更多、资源更丰富的敌国施加经济压力。这些尝试主要集中表现在以下五个方面：

1. 交战国应把海上作战行动严格限制在只针对海军舰艇的范围内，要允许所有商船无害通过，这是否可能？

2. 如果这种完全的豁免权无法保证，那么把攻击和捕获的目标严格限制在那些直接支持敌方战争行动的船只和货物之上，这在操作上是否可行？

3. 如果敌人的商船可以作为攻击和捕获的目标，那么这些商船上运载的任何中立国的货物是否能够被没收？

4. 针对与敌方进行贸易的中立国船只，应当采取什么立场？它们应被视为中立国的领土而得到豁免，还是可以被拦截、搜查并没收违禁货物？

5. 交战国能够依据法律宣布：为了确保国家生存，必须采取各种手段切断敌方全部的海上供应，甚至击沉驶往敌岸的所有商船（包括中立国的商船）。是否存在这种情形？

20世纪海军技术装备的发展导致了另外一系列问题的出现。在短射程火炮是唯一可用武器的时代，那些原本有效的关于处理被截商船及乘客和船员的规则，很可能因为实施截击的军舰被潜艇或飞机消灭了而失效，不得不另寻他策来解决这个问题。如果技术发展已经为交战方提供了诸如潜艇和鱼雷这类新武器系统，而遵守这些武器出现之前的某些规则就无法有效地攻击商船时，那么这个国家是否还有义务继续遵守这些规则，代价是己方进攻能力削弱并置潜艇及其艇员于高度危险之中？由此引发了更为广泛的问题，特别是德国在两次世界大战中所面临的那些难题。即使无限制攻击商船在军事上是合理的，但这种做法将不可避免地导致大量的（包括中立国的）平民伤亡，在面对同样不可避免的道义谴责，甚至是更糟糕的中立国可能被敌人拉拢过去的情况时，怎么做才能兼顾好两者的平衡？

19世纪和20世纪的技术发展不仅改变了海战的本质，也改变了海上战争的本质。再也不能把它仅仅看成专业作战人员的事情了。经济和工业资源，以及相对应的人力资源，与军事资源及其人力资源一样重要，按理说都应当成为合法的攻击目标。因时代发展而产生的法律和道德上左右为难的窘境，在第二次世界大战轰炸工业区的作战行动中表现得最为明显。但事实上有些国家，以英国为代表，严重依靠海上航运维持国家生存，这为实施旨在摧毁必需品补给包括产业工人食品的无限制海战提供了可能性。英国作为一个海上强国和海军强国，看到了从海上对敌人实施经济封锁的重大意义。借助有利的地理位置和强大的海军实力，英国有能力进行海上封锁，尽管与中立国难免出现摩擦，但肯定不会引发强烈的国际公愤并最终增强敌人的力量，而这恰恰是德国无限制潜艇战所导致的结果。

克里米亚战争（Crimean War）① 结束时签订的《巴黎宣言》（以下简称《宣言》），最终促成海上战略理论在 1856 年向前迈出了重大而积极的一步，厘清了几个世纪以来一直混淆不清的一些问题。《宣言》要求绝大多数的重要海洋国家和工业国家共同遵守，其条款在总体上有利于增强战争期间海上贸易的自由度。私掠船行为被禁止。这不仅消除了一项公开合法的作恶途径（有时这相当于对海盗行为的宽恕），而且让那些不愿或无力维持一支大规模正规海军的国家，失去了一种打击敌方海运的有效手段。英国从中受益极大，因为在以往的战争中，甚至在建立了对法国舰队全面优势的情况下，英国的贸易仍然遭受了法国私掠船的严重摧残。然而，美国坚决反对取消私掠船并拒绝在《宣言》上签字，尽管从一开始美国就经常以"带头大哥"的身份提议，要求某些条款应该有利于中立国的利益。美国认为取消私掠船仅仅有利于那些海军强国，因为如此一来这些国家未来为商船队护航时压力会变小，进而可以把更多的资源用于进攻作战。

《宣言》的第二条和第三条明确了两个长期争论不休的问题。挂中立国船旗的船只在运输交战国的货物时，只要不是战时禁运品，就不能被没收；在交战国船只上的中立国货物，也拥有同样的豁免权。但是，《宣言》对战时禁运品没有给出明确的定义，这也引发了此后的诸多纠纷。《宣言》的第四条，是封锁必须"有效"，对中立国也是如此。这项内容消除了长期以来中立国对于封锁声明的不满，比如在拿破仑战争期间，英国为了打击法国就曾经宣布过这种声明，任何与法国进行贸易的船只都可能被英国抓捕并交由军事法庭定罪。但是，《宣言》并没有对"有效"一词给出明确定义，这也成为纠纷不断的根源。

《宣言》也让一些国家很不满意，比如美国，他们希望所有的私人货物，也就是不属于政府所有的物品，只要不是违禁品均不得没收，从而进一步限

---

① 译者注：克里米亚战争（1853—1856），是因争夺巴尔干半岛的控制权而在欧洲大陆爆发的一场大规模国际战争，奥斯曼帝国、英国、法国等先后向俄罗斯宣战。这场战争是世界史上第一次现代化战争，是兵力兵器、军事学术发展史上的一个重要阶段，推动了蒸汽战舰、线膛枪械和水雷等新式武器的发展；有线电报也第一次应用；军事后勤体系，特别是野战医疗有了巨大进步。战争以俄罗斯的失败而告终，加速了俄国内的革命斗争形势，促使农奴制危机加深并走向崩溃。

制海上破交作战的效果。这反过来要求国际协议对于"什么是违禁品"给出详细解释，这又变成了一个激烈争论的问题。那些最关心交战国权利的海军强国，希望关于违禁品的定义尽可能宽泛，应当包括食物在内；反对者则希望，把违禁品定义为具有直接军事用途的军火和其他物品。美国坚持这个立场，其代表团在 1899 年和 1907 年的海牙国际会议（Hague Conferences）上，率先要求赋予私人货物全面的豁免权，同时对违禁品进行非常严格的界定。尽管当时未获成功，但是 1909 年签署的《伦敦宣言》（*Declaration of London*）朝着他们所希望的违禁品定义，向前迈出了一大步。让人意想不到的是，当时的英国政府竟然放弃了历届政府的一贯立场，转而支持这项新内容。

《伦敦宣言》划分了三类货物：绝对违禁品，包括只有军事用途的物品；有条件违禁品，包括具有民用和军用双重用途的物品，只有确定可用于军事用途的那些货物才可以被没收；最后是"自由货物"，即完全不属于违禁品的物品。《伦敦宣言》对"有效封锁"进行了准确定义，试图以此来完成巴黎会议未竟的工作。它规定只有海军舰艇实施的封锁，才是"有效封锁"。各种禁运品和自由货物的具体清单被详细列出，如果被认可，实际上就相当于打破了英国利用海军力量削弱敌人经济的传统策略。因此毫无意外，英国上院（House of Lords）否决了自由党（Liberal）政府对于《伦敦宣言》的认可。在 1914 年一战爆发时，英国成功地顶住了以美国为首的中立国要求遵守《伦敦宣言》的压力，并且利用对欧洲各中立国施加的巨大压力，逐步建立起切断德国所有海上补给的有效措施，当美国参战之后自然也就认可了这些措施。

在两次世界大战中，德国把英国的这些措施作为发动无限制潜艇战、行使公认的报复权的一个理由。战争中击沉商船并不是什么新的概念，法国青年学派早就从理论上进行过论证，这在海战法中也不是没有一点依据。只有不加警告地用鱼雷击沉商船，才是个全新的问题。国际法和国际惯例明确规定，交战国的军舰有权对怀疑载有违禁品或者企图突破封锁的商船实施拦截与搜查。如果搜查结果确认了怀疑，通常会把被截船只带回港内交由军事法庭审判。但如果出现因天气不好或附近有敌舰等而无法带回船只的情况，在保证船员和乘客安全的前提下，击沉商船也是允许的。但这项规定仅适用于敌国商船，而不适用于中立国商船。类似的许可还包括：对拒绝接受检查的商船，或者对拦截军舰实施攻击的商船，军舰都可以开火，必要时可将其击沉。德国人提出的另一个理由是，经过武装并配备无线电的商船，已经失去了非战斗船舶的法律地位，同理，那些在护航船队中航行的船只也是如此。

英国对于几乎被潜艇拖向失败边缘的经历记忆犹新，因此在两次世界大战之间的那段时期，英国总想通过国际协定废除潜艇。努力失败后，英国不得不满足于 1921—1922 年华盛顿会议、1930 年伦敦会议和 1936 年潜艇协议（Submarine Protocol）中，关于潜艇对商船作战的限制性条款。其中潜艇协议得到了所有主要海军国家，包括德国的批准。到 1939 年，接受这一协议的国家超过了 40 个。这些限制条款的总的目标，是要求潜艇必须完全按照水面舰艇的方式行动。潜艇可以要求商船停止航行、接受检查，如果商船在得到明确警告之后拒绝停航，则可以对其实施攻击。在无法保证乘客和船员安全之前，不得击沉商船。因此，在远海把乘客和船员扔在救生小艇里是不允许的。

1939 年的德国捕获条例（Prize Regulations）承认了这些限制规定，但德国海军从二战初期就开始了无限制攻击。德国再次利用了合法报复的理由，但这个理由是实用主义的而不是法律上的。一旦入侵和轰炸的威胁不能让英国退出战争，那么攻击航运就成为德国打击英国的唯一有力武器。在更具体的某个海军发展阶段，当性能良好的水上飞机和雷达出现之后，再要求潜艇在水面上耗费时间命令商船停航并接受检查，无异于让潜艇自杀。盟国在欧洲和远东战场的潜艇也是在同样的压力下进行作战。德国海军元帅雷德尔和邓尼茨（Raeder and Doenitz）在纽伦堡（Nuremberg）战争法庭上为自己辩护时，就成功地引用了这个证据。

由此看来，试图从法律上限制海上战争的努力，如果成为取胜的障碍或者有效利用技术的障碍的话，就变得毫无意义。

（二）1945 年之后（理查德·希尔，Richard Hill）

要判断 1945 年后国际法对于海上作战的影响，首先必须关注对于海洋法产生重大影响的三个因素。第一，随着现代技术的发展，海洋、海床和海底有了许多新的用途，也拓展了许多传统的利用海洋的范围和能力，比如捕鱼业的发展。现在海洋被看作蕴含了无数可开发资源的宝库，特别是在近海海区。第二，在国际舞台上出现了 100 多个新兴国家，其中绝大多数国家非常强调主权，反对强国的不审而判，拥护已经建立的国际法律。这意味着经过上千年逐步形成的，并在 1958 年日内瓦会议（Geneva Conventions）上经过系统修订的传统的国际海洋法，或多或少地遇到了激进思想的挑战。第三，国际社会出现了一种共识，认为发动战争或使用武力是一种恶行，只有在特殊情况下才是正当的。这种共识被《联合国宪章》（*Charter of the United Nations*）奉为圭臬。当然，这种观念是在 1945 年提出的，在此之前它从未有过如此大的力量，也从未被如此彻底地编撰成法。

所有这些新发展及其在国际法中产生的作用，都是互相的。前两个因素影响到了整个国际海洋法，进而影响到海战的目标和环境；最后一个因素主要影响到海战实施的相关法律。接下来我们将按照同样的顺序展开论述。

从 1945 年起，甚至连海洋法的定义和海洋法分配管辖权与权利的基本职能，也因为前述因素的影响而处于快速发展之中。这个趋势表现最为明显的是，濒海国家要求提高对近岸海域的管辖权和资源开发权，主要包括：延伸到大陆架外沿的海床和海底资源的主权权利原则，发展迅速；承认濒海国家享有在近海捕捞的特殊利益，以及相关的约定俗成的权利；大多数国家要求扩大领海范围，突破 1945 年确认的 3 海里范围的限制；质疑外国船舶，特别是军舰在近岸海域和群岛海域的通过权；濒海国家对船舶造成的海洋污染，在某些情况下会产生大范围的单方义务，这个问题比较敏感。1958 年的日内瓦会议是这条前进道路上的里程碑，跟过去一样，海洋法的某些内容被暂时搁置，但其他部分得以顺利通过。

海洋法也许在 20 世纪 80 年代初期会进行一次修订，以期形成普遍认可的国际公约，这其中的主要内容在自 1974 年以来的联合国海洋法会议（United Nations Law of the Sea Conference）上反复讨论过。接下来进行的评论，都是基于海洋法会议之前的最新文件展开。新海洋法可能会提出：领海宽度不超过 12 海里，扩大的专属经济区不超过离岸 200 海里，在专属经济区以外勘探和开发大陆架的某些权利，以及负责管理深海海底资源开发的国际机构形式等。濒海国家在领海范围内享有主权；在专属经济区以外的大陆架内，濒海国家仅对海床和海底资源享有主权和相关管辖权。

濒海国家的管辖权和权利，在以下情形下会被其他海洋使用者的权利所抵消：在领海范围内，濒海国家永远不得妨碍无害通过权，尽管这些国家可以制定一切认为必要的规定以保持良好的海上秩序，比如建立海上航道和分时通航计划；在专属经济区内，在油井或类似建筑物周边的安全区以外的任何海区，各国都拥有航行和飞越的自由；在专属经济区以外的公海上，各国都拥有航行、飞越和捕捞的充分自由。考虑到其他的海洋使用者，敷设海底电缆和管道的自由，可能会存在于某国的专属经济区里面，并延伸到专属经济区向海洋方向的以外海域。

国际海峡通常被认为是一个特殊情况，因为这些海峡提供了船只从此海到彼海的通道，通行权必须得到特别保证。但是这很可能会让很多沿岸国家感到敏感。公认的合法的 12 海里领海，将把大量的国际海峡变成实质上无可争辩的领海，并引发现有通行体制的变化——在现有体制下各国享有不间断的航行和飞越自由，尽管濒海国家可采取某些措施以保证良好的海上秩序。

海洋法的已有变化和未来的不断发展，将在两个方面影响海上行动：首先，海洋法日益增加的复杂性以及它的权利要求和反要求的方式，将不可避免地成为冲突的诱因和托词。冲突的根本原因，无疑仍将是贸易、资源和战略位置，但焦点将是海洋法本身；其次，海洋法将影响和平时期或冲突时期海上力量的机动和作战。

在海战史上很容易找到这两种影响的例子。在历史上，英国与冰岛之间先后在 1958 年、1972 年和 1975 年发生了三次所谓的"鳕鱼战争"（Cod Wars），这是双方对于存在争议的资源依据海洋法展开对抗的著名案例。这并不是从 1945 年以后的任何历史分析中就可以很快做出判断的仅有事例。1947 年英国遭遇的科孚海峡（Corfu Channel）事件①，是关于海军舰船航行自由争议的又一个著名案例。当时，英国舰队在无害通过该国际海峡时，两艘驱逐舰触雷，死亡 44 人。这个随后诉诸国际仲裁法庭（International Courtof Justice）的案件以及法庭的判决，成为此后涉及此类通行权的国际法的基础。尽

---

① 译者注：科孚海峡是阿尔巴尼亚与希腊的海上边界线，最窄处完全在两国领海之中。

管科孚海峡案是维护通行权的最著名案例，但也不是绝无仅有的。

毫无疑问，两方面的影响在未来仍将继续。在1980年海洋法会议之前，海洋法的文本共有300多项条款；在当前情况下，这个篇幅无法对所有问题给出明确解释。可以肯定的是，对同一条款存在着不同的解释，现有的争议也不可能在一个文件中全部得到解决。这些争议中有关于权力的性质和范围的，也有影响到商船、渔船和海底设施的。解决争端的国际机构可能难以胜任，也可能难以得到普遍认可，有据可查的服从国际仲裁法庭和其他特别法庭仲裁结果的记录少得可怜。因此，国家为确保对权利或资源的合法拥有而采取行动，这类情况不太可能会减少；而且随着资源的逐渐匮乏，权利主张将更加具有吸引力，结果将是冲突强度的不断增加。

就海洋法对海上力量的日常行动的影响来看，海洋法的发展已经允许舰船、飞机和潜艇合理地驶往世界各个大洋。在某些"封闭海"，主要是苏联宣布的那些海域，可能会默许舰艇继续航行。总之，无论怎样，海上力量不仅抵达了它们想去的地方，而且还开展了有效行动所必需的演习和活动。如果海洋法按照上述方向发展，它可能会被保留。例如，军舰拥有穿越他国领海的无害通过权（尽管军舰在此处不能进行射击演习，飞机也无权飞越其上空）；出于运输目的航行或飞越国际海峡的自由；"在恰当尊重沿海国权利和义务"的限度内，航行和飞越其专属经济区的自由。在允许自由航行和飞越的海区，潜艇也允许潜航通过。当然，一些沿海国反对军舰和飞机拥有上述权利，未来可能根据"和平区"（Zones of Peace）之类的概念，而不是根据国际法来提出上述主张。毫无疑问，主要海洋国家将坚持它们的这些权利，而且只要现在的国际法对其有利，它们就会继续支持。

最后，让我们开始讨论1945年以来形成的，关于武装冲突和武力运用的法律的影响。当然，这涉及为坚持主张而采取的行动，比如上面提到的"鳕鱼战争"。如果使用武力的唯一理由是自卫，那么不打第一枪的政治和法律要求是很高的。对1945年以后的行动分析表明，绝大多数的海上冲突方都曾经执行严格的交战规则，努力限制兵力使用的规模。这种小心谨慎在西北欧各国之中表现尤为明显，特别是在渔业纠纷问题上禁止使用武器，为了避免诉诸火力，甚至到了实际研制拖网切割器之类的精巧器械的程度。其他地区则没有这么谨慎，但一般也会尽可能少用重武器，包括超视距导弹和鱼雷。事实上自1945年以来，只有过一次鱼雷实战发射的记录。

濒海国家在处理本国海岸附近事态时也会受到合理的限制，但也不尽如此。可假设这种可能，某个沿海国家因海岸被污染而怒气冲天，在估计会得到国际舆论支持的情况下，对肇事商船采取严厉措施。但这种情况至今尚未发生过。

国际法的效用，不论是冲突的根源还是冲突的协调，可能始终都没有被那些负责计划和组织海上力量行动的人充分认识到。如果上述简要分析是正确的，那么国家至少需要具备高精度的武器系统、优良的数据获取和通信系统、结构坚固且适航性好的舰艇。实际上，这些舰艇最适用于遂行在法律框架下的支持法律或维护主张的行动，而不是更高层次的作战行动。现实情况表明，人们过于重视后者的作用了。这一点可能特别适用于中等海洋强国。

三、 新技术

戈尔什科夫写道，随着第二次世界大战的结束，"军事技术革命开始了，它在广度和深度上，超过了世界陆军和海军曾经发生过的所有的改良和转变"。这是一个经常变化、让人困惑的时代，引发了"武装力量的根本变革"。事实上，这些变革如此巨大，达到了那些执掌海军的领导者们不得不应用新方法的程度。"以前，管理方法还仅仅建立在对科学技术的当前可能性，以及短期未来发展的分析基础之上。现在，科学预测进入了这样的范畴，它建立在评估武器发展、电子技术、动力、造船理论和一系列非军事科学的发展趋势的基础之上。"[1] 变化速度太快，对于世界各国海军来说，这是一个变幻莫测的时代。

---

① Gorshkov（1979）pp. 157, 187.

现在所能做的，就是勾勒出那些在海上行动模式中最重要的技术变化。武器装备的革命最为明显，这本身并不是什么新生事物。马汉写道："人类社会不可抗拒的进步引发武器的不断变化，随之必然引起作战方式的不断变化。"其中有些变化只是现有武器的改善，只是为了适应现有的作战方法（比如主炮射击指挥仪的发明），而另外一些变化则导致理论和实践都发生了总体性变革，比如海军加农炮的出现。近年来在武器方面出现的许多变化，都属于后一种更为激烈的变化。

其中主要的变化是核武器的出现。人们最初对于核武器的反应相当有限，它仅仅被认为是另一种公认的相当危险的大炸弹。随后发展出一种名为"断背战争"（broken-backed war）的作战思想，主要是由强国的海军和陆军提出。首先是进行核交战，然后是持久的常规战，传统军种都可在此期间发挥传统作用。但是到了 20 世纪 50 年代初期，当热核技术的发展能够充分发挥核武器潜力的时候，这种思想就不是那么明智了。核武器变成了战争舞台的中心。随着英美"大规模报复"（Massive Retaliation）战略学说的出现，核武器主导了军事领域，传统军种发现自己必须要跟上空军的潮流。最盛行的观点是，大国之间的战争将是短暂、激烈的，通常是灾难性的，肯定没有时间展开精心筹划、有条不紊的常规军事行动。如果战争在第一天的午餐之前就已经打完了，谁还会关心海上交通线的状况呢？

然而，当人们认识到核战争的结果是胜败双方可能没有什么差别的时候，遏止战争的好处越来越明显，哪怕是在冲突中期。以隐蔽的海基威慑力量和其他"可靠的"核报复手段形式出现的技术，成为拯救国家的手段，并使遏止战争变得可行而且效果比较理想。由此产生了"灵活反应"（Flexible Response）概念，即核武器只有在更恐怖的、缺乏理智的战争频谱的极端才可以使用，低强度的长期冲突得以进行，甚至在两个强大国家之间也是如此。常规作战终于重出江湖！

当然，差别还是存在的。即使不被使用，核武器也被认为能够给常规作战投射下长长的阴影。不必要的战争升级所带来的风险骇人听闻，必须尽一切努力让有限战争受到约束。"点燃导火索，然后袖手旁观"的做法实在太危险了。如果大国之间的战争无可避免，那么一定要确保战争是短期可控的，否则将酿成大祸。既然一个大国与其他国家的战争肯定存在因忍无可忍而升级的可能，那么遏止战争的必要性至少在一定程度上也适用于这类战争。没有升级危险的战争，会导致传统军事任务的实施发生根本性变化吗？

这个变化还有其他的重要来源。1967 年，埃及海军击沉了以色列的"埃拉特"（Eilat）号驱逐舰，宣告海军导弹时代的来临。这种新式武器更致命、精度更高，可以从最小的舰艇平台发射，具有不同的射程和攻击方式，显然具有巨大的发展空间。导弹使水面舰艇变得比以往任何时候都更加强大。一艘军舰装上导弹之后，能控制几万平方海里的海域，当然这反过来也引发了识别、控制，以及攻击效果评估等问题。导弹还使得军舰具备了更强大的对陆攻击威力。戈尔什科夫写道，现代的突击威力确保海军"能够实现一定的战略目标，比如摧毁敌方的军事、经济潜力"[1]。

然而，导弹武器也让水面舰艇变得更加脆弱。就像给了侏儒一个巨人的拳头，导弹似乎使得小国可以有效地对抗超级大国的海军。舰艇之间似乎也出现了作战能力接近的趋势。"埃拉特"事件表明，正如法国青年学派在将近一百年前所预言的那样，小舰终于能够有效地对抗大舰了。迈克尔·霍华德指出："未来可能没有任何一型主力舰会装备大量的火力单元，成为舰队的核心和国家战略的中坚，也不会成为衡量国家海军力量强弱的准确标志。"[2] 海军兵力将来也许要分成更多更小的单元，舰队将倾向于分散部署。[3] 戈尔什科夫指出，海军兵力"不再以密集队形展开行动，而是以分散的战斗队形甚至是单独实施行动，相互之间距离很远"[4]。即使如此，借助现代化的通信手段，舰队和特混大队仍然能够协调行动，而且能够像过去在较小的海域内那样，在新的海域密切协同作战。

当核武器可能被用于海上时，这种分散趋势会更加明显。但是海军上将斯坦斯菲尔德·特纳指出，兵力分散将让舰队更加容易遭受常规攻击，因此

---

[1] Gorshkov (1979) pp. 224.

[2] Michael Howard in 'Power at Sea', *Adelphi* (1976).

[3] 译者注：今天来看，这两句话存在明显的错误。航母作为当今毫无疑问的主力舰艇，在未来一段时期依然是国家战略的中坚和实力强大的标志。海上兵力的分散配置趋势，符合分布式打击概念的发展，但这个分散与文中的分散显然不是一个前提，效果也完全不同。

[4] Gorshkov (1979) p. 210.

很难做出选择。"海军官兵们所熟悉的世界整个都消失了，然而他们却对核武器的可能运用置若罔闻，死抱住那些熟悉的战术想定不放。"这些情况也许会迫使各国海军把不断增强水下兵力作为降低舰队脆弱性的唯一手段。特纳认为，应当思考这个问题："当我们继续建造水面舰艇的时候，我们是否只是受到了传统思维的驱使？"[1]

让舰船潜入水下是一种消极的防御形式，当然这样有助于避开敌人的火力。快速、敏捷、小型化，在海战中一如既往地发挥着作用。但在面对各种类型的攻击时，不同防御强度的需求矛盾有时会非常尖锐。一艘军舰可以有效地应对放射性沾染，却可能容易遭受弹丸杀伤。现代武器强大的杀伤力，似乎使得舰艇持续作战和承受更严重毁伤的能力越来越小。有人认为，"胡德"号战列巡洋舰的沉没，比"俾斯麦"号战列舰的沉没更能准确地说明战斗中可能发生的情况。

然而，积极防御仍然存在，这是传统的自我防卫的能力，即在敌人的舰艇或飞机开火之前将其消灭。尽管防御者的第二种对策不断增多，但却无法击毁那些已经射出的武器。这是一种相对较新的手段。纳尔逊在法国军舰发射炮弹之后没有办法击落炮弹，但他的后人却拥有了这种可能。这种有望实用的手段，就是不断改进的点、面防御结合的武器系统。既然大型军舰或者较大规模的编队能够在一个地方集中更多这样的系统，那么，它们的生存能力可能比小型舰队和小规模编队更大。

传统的推进方式和船体设计发生了变化，也对海战产生了相当大的影响。1945 年以来，这个领域的两个重大发展是燃气轮机和核动力。两者各有优点（比如，对舰员数量和舰艇空间的要求更适中），核动力的优点尤为突出，因此美国海军计划在将来所有的大型水面舰艇上安装核动力。核动力，让潜艇成为真正的潜艇，大大提高了潜艇兵力在海军的重要性；使得海军的行动更加独立于陆地，解决了科贝特所谓的"海军根子上的关键问题，即续航力与机动性完美结合的问题"[2]。

---

① Stansfield Turner (1976a) pp. 2, 10.
② Corbett vol. i (1898) p. 3.

但是不管采用何种推进方式，常规外形的舰船不可避免地受到特定物理规律的限制，特别是在航速方面。因此，当前的兴趣重点在于水翼船和地效船的研发。尽管适航性、续航力和费用极大地限制了新型舰船的应用——目前只能在近海海域活动，但是可以想象，它们也许会成为未来海军的标配。戈尔什科夫指出，作为均衡海军的一部分，新型舰船将增强海军的作战能力，使得海军在遂行任务时更有胜算。它们还对新的战术和战略流程提出了要求。[1]

"态势显示的手段"[2] 也发生了很大改变。有关敌人位置和意图的情报可以通过大范围侦察设备获取，比如监视卫星（有时称作"海权的太空之手"），各种红外探测器，拖曳式、吊放式、漂浮式或固定式水声传感器。当前这个领域的发展，早在 20 世纪之初就有征兆，特别是海军航空兵出现以后。罗辛斯基指出："可以毫不夸张地说，空中侦察也许是在有记载以来的两千多年海权历史之中最具革命性的创新。"[3] 现在能够获得的海军情报数量，要比上一代人高几个量级。

既然在茫茫大海上真正找到敌人始终是海战的中心任务，那么怎么强调情报手段未来发展的重要性也不为过。德国海军上将舍尔写道："海上事业比陆上事业显然更加依赖于机会，因为海上缺少敌人动向的可靠情报，因为海上情况变化太快。"[4] 很少有人真正理解海军的这个难题有多大。英国海军上将培根指出：

> 想象一下，英格兰、苏格兰和威尔士都变成了平坦的大地，所有的树篱、城镇、湖泊、江河都被移走，变成了一片荒漠。在这片广阔的土地上有一只野兔，大小就相当于北大西洋上的一艘潜艇。而且，这只兔子在半分钟之内就可能消失在沙漠之中，不留一丝痕迹。[5]

这就是许多传统海上战略的背景。

① Gorshkov (1979) p. 199.
② Gorshkov (1972) Art. 2.
③ Rosinski (1977) p. 48.
④ Scheer (1920) p. 87.
⑤ Bacon (1936) p. 349.

如果我们现在能够准确地知道敌人的位置，那么海战的性质就会发生变化。取得战略和战术突然性的机会将会消失，不确定性也会减少，再也不需要无休止地在海上巡逻和搜索，但这是不可能发生的。

然而，不是所有的变化都在朝着同一个方向发展，其中有些变化是相互矛盾的，弱化了现代监视手段对海战的影响。为了避免被敌人发现，编队有时会采用一些老的措施，比如舰艇关掉雷达静默航行，使用灯光和旗语通信。为了避免"被看到"，编队会在严格自我限制下行动。对于军舰而言，这样做在某些方面可能会损失效率，但最终的好处还是会大于付出的代价。

欺骗往往是战略的一个重要组成部分，因为它可以让行骗者充分利用自己的资源，让受骗者犯战略错误。在电子时代，欺骗的手段有很多：卫星可能被欺骗，把大舰当成小舰，或者相反；直接向监视设备发送海量的错误信息，使其崩溃。有些新型设备本身就容易被操纵或被干扰，甚至偶尔会有人提出，任何一次海上冲突的起始阶段，都将在海洋上卫星之间的隐蔽斗争中展开。尽管开始是信息战，但它难道不具有决定意义吗？

正如戈尔什科夫所说："一支现代化的海军，必须具备全球通信能力，以确保能够控制那些远离母港成千上万公里的海上兵力。"[1] 计算机与数据处理技术可以处理来自四面八方的各类传感器传递的信息洪流，这意义非凡。在电报和无线电时代之初，菲利普·科洛姆就指出，新型设备将带来信息流动的新模式，现在从中央政府传达到舰艇的信息量，超过了反方向的"由风帆战舰在战争中正常行动所产生的信息量"[2]。

第二次世界大战期间大西洋海战的集中指挥（充分利用无线电测向，特种情报，等等），看来很可能成为未来海军冲突的样板。当然，"这引发了新问题：海军兵力的指挥部应当摆在什么位置比较合适？这意味着在什么情况下、在多大程度上，可允许编队指挥官行使传统的自主权？"[3] 如果一方过于倚重通信联络，这难道不会变成一个危险的弱点？

很难对新技术发展在侦察和通信方面的影响进行评估，但绝不是所有的

---

① Gorshkov（1979）p. 209.

② Colomb，P.（1899）Appendix p. 21.

③ Stansfield Turner（1976）p. 2.

发展都是正向的，有很多属于逆流，结果造成了许多的海上麻烦，远远超过二三十年前的情况。即使如此，这个领域的新发展还是很可能在决定未来海上冲突的特点时起到非常重要的作用。

总结新技术在整体上对海上作战产生的可能影响非常困难。许多传统的海军实践问题还没有解决，现在又出现了许多新的问题，要在各种竞争性技术方案中做出选择，并在新老技术之间实现有效的平衡，比以前更加困难了。此外，还出现了许多其他问题，比如，老原则应当在多大程度上被保留或者被放弃，新原则应当被提炼到什么程度。

甚至海军关键决策者的素质也是一个问题。也许只有在幕后的研究人员，才具有判明发展趋势乃至做出具体的专业决策的必要技能。斯坦斯菲尔德·特纳在最近的一次讲演中强调，"专业的文职人员团队"在防御决策中的作用日益重要。但是这类人员往往是科学家，而不像过去那样是军职或文职的历史学家。[①]

现在，技术发展似乎正在向有关的历史规律发起挑战，向那些曾经经过检验的海上战略永恒原则的某些观点发起挑战。在许多人看来，马汉、科贝特和其他一些人只是在学术上著名而已；他们的某些观点可能被删除，直到符合新的条件才能被看到；甚至还有一些观点被现代的独立思想所引用，但仅仅是为了获得一些额外的支持。他们没有，也不可能在写作时具体讨论那些闻所未闻的东西。在这种情况下，技术将向基于历史得出的经验教训发起挑战，不管是有历史记载的还是没有记载的。从精密的、定量的和可重复的模拟技术中得出的严格"科学"结论，可能比那些从历史沉思中得出的假定和未经检验的总结要更有帮助。

---

① Stansfield Turner（1976）p. 2.

第八章

新海军的老任务

一、　核时代的海军

上一章扼要地谈到了海上战略环境中一些重要领域的变化。在过去，这种规模的变化往往引起许多关于海军职能的公开论战。如果说现在有什么变化的话，那就是这种倾向更加明显了。在核时代，不仅出现了海军如何执行传统任务的问题，而且也提出了海军继续执行这些任务是否一如既往地重要的问题。传统的海军行动与海军是"不相关的"，这种指责现在似乎比以前更多了。即使是海军本身，在一些人眼中也不如以前那般重要了。

当然，这事本身也不是什么新情况。人们常说，马汉著作的墨迹未干之时，就出现了新的技术进步（起先是潜艇，后来是飞机），推翻了他的理论。[①]

两次世界大战之间，空军的拥趸们把空军的强大吹上了天，海权基本上已经成为过去时。战略空军能够打击敌人的士气和继续战争的能力，是迫使敌人屈服的最迅速、最有效的手段。海权无法对抗空军。海军的主要强制手段——封锁，将不可能实施；就算可以，也耗时太长。如果敌方拥有一支现代化的空军，海权甚至不能独立地保护商船免遭空袭，也不能发动对陆作战或者防御来自陆上的攻击。里奇蒙德把这些"歪理邪说"总结为三个基于技术基础的反对意见：

1. 海权行动缓慢。未来的战争将是短暂的，海权没有时间取得能让人感知的效果。

2. 新型装备已经投入实战，主要是在水下和水面的上空，这些新型装备剥夺了海权控制海洋的能力。

3. 新的陆上和空中运输工具一直在发展，因此国家无须控制海洋，就能

---

① Graham（1965）pp. 29-30，124-125.

够从海外获得所需。①

里奇蒙德从两个方面对此进行了反驳。第一，这些观点夸大了新技术的效能。他在 1921 年指出："所有的这类新技术在出现的时候，都有反制技术出现。那种说法是违背科学规律的，不应该出现……科学能够发展一种武器，同样也能够找到对抗的手段。"② 因此，海权一定能够找到应对这些新技术的答案。第二，对空权和海权进行这种僵化的区分，主要原因是语义学上的谬误。如果海军把飞机带到海上去，那么舰队就能够对抗甚至击败陆基的空军。换句话说，空权能够成为海权的一个组成部分，它可以加强海权，并扩展海权的作用范围。

尽管在航空时代，二战的经验证明了这个佑护海军的大部分观点是正确的，但当战争结束后，立刻又一次遭到了抨击。在美国，关于防御的组织问题，在战略轰炸、海上任务，特别是海军的航母项目中谁有相对优先权的问题，军种之间吵得不可开交。为了推动 B-36 轰炸机项目，空军强调未来轰炸战役的决定性意义，并贬低其他两个军种在国家武装力量中的重要作用。

在这场论战中，有几个观点对美国海军来说非常致命。首先，正如塞缪尔·P. 亨廷顿（Samuel P. Huntington）指出的："没有哪个国家的海军能够与我们争锋。"马汉的理论建立在"多元海权世界"的假定之上。既然如此，谁是美国海军在保卫国家时的对手呢？正如一个空军的高级军官所说："除了陆军航空队，海军没有敌人可打。在当今时代，讨论下一场海上战争，就是个荒唐的臆想。我们需要海军的唯一理由，仅仅是因为还有别的国家拥有海军，所以我们肯定不需要为海军浪费那么多钱。"

这个简单但逻辑荒谬的观点，对公众舆论以及海军的未来都产生了巨大的影响。③ 在这种背景下，迅速成长的苏联海军受到了世界各国海军当权派的欢迎，他们松了一口气，而不是被吓得倒吸了一口凉气。

更严重的是，当时出现了戈尔什科夫所谓的"海军理论界的惊雷"。甚至主要海洋国家的海军建设也陷入了停滞，而极端观点却受到大力支持。原因

---

① Richmond（1934）pp. 100-103, 112-117, 249; also Till（1979）.

② Richmond evidence to Bonar Law Enquiry 5Jan. 1921. Cab. 16/37, Public Record Office, London.

③ Huntington（1954）.

就在于核武器的出现。戈尔什科夫写道：

> 结果非常不幸，我们有一些非常有影响力的"实权人物"认为，随
> 着核武器的出现，海军完全失去了作为武装力量组成部分的应有价值。
> 在这些人看来，据说不需要海军的参与，未来战争中所有的基本任务都
> 可以圆满完成。①

普遍观点认为，核武器对于事态发展的影响太快、太恐怖，没有给真正
重要的海上行动留下任何余地。

确实，大型水面舰船编队在核武器和其他形式的攻击面前太脆弱，海军因
此变成了首要的、更易于攻击的目标。"氢弹之父"爱德华·泰勒（Edward
Teller）在谈及航空母舰时说道：

> 在我看来，航母是一个极佳的打击目标。实际上，如果我们把思维
> 放在不仅我们有核武器，而且个别潜在敌人也拥有许多核武器的情形之
> 下的话，我就不会再把这么多的资金和人力投入到如此脆弱的目标上了。
> 只要想到这些，我就不会把任何舰艇放到海面上，因为它太好打了。②

这个观点在不同程度上被很多人所接受，其中包括赫鲁晓夫（Khrus-
chev），他以自己特有的方式接受了这个观点。

这是长期以来人们对海军大型舰艇的未来表示怀疑的顶峰。弗雷德·T.
简在1906年指出："曾经有人预见到爆炸威力无比强大的时代可能到来，一
击就足以致命，由此得出了小型舰艇注定要回归的结论。"③ 这种情况的出现
不完全是因为出现了核武器。水面舰艇是在三维（空中、水面、水下）的海
战空间里遂行任务，所以在遇到飞机这样仅在一个空间作战的兵力时，舰艇
的脆弱是不可避免的。随着水面舰艇的衰亡，盛行一时的争论也就没了，海
军的许多传统职能也将消失。

正如一些老的观点在核时代再次获得新生一样，反对的观点也随之产生。
首先，有人认为，海权自身也会吸收这些新的技术进步，因此能够在新威胁
面前保护好自己。海军能够有效地运用核导弹，仅凭这一点就足以说明，用

---

① Quoted in Herrick (1968) p. 68.
② Edward Teller quoted by Norman Polmar in George (1978) p. 212.
③ Jane (1906) p. 306.

戈尔什科夫的话说就是，"在整个战争过程中，海战的绝对和相对重要性都提高了，这毋庸置疑"①。即使在核战争中，海军的功能作用也不是变小了，而是变得更大了。

最后，还有人认为，在核时代整个战争的潜在破坏力如此巨大，足以遏止超级大国发动战争的念头。对于战争意外升级的相同恐惧，也可以阻止他们在北约的中央战场上爆发热战，这正是速决战学派最喜欢的场景。自相矛盾，这不会在其他地方导致自觉的局部战争和有限战争吗？美国海军作战部长、海军上将托马斯·B. 海沃德（Thomas B. Hayward）最近指出："有理由认为，美苏冲突更可能是非北约国家之间意外冲突的结果，而不是华约（Warsaw Pact）部队对北约盟军正面进攻的结果。"② 实际上，局部战争更可能是大国在全球动荡地区的政策所导致的意外结果，因为在这些地区，利益线的划分并没有欧洲中部那么明确。

这种战争很容易产生传统战争所具有的重要的海上行动，正如苏联海军上将 S. E. 扎哈罗夫（S. E. Zakharov）指出的：

> 苏维埃军事学说……承认存在着爆发常规局部战争的可能。在这种战争中，苏维埃军事学说赋予海上作战以重要地位，因此海战可能具有巨大的战略意义。③

在这种情况下，有时会有人认为，这种战争也许主要发生在海上，甚至只能在海上。因为海上冲突容易得到控制，不存在意外越界的问题，也很少会伤及平民百姓。

无论是否存在海战，这种有限战争都将是一种全新的事物，遵循自身的深层规律运行。有限战争可能在最严格的控制之下由"存在兵力"实施，目的是确保尽早实现一个比较有利的结局。双方都不可能为胜利而付出过高代价，以免对方为避免难以承受的损失而被迫提高赌注。即使这种情况可能存在，这种战争也需要新的规则。也许不得不放弃老的传统的海上战略了，因

---

① Gorshkov（1972）Art. 11..

② Adm. Thomas B. Hayward, before the Sea power sub-committee of House Armed Services Committee, 20 Dec. 1979.

③ Adm. S. E. Zakharov quoted in MccGwire（1978）p. 254.

为它们的总体目标是打败敌人，而不是争取有利的相持局面。①

上述观点导致许多人沿着有限战争的整体概念展开研究。现代世界是互相依赖的世界，任何一场重大冲突（特别是超级大国参与的冲突）如果持续时间过长，都蕴含着太多的危险。即使有限战争是在某个次要海域发生，也可能产生太多的机会；这些机会中的任何一个都可能会导致犯错误、出现意外，以及太多不经意升级的风险。按照这个定义，如果战争是为了明显重要的原因而打，怎么做才能可靠地限制战争呢？如果双方都保持克制以免战争升级，那么为什么还要进行战争呢？因此，这种探讨还在继续。

尽管核时代的海上战略只能针对陆上可能发生的某些想定来进行讨论，但分析结果会非常明显地迅速退化为对抗性的战争想定。似乎唯一可能出现的情况，是可能性太多而非必然性太少。单个的应急部队显然更容易被环境所困或被诡计多端的敌人挫败，现在这种可能性比过去更大。为了应对战争的不确定性，世界各国的军事机构都用常识性的却不引人注意的方式，自觉地检验它们当前的作战想定和情境，并在资源允许的范围内制定广泛合理的备选方案。对那些大海军而言，这意味着要在新旧任务之间实现某种平衡。

二、　夺取制海权

随着最近情况的发展，把决战作为夺取制海权的一种手段，并为满足其要求而集中全部精力的做法是否明智，受到了越来越多的质疑。质疑者认为，海上战争可能的持续时间变短，将鼓动各国海军迅速实施各种行使制海权的任务，而不是找到敌人并进行初战。随着技术的发展，建立兵力密集型作战舰队（a cohesive battle fleet）的思想在整体上已经过时。在这种情况下，有目的地消灭敌人的海军兵力，将是一个难以完成甚至是难以想象的任务。根据

---

① See Martin（1967）pp. 46-99.

这些原因，一位评论家最近指出："绝大多数学者都认同，除了海上交通线附近的可能冲突之外，在远海交战的时代已经一去不复返了。"[①]

然而，这些并不能代表世界两个海军大国的观点。戈尔什科夫写道："战斗过去始终是，现在仍然是解决战术任务的基本手段。"苏联海军近年来的发展情况似乎充分证实了这个观点，新造的巡洋舰，特别是排水量32000吨的"基洛夫"级核动力战列巡洋舰，表明苏联依然非常重视水面作战能力。

美国的海军学说也遵循了同样的传统路线。海军上将海沃德最近指出："在海上战争中，控制关键海域的最迅速、最有效、最可靠的方式，是消灭敌方在这些海域能够挑战己方控制权的兵力。"他还指出，西方学者有时会倾向于忘记进攻的必要性，因为北约国家习惯于按照这种方式思考，即"本质上是防御作战、性质上是反击作战的想定——为北大西洋交通线上的船队实施护航，以及类似行动"。"在战争初期最大限度地消耗苏联的核心进攻能力，即那些能够攻击我方兵力和商船的水面舰艇、飞机和潜艇"，这点非常必要。[②]很明显，马汉的影响力在这里几乎没有受到干扰。

当代评论家可能考虑得更多的是战斗的方式，而不是战斗的实际情况。作战舰队显然不会像过去那样，并排航行，猛烈对轰直至击沉对方。但是，如果认为这就意味着将来不会再有海战了，那就又重复了某些专家在两次世界大战之间所犯的错误，他们认为战列舰衰落的推定也就意味着海战的衰落。

将来的任何一次海战，都是在水下、水面和空中发生的多种形式的作战（可能按照各自的重要顺序进行）。未来海战涉及的海域要比过去宽广得多。双方舰队不是一字排开集火射击，而是"由分散配置、相互补充、互为支撑的兵力，遂行的精心策划的作战行动"[③]。虽然新式武器的射程和现代的指挥控制流程将会恢复海上战场某些统一性的表象，但战斗仍将是更加分散的状态。战斗可能更加短促，更加强调先敌开火和先敌命中。即使不使用战术核武器，战斗也可能非常激烈，伤亡率很高。美国海军上将霍洛韦（Holloway）

---

① George（1978）p. 93.

② Adm. Thomas B. Hayward, Statement before Sea power sub-committee of House Armed Services Committee, 20 Dec. 1979.

③ Jungius（1979）.

指出：

在与苏联的冲突中如果使用核武器，我估计我们航母编队的损失将会非常惨重。如果不使用核武器，我预计我们的航母编队将会损失30%～40%。我们没有统计数字，因为我们不清楚我们在未来战争中可能面临的无数种情况。①

然而，苏联海军的许多兵力部署和"紧密包围"（close embrace）的战术条令，重点强调的都是反航母作战，这使得上述预判比较靠谱。

此外，苏联的军事学说并不像西方那样，严格区分核武器和常规武器，这也许暗示了"打响核战争"的门槛是比较低的。然而，在公开文献中几乎看不到涉及未来海战使用核武器的后果的相关文章。苏联很可能想把战斗的代价变得更加高昂。戈尔什科夫指出："海战的目标差不多一直都是消灭敌人，这正是海战的特点之一。海军各兵种装备核武器进一步突显了这个特点。"②

劣势海军有可能执行前面探讨过的"存在舰队战略"的现代版本，但当代的海军思想似乎不太重视这个问题。当然对于美国来说，这主要是反映了他们在战后的传统优势。另一方面，苏联海军把太多的注意力放在了不利条件下如何实施有效的作战行动之上，但戈尔什科夫的确意识到了，过于依靠这种可能性是不可能促进他所真正希望的一流海军的各项建设的。

然而，某些现代技术即便没有被贴上"存在舰队"的标签，也似乎可以归入此类之中。这包括那些深思熟虑的，试图通过有意控制敌方对我海上控制能力的认识，从而影响其军事决策的方式方法。从这个意义上说，关于苏联海军的危言耸听的故事，赋予了他们比实际力量大得多的真实的军事效能。欺骗是另一种非常相似的技术。斯坦斯菲尔德·特纳写道：

明确的海上控制目标，并非必然要求消灭敌人的兵力。如能充分地误导敌人，使其相信自己无力抵抗进攻，我们就实现了控制海洋的目标。行军路线，伪装和模拟器材，以及其他反探测技术都可以使用，或与其

---

① Adm. James L. Holloway, Chief of Naval Operations, quoted in George (1978) p. 302.

② Gorshkov (1979) pp. 225-226.

他战术结合进行。[1]

特别是在西方的海军著作之中，对现代封锁样式的讨论进行得比较深入。"必须阻止敌方兵力进入开阔海域"〔现在有时称为"遏制"（containment）〕是西方关注的重点。[2] 北方的格陵兰—冰岛—英国之间，以及斯瓦尔巴群岛[3]—挪威之间的狭窄海域，是苏联北方舰队突入北大西洋的必经之地，北约海军在此海域遂行的防御行动将成为日常的战备行动。

斯坦斯菲尔德·特纳探讨了"突击控制"（sortie control）的观点，即："把敌方兵力严密封锁在他们的港内或基地内……今天的封锁，就是为了消灭敌方孤立的突击兵力。如果我们假定敌方握有港口附近的制空权，那么突击控制战术就必须主要依靠潜艇和水雷进行……这是切断一个国家利用海洋开展贸易或者实施干预的最经济的手段。"

第二种封锁技术是"咽喉要道控制"（choke point control）。特纳写道："有时，打击敌人的最佳位置是敌人必须通过的地理上的瓶颈地区。"不能在敌基地附近长期执行"突击控制"的兵力，可以采用"咽喉要道控制"的方法，这也是此方法的优点所在。[4]

苏联海军理论对于这个问题的反应正好相反。俄国需要打破封锁"向海上突破"（break through to the sea）[5]，从而把分散的舰队聚合成一个有机的整体，这是戈尔什科夫的著作中一个不明说但经常讨论的话题。过去占领重要的濒海地区常常有助于在周边海域确立控制权，有些人从戈尔什科夫的这番言论中觉察到，两栖作战（在挪威、斯瓦尔巴群岛和冰岛进行）将成为苏联所有反封锁战略的重要组成部分。[6]

给封锁和反封锁作战贴上新的标签，并不能掩盖这两种传统行动具有大家熟知的目标和问题这个事实。虽然技术进步意味着在任务的执行而非任务

---

[1] Stansfield Turner（1974）.

[2] Adm. William Crowe, US Navy quoted in George（1978）p. 22.

[3] 译者注：斯瓦尔巴群岛（Svalbad），主权归属挪威，位于挪威大陆与北极点之间的北极圈内，在巴伦支海与格陵兰海之间的北冰洋上。中国北洋政府在 1925 年签署了《斯瓦尔巴条约》，中国公民有权自由出入该群岛，有权进行正常的科学和生产活动。2004 年中国据此建立了中国北极黄河站。

[4] Stansfield Turner（1974）.

[5] Gorshkov（1972）Art. 1.

[6] For instance Gorshkov（1972）Art. 3；（1979）pp. 234-234. Also MccGwire（1978）.

目标上存在许多不同，但它们也可能非常相似。现代的封锁同过去一样，毫无疑问将涉及小型舰艇、水雷等类似兵力的使用，高度重视监视工作，并继续受到天气的影响（特别是在北方高纬度海域）。因为现代封锁也不可能完全可靠，对已经前出的敌方兵力也毫无作用，所以现代舰队指挥官也将会遇到前辈们所熟悉的那些困难。就像英国海军部在1914—1918年必须做出抉择时一样，是让轻型舰艇跟随大舰队行动，还是让它们直接去保护商船队？因此后人在面对既要封锁北方海峡又要直接保护大西洋交通线的双重任务时，仍然不得不反复斟酌兵力的分配比例问题。看来新海军也有老问题。

三、 海上控制

大多数学者认为，最近的技术发展让夺取制海权变得更加困难。戈尔什科夫指出："可以看出，保持制海权的时间有缩短的趋势，而夺取制海权的斗争变得更加艰难。"[1] 这个观点部分地反映了人们对于新技术对水面舰艇兵力影响的认识。导弹、鱼雷、水雷、岸基飞机，即使是被非工业化国家所拥有，也能够对在岸基兵力作战半径之内海域航行或作战的远洋海军，构成明显的较大威胁。约束海洋国家随心所欲地利用海洋的政治和法律限制，尽管缺乏强制力的支持，也不太可能成为战时的决策性因素，但也可能会造成额外的束缚和困难。[2]

综合以上原因，许多现代海上战略家都感到，继续使用"制海权"（command of the sea）这个概念已经不太合适了，这个术语在语气上过于绝对化。接下来，美国海军少将埃克尔斯关于海上控制（sea control）类型的阐述，明显支持上述观点。他认为：

---

[1] Gorshkov（1979）p. 233.

[2] Booth（1978）.

按区域和时间划分的海洋控制类型①

1. 绝对控制（absolute control）（制海权）

享有不受任何干扰的完全的海上行动自由。敌人完全动弹不得。

2. 有效控制（working control）

享有较高程度的海上行动自由。敌人只有在高度危险中才能展开海上行动。

3. 争夺中的控制（control in dispute）

每一方都要冒着相当大的危险才能实施海上行动。需要在特定海域和特定时间里建立起有效的控制，才能展开特定的行动。

4. 敌人的有效控制（enemy working control）

与第二种情况正好相反。

5. 敌人的绝对控制（enemy absolute control）（制海权）

与第一种情况正好相反。

因此，现在就应当废除"制海权"这个术语，用"海上控制"取而代之。根据斯坦斯菲尔德·特纳的观点：

> 术语上的改变看似无足轻重，但它是人们深思熟虑后的一种认可，是对潜艇和飞机的发展所导致的有限海上控制的认可……"海上控制"这个新的术语，意味着在有限海区和有限时间内更为现实的控制……除了最有限的含义之外，它不会再被想象为对海洋的全面控制（只有己方能够使用海洋），或者完全拒绝敌人使用海洋。②

有人提出了合理的反对意见，绝大多数传统的海上战略家都把制海权看作一个在本质上具有相对性的概念，正如我们前面看到的那样。但是用新术语代替老术语也是有意义的，它可以提醒人们现在总体情况比以前更困难了。尽管如此，也不应由此认为过去关于"制海权"的经验教训，现在都没有用了。完全不是这样。戈尔什科夫认为："像夺取制海权一类的海军学术问题，仍然具有现实意义。因此，围绕与现实相关的方方面面进行精心研究，是海

---

① Rear Adm. Henry E. Eccles, US Navy, notes 20 Jan. 1972. I am indebted to Rear Adm. Eccles and Dr John Hattendorf for this.

② Stansfield Turner (1974).

军军事科学的最重要任务之一。"这种体现了历史比较和历史实证价值的"精心研究"，贯穿于戈尔什科夫著作的始终。[①] 他用历史史实阐述了战略制海权与战术制海权之间的差别，并展示了消灭敌海上兵力是如何引领其他行动的。

然而，苏联海军对制海权概念的接受程度，一直存在争议。继承了中世纪经院学派最好传统的一些人，曾对俄国人关于制海权不同术语的确切含义进行过几次彻底的研究。[②] 研究结果表明，他们对"制海权"的理解也有广义和狭义两种。虽然由于地理和其他一些条件的限制，可能迫使俄国在以往某个时期对制海权概念的认识非常狭隘，但是现在的海军行动和建设计划表明，他们在这个问题上的视野不断拓宽。实际上从整个过程中可以得出一个有益的启示，海军对于此类抽象概念的理解，难免会采用符合现实环境的某种形式。虽然概念的表现形式可能随时间（和国别）而变化，但其本质特点始终不变。在上述例子中，基本也是如此。

海上控制明显具有两个互补的维度：一个是"海洋使用"（sea assertion）或"海洋利用"（sea use），另一个是"海上拒止"（sea denial）。第一个维度是指利用海洋实现传统目标的能力。特纳列举了四个目标：

1. 确保工业物资的供应；
2. 为海外部队提供增援/再补给；
3. 向盟国提供战时的经济/军事支援；
4. 为实施对岸作战的海军部队提供安全保障。[③]

这些显然特别适用于美国，类似的内容也同样适用于其他西方国家。北约国家非常依赖于海上的供应和增援，因此在海洋利用问题上具有特别的利益。

戈尔什科夫也竭力证明，苏联作为一个海洋大国，在海洋利用方面也拥有合法的利益。苏联致力于建造大吨位、高续航力的远洋舰艇，如"基辅"（Kiev）级航母和"基洛夫"（Kirov）级战列巡洋舰，这些都表明他们正在努力把这种梦想变成现实。这些舰艇的防御能力也显示，恢复能力的高低经常

① Gorshkov（1979）p. 234.

② For instance Vigor（1975）；MccGwire（1975）.

③ Stansfield Turner（1974）.

与海洋利用的雄心相关。

如果果真如此的话，那就是一个最新动向了，因为过去人们普遍认为苏联海军只能承担纯粹的"海上拒止"任务。海上拒止的目标是自己不利用海洋，但也不让敌人利用海洋。这有时会让人似有似无地联想到"存在舰队战略"的某些变异，只要海军存在，就可以这种方式获取有利的结果。戈尔什科夫在1970年写道："苏联海军舰艇要经常出现在大洋上，包括北约主力舰队盘踞的那些海区。我们的战舰在这些海区的存在，能够束缚帝国主义者的手脚，剥夺他们干涉人民内部事务的自由。"①

尽管如此，但"海上拒止"的本质被更普遍地视为"海上游击战"。"执行这项任务的海军指挥官在选定的时间和地点发起突袭，以达成最大的突然性；他不必与敌人针锋相对，而是打完就跑。明显劣势的兵力利用这种方式能够成功地挫败优势敌人。"②

"海上拒止"的武器清单在本质上是进攻性的，能够"发射后不用管"（fire and forget）的舰艇也是多种多样。

关于新的海上控制分类问题有几点需要说明。第一，不管从哪个方面的重要意义来说，海上控制实际都不是"新生事物"。毕竟科贝特说过："海战的目标，总是直接或间接地为了夺取制海权，或者阻止敌人夺取制海权。"③因此，他曾经提出的那些制海权的相关结论（制海权的必要程度、相对性等）④，现在依然适用；在有关海上任务的真正顺序这个棘手问题上，尤为正确。尽管从逻辑上讲，必须先控制海洋然后才能利用海洋，但实际上，正如戈尔什科夫所说，这两个过程经常同时进行。这个结论可能更适用于短期战争，尽管对于北约来说，在增援船队启航之前排除苏联海军的威胁可能更安全，但时间要求和欧洲大陆的事态发展可能都不允许这种优雅的节奏。

没有必要在任何情况下都要首先取得海上控制，这个事实进一步支持了这个观点。戈尔什科夫写道："既然作战行动已经变得迅捷且富有成效，那就

---

① Gorshkov quoted in MccGwire (1973) p. 255.
② Stansfield Turner (1977).
③ Corbett (1918) p. 87.
④ See Chapter 5, Sections f and h.

不需要为争夺控制权的海上兵力创造有利的条件。"① 即使在过去，也出现过双方都在利用海洋的同时，刻意避免主力交战的情况（例如在第二次世界大战时期的黑海）。再次出现相同的情况，也并非不可想象。即使如此，具备海上控制能力无疑也是最好的选择，最后可能会发现不必用，而不是被迫采用其他方式。因此，一支清楚自己必须利用海洋的海军，要做好为控制海洋而战的准备。

第二，显然应该把"海洋利用"和"海上拒止"看成是互为补充，而非互为替代的关系。两个大国海军就是用后一种眼光来看待这二者的关系的。罗伯特·赫里克（Robert Herrick）就苏联如何协调二者的关系进行了详细阐述：

> 苏联学者多年以来一直在讨论防御区的问题。苏联希望在距岸不超过 200 海里的海域保持制海权。在该海域，各种小型高速的飞机、水面军舰和鱼雷艇，甚至昂贵的岸舰导弹，都可以使用。除此以外的海域，包括苏联的各个边缘海，如巴伦支海、波罗的海、黑海和日本海，他们（指苏联）希望能够挑战我们的制海权。再向外就是他们所谓的开阔洋区，他们在那儿将实施"海上拒止"，因为在没有更多的航母之前，他们无力用水面舰艇支援潜艇作战。②

显然，这种海洋的"利用—拒止"频谱，是关于制海权作为一个对时空控制程度的另一种表述。舰队距离其主要的力量源泉越远，或者舰队实力越弱，国家利用海洋的雄心也就越小，更可能会满足于"海上拒止"战略，而不是"海洋利用"战略。

最后，必须再次强调，不应当把海上控制视为目标本身，而应该仅仅作为达成目标的一种手段。海军上将克劳写道，海上控制是"美国海军的突出职能，因为它是实施其他类型海上作战和支援海外美军部署的一个先决条件"③。然而，在美国海军思想界也出现了这样一种倾向：把海上力量的诸多功能合并为"四大任务"（战略威慑、海上控制、投送力量和兵力存在），甚

---

① Gorshkov（1979）p. 232.

② Robert W. Herrick in George（1978）p. 84.

③ Adm. William Crowe, US Navy in ibid. p. 69.

至合成"两大任务"（海上控制和投送力量）。这样可以把夺取制海权和行使制海权这两个逻辑上并不相关的流程，一起有效地运行：前者是海上战略的手段，而后者是海上战略的目标。如果这么做导致人们以为海上控制是目的本身的话，那就是一种非常危险的缺乏智商的表现了。因此过去有不少人时常发出呼吁，提醒人们警惕这种观念。比如 1948 年，美国海军中将 R. L. 康诺利（R. L. Conolly）指出："我坚信，发展'海上控制'就是目标本身的观点是在犯错误，只有充分利用（exploitation）这种控制才是重要的。"[1] 显然，他的提醒对于现在非常有用，正如对当时也很有用一样。但是我们都知道，康诺利绝不是第一个提出这种观点的人。

四、 保护海上交通线

科贝特认为，与控制海上交通线直接相关的作战是海军战略的核心。但现在有人认为，攻击和保护海上交通线的重要性比过去小多了。戈尔什科夫指出，美国大约在 1957 年左右把保交作战从优先任务清单中删除了，因为美国觉得海上是安全的。[2] 在美国当时的文献中，确实通常只把利用海上交通线作为海上控制任务的一部分。斯坦斯菲尔德·特纳在关于海军任务的著名构想中，几乎没有提到这个问题。苏联文献虽然对此任务以及其他相关任务的重要性存在着不同观点，但另一方面似乎在语气上带有很大的"礼仪"性质。然而，更深入地观察当今的思想潮流就会发现，过去海上战略家们全神贯注研究的这个问题，被人们忽视的现象比现实中更严重。

军事和商业的航运，对于西方盟国的重要性得到了确定无疑的认可。美国海军上将海沃德最近指出："我们的战略利益遍布大陆，以及与大陆相连的

---

① In a comment on a formulation by Adm. Raymond A. Spruance, in Eccles Papers, Naval Historical Collection, Naval War College, Rhode Island.

② Gorshkov (1979) pp. 162, 177.

海洋。实际上，我们与所有盟国之间都被海洋所分割。我们的经济生活越来越依赖于海外的市场和资源，我们对于海洋的依赖越来越大，而不是越来越小。"①

特别是西方海上石油航线的脆弱性，成为过去被称为"铁幕"的敌对双方的海军学术经常讨论的主题。一位苏联评论家在题为《石油与北约》的文章中，客观地指出："西方战略家意识到，在战时这些交通线一旦被切断，将给北约各国造成极为严重的后果。"②

切断北约的海上航线，在苏联海军的关键优先度上到底有多大，是一个争论很大的问题。③ 但有一点很清楚，苏联商船队和捕捞船队的规模和经济重要性都在变大，因此苏联在这方面的脆弱性也开始变得有可比性了，相似的保护任务无疑也落在了苏联海军身上。戈尔什科夫实际上已经预感到了这个新的变化。他指出，不管这个任务多么古老，"即使在当代条件下"仍然非常重要。而且，"随着苏联经济实力的增长，苏联在海洋上的利益拓展到了前所未有的程度，保卫这些利益免遭帝国主义的侵犯成为苏联海军的新任务"④。

有趣的是，在当前西方海军思想中很可能发现另一个熟悉的观点，在苏联也引起了共鸣，即保护海上贸易需要一支水面舰队（surface navy）。"当然，在特殊情况下，保护海上交通线有可能要借助导弹、飞机和其他手段（推测是潜艇），因此不能没有水面舰队。"⑤ 我们已经注意到，保护海上交通线始终是海军主义者坚持建设传统的作战舰队的主要理由。舆论观点通常认为，只要货物仍然通过水面运输，常规舰艇在保护贸易方面的重要优点就比潜艇和飞机更多，比如，舰艇在海上停留的时间比飞机更长，通信联络和兵力集中方面比潜艇更好。

然而海上交通线需要保护的观点也遇到了麻烦，因为这个观点是以某种持久的冲突为前提的。相反，如果战争的持续时间短、强度大，可能包括摧

① Adm. Thomas Hayward to Sea Power sub-committee of House Armed Services Committee, 20 Dec. 1979.
② A. Lagovskii quoted in Herrick (1968) p. 95.
③ For instance see the sceptical McConnell (1978) esp pp. 49-51; Hibbits (1978) pp. 8-9; Daniel (1978) pp. 227-228.
④ Gorshkov (1979) p. 276; quoted in MccGwire (1973) p. 350.
⑤ Adm. Ivan Isakov quoted in Herrick (1968) p. 74.

毁港口甚至使用核武器，那么保护海上交通线似乎就没有那么大的意义了。主要工业国家都有充足的物资储备，能够经得起最长的"短期"战争，而且，敌人的兵力可能有更加紧迫的事情去做，而不是倒霉透顶或愚蠢至极地在海上游猎商船。

反驳这种观点的理由是，短期高强度战争仅仅是整个战争频谱中的一部分，这个战争频谱的可能范围从一极的全面核战争到另一极的低层次袭扰。正如海军上将格雷顿所说，对商业运输重大而持久的威胁，可能是这些不同层次中若干种冲突的共同特点；其中最严重的冲突是在核保护伞之下爆发的某种贸易战争。"在海上的作战可能与大陆无关。只有舰员（和商船船员）深受其害……在这场北约的护航编队与共产党的潜艇之间爆发的不宣而战的战争期间。"① 除此之外，还可能出现针对某个遥远盟国的商船进行的特定袭击，在袭击中甚至可能既没有超级大国的海军参加，也没有直接盟国的海军参加，因为谁都可以采取这种做法，就像"马亚圭斯"（Mayaguez）事件那样。② 最后，也可能通过对商船发动一般性的袭扰，辅以偶尔出现的匿名或意外的沉船手段，来借机表达某种政治诉求。

在军事袭扰层次之下还有多种规模的威胁，比如运费打折战，或者对第三世界的海上供应施加政治压力。然而，海军在这方面的任务主要局限于"兵力存在"，这个问题将在后面继续讨论。

尽管严格意义上的军事可能性是多种多样的，但是对于海军来说，如果只计划应对短期高强度战争中的单个偶发事件，或者让贸易保护基本缺失的话，那是不明智的。毕竟在军事领域内，不能让任何事情在完全没有应对计划的情况下发生。

在西方海军思想界存在一个明显的、的确合理的倾向，就是主张集中力量确保特定军事航运的安全和及时到达。戈尔什科夫在讨论第一、第二次世

---

① Gretton（1964）p. 27；（1965）pp. 87 et seq.

② 译者注：越南战争结束后，由红色高棉组建的柬埔寨新政府在1975年5月12日截获了正在驶往泰国的美国商船"马亚圭斯"号，并强迫其驶入柬埔寨的孔泰岛。该船的任务是为驻泰美军运输约1000吨食品和日用品。5月15日，美特种部队展开营救，在伤亡数十人，被击落3架、击伤10架直升机后，救援行动宣告失败。

界大战时常常强调指出，切断军事交通线至关重要。他还借机秀了一把对于西方极其脆弱的航运的深刻了解："西方那些特别热衷于军事冒险的家伙们，应该静下来好好想想他们……分布非常广泛的交通线。"① 但同时也有一些相左的意见。人们常说，北约面对的欧洲战争能够轻易地从"站立起跑"（a standing start）开始迅速升级②，在这种情况下组织护送运输船队是非常困难的，因为在美国增援部队或军事物资到达之前，战争很可能已经结束了。

这种颓丧的分析是否正确，只有在对欧洲大陆当前的军事态势进行判断之后，才能给出评价。尽管这已经超出了目前工作的研究范畴，但有些人还是认为值得做些研究。第一，历史上关于绝大多数短期战争的预测都是错的，没有出现过"前线"的某个部分突然崩溃之后，在其他地方必然出现休战的情况。第二，尽管增援问题通常发生在连通欧美的大西洋交通线上，但还有其他一些航线也与此相关，特别是在北约的北翼和南翼。

概括地说，我们必须把海上战略和陆上战略作为一个整体，而不是两个分离的战略来思考。戈尔什科夫在最新版本的《国家海上威力》（*Sea Power of the State*）中，就这个问题进行了全新的、特别强调的阐述。书中暗示，苏联的军事高层始终没有充分理解海军在战争中能够发挥的作用，这导致他们对于"联合军事战略"在当前条件下的"极端重要性"没有正确认识。戈尔什科夫指出，俄罗斯在日俄战争中失败的主要原因，在于"制定战争计划的高级军官们，总是分开制定陆军和海军的计划，忽视了协调二者计划的必要性"。他还认为，鉴于破坏军事交通线的作战行动将对敌陆上战斗力造成不利影响，因此它们应当成为海军对岸作战的其中一部分。③

尽管戈尔什科夫觉得他还需要点时间来证明自己的观点——这是很有意思的事，但他关于海上战略和陆上战略必须保持恰当联系的主张，绝不是什么新观点。绝大多数传统的海上战略家在著作中都涉及这个问题，科贝特更是把它作为一个最重要的研究主题。这个问题经常被反复讨论，也说明该问

---

① Gorshkov quoted in Herrick (1968) p. 95.

② 译者注：意思是不需经过什么准备或过渡，就迅速进入激烈状态。

③ For these points and extracts from the original Russian version of Gorshkov's work I am indebted to Prof. Donald C. Daniel.

题有多么重要，而付诸实践又有多么困难。

在核时代，这个问题的重要性比过去更加突显，正如劳伦斯·马丁所说："新的威慑氛围和有限军事行动，模糊了各军种传统的功能界线。"① 美国增援欧洲所用的"大西洋之桥"（Atlantic Bridge），是化解因空中、海上和陆上战略不匹配或者过于片面地思考问题而导致的危险的最适合办法，这一点非常明显。

关于跨大西洋增援必要性的第二个普遍观点是：不应该把海上和地上这两个维度对立起来看待，正如必须把军事维度与政治维度统一起来一样。关于海上交通线对西方盟国的象征意义，很久以来一直有共识。例如，1953 年美国海军作战部长写道：

> 今天我们的整个政治军事哲学，都是基于"集体安全"这个概念。集体安全包括海外联盟、海外基地和美国部署在海外的军队。整体结构的基石就是盟国对于我们的信心，相信我们在任何威胁面前都能够而且必将继续控制海上交通线。②

正如一位北约高级海军军官指出的那样，苏联海军无出其右的成长速度，可能会使西方国家对于美国控制海上交通线的可靠性失去信心。如果向欧洲派遣、保障和增援（甚至是撤退）美军遇到了明显的困难，这不仅会导致北约的欧洲国家对美军能否到达丧失信心，还会造成美国从一开始就不愿意向欧洲派遣军队的情况发生，"如果是这样的话，美国在欧洲的影响力将会不断减弱。没有美国的大力支持，欧洲将很快坠入苏联的阴影之下"③。既然有效履行保护北约海上交通线的责任，能够表达确保盟国安全和威慑可能之敌的双重信息，那么这一行动本身就具有了超出单纯军事用途的战略意义。的确有人建议，对于苏联"海洋–75"（Ocean 75）军事演习和其他类似行动所展示的苏军强大的海上阻断能力，我们也应该首先从这个角度来认识。④ 很显

---

① Martin（1967）p. 166.
② Memo by CNO for the Joint Chief of Staff on Military Strategy and Posture, 7 Dec. 1953, Ser: 0001250P30. I am indebted to Dr John Hattendorf for this.
③ Mariner（1979）p. 719.
④ Daniel（1978）pp. 227-228.

然，在任何现代的保交作战理论之中，都必须给这些政治考量以一席之地。

假定保护海上交通线的需要一直都存在，那么传统的实践和经验在核时代还有多少是正确的呢？在历史与现实之间，首要的也是明显的相似之处是，保交作战需要一整套完善的措施，始终如是。

除了护航船队这个传统方法之外，现代的保交作战还可能包括遇敌必战（特别是飞机和潜艇），以及在贯穿“咽喉要道”的防御海域的合理区域里消耗敌人。水雷很可能对商船构成严重威胁，因此在近岸和港口附近海域需要大量的扫雷兵力。非军事措施，比如加强港口和商船管理以及物资预置等，都可以考虑。用飞机和近防系统武装商船的设想也完全可行。总之，现在不能再像过去那样，用单一的办法来解决护航问题。

至于这些不同方案如何保持精准的平衡，取决于特定战争类型中具体的技术和专业问题。如果历史可以借鉴，那么对商船的独立航行、伴随护航、“攻势手段”（offensive methods）和“保护航线”等方式的各自优点展开热议，就在意料之中了。比如在当代文献中，我们很容易发现这样的观点：潜艇相对威力的提高很可能形成一种新的威胁，“它可以消灭目前所有的水面舰队或商船队，或者将其赶入港内”，这无疑将削弱护航行动的价值。①

在过去的两次世界大战之中，潜艇作战的成功举世瞩目，在消灭或牵制大量防御兵力方面几乎达到了一锤定音的水平。戈尔什科夫写道：

即便在当今条件下，潜艇与反潜兵力的比例问题也是一个很值得关注的问题。如果反潜兵力数量众多、技术先进（就当时而言），具有巨大的优势，却只能部分限制柴电潜艇的行动，那么在面对战斗力与二战潜艇不可同日而语的核动力潜艇时，今天的反潜兵力需要具备多大的优势才有取胜把握？②

更何况反潜技术还没有取得可以期待的重大突破。

与老式潜艇相比，现代潜艇的航速更快、武备更好，在外部支援下也比过去更容易发现海上目标。这些新发展已经削弱了护航船队的几个传统优势；

① Cohen (1971) p. 331.
② Gorshkov (1972) Art. 9.

现代监视设备的应用，意味着护航船队不再是降低被发现概率的有效方法；潜艇杀伤力的提高和航速的增大（能够攻击和跟踪水面舰艇），这些都加强了反对护航船队的声音，在这些反对者眼里，护航船队就是老话所说的"把全部鸡蛋放在一个篮子里"。现在，目标集中明显更容易导致被发现和被消灭。

如果事实如此，那么就应当给予其他的"攻势"战略手段以更多的关注，比如在敌潜艇机动海域布雷，"前置猎潜群和远程反潜巡逻机"①。在新技术的视野下，原先的异类观点可能变成了真理：用反潜兵力在"海上航线"来回犁扫，这个观点似乎已被有些人接受。总之，一些旧的反对护航船队的意见过去是错误的，但现在却不尽然。

对现代护航船队有多少贬低者，也会有多少捍卫者。不仅有许多旧的结论仍然正确，而且更快、更高级的商船，更好的反潜技术和潜艇反潜的潜能，以及改进的近防系统等，都被认为是改善了护航船队的形势。最近一份研究报告的结论是："与三十年前相比，潜艇与护航船队的对抗天平已经明显地向护航船队这边倾斜。"②

可能的战争情境范围很宽，没有经过检验的攻防手段也有很多，在这种情况下，试图对海上交通线的重要性及其攻防手段这个当代难题给出明确具体的答案是不现实的。仅从这一条理由就可看出，拒绝把历史经验作为海上行动指南的可能来源的做法，显然是不明智的。

五、 对岸投送

在美苏两国的海军理论中，都有论及海权直接对陆施加影响的相关内容。他们称之为"海军对岸上的作战"（苏联军语）或者"对岸投送力量"（美国

---

① Letter by Capt W. J. Ruhe, US Navy to *Proceedings of the USNI*, (1961) Dec.
② Karber and Lellenberg (1977) p. 50. This subject has been extensively researched in Nitze (1979) pp. 312-318, 337-382.

军语)①。很明显，两个术语的内容都很宽泛。斯坦斯菲尔德·特纳提出了力量投送的行动频谱，包括从一端的"核打击"到另一端的"预防性兵力存在"（preventitive presence）。频谱的中间部分包括战术轰炸、海军轰击、两栖突击和反应性兵力存在（reactive presence）。戈尔什科夫的观点虽然在许多方面与之一致，但他基本上排除了"兵力存在"的作用，而代之以破坏或保护军事航运的特种作战行动。如前所述，这部分内容在美国属于海上控制的任务范畴。

然而，我们的分析暂时只局限于与下述思想相关的最新发展之中：

> 常规战争中的力量投送，包括美国海军从海上对敌岸上目标发动的空中打击和地面打击，还包括用舰炮轰击敌港口和岸上设施内的海军部队。这将加强美国和盟国陆上部队实现作战目标的能力。②

现在经常有人提出，常规的抢滩登陆作战面临着非常大的困难，既有政治上的困难，也有军事上的困难。"通过权"受到损害，实施对岸打击的政治经济代价不断增加。有评论家指出，"民族主义情绪的高涨，西方从传统势力范围后撤，以及强制干预行动的减少"③，都限制了未来实施力量投送的可能。此外，美海军陆战队经历的痛苦和磨难表明，投送力量还存在着军事方面的问题。第二次世界大战刚刚结束不久，那些想把海军陆战队从地球抹去的人们认为："只需几颗原子弹，就可以在远征部队集结、上船和登陆的过程中灭了他们……因为敌人也有原子弹，无法想象再来一次诺曼底或冲绳（Normandy or Okinawa）登陆会发生什么。"④ 在与核大国或其直接盟国的作战中，大量集结的舰艇和人员实在太脆弱了。

陆基精确制导武器扩散到一些小国，使得攻击这些小国的作战行动也面临着不断增大的危险。各国陆军机械化程度的提升，也增加了海军在两维空间（陆地和海洋）作战的难度，因为对面的敌人可能擅长在某个单一空间作

---

① 译者注：英文原文分别是"operations of the fleet against the shore"和"projection of power ashore"。

② Washington Planning US General Purpose Forces: The Navy. Congressional Budget Office, Dec 1976, p. 1.

③ MccGwire（1977）p. 11.

④ Lt Gen. Roy S. Geiger, USMC, 21 Aug. 1946, after observing the atomic bomb test at Bikini Lagoon. I am indebted to Dr John Hattendorf for this.

战。比如，为了便于海上运输，海军陆战队无法采用重装甲，这强化了他们作战能力的弱项。也许因为担心会退化成"以往战争年代里火力不足、行动迟缓的代表"①，海军陆战队宁愿与陆军并肩作战，也不愿与海军一起，越南战争就是这样的例子。

在"马亚圭斯"号事件中，美军在泰国湾（Gulf of Siam）孔泰岛的登陆作战中伤亡率相当高，参战的直升机近半数被地面炮火击毁或重创，这表明登陆部队很容易遭到原始却顽强的防御的杀伤。因此，人们当时对富有争议的两栖作战前景的质疑达到了顶点。美国国防部长詹姆士·施莱辛格（James Schlesinger）在 1975 年指出：

> 两栖突击部队……20 多年以来，从未遇到过比基本的登陆作战要求更高的行动，因此……在高威胁环境下实施抢滩作战和侧翼作战，将面临极大的困难。②

所有这些情况不仅对投送作战的未来，而且对海权的整体未来，都可能具有非常重要的含义。利德尔·哈特指出，从出其不意且（或）有利的方向实施对陆打击的能力，是"海洋国家能够拥有的最大的战略资本"。如果没有这一点，海权的功能作用将遭到极大的削弱。

尽管在核时代存在着各种疑问，但各国海军仍在继续强化投送的作用。特别是在苏联海军成为真正威胁之前，美国海军一直把投送作为自己的主要任务。按照戈尔什科夫的观点，由于海军具有实施干预性局部战争的能力，帝国主义从中获取了无数的战略好处。他指出："如果没有广泛、积极地运用海军，美军在朝鲜的干预作战注定要失败。"在越南的情况也同样如此。比如在 1968 年围攻溪山（Khe Sanh）期间，美军舰载机在 77 天里共出动了 25000架次，投弹 10 万枚，射击 70 万发。戈尔什科夫进一步指出，美国海军还实施了大规模轰炸，破坏越军补给线、保护己方交通线、海上封锁，以及由"内河舰队"在越南遂行的其他重要行动。对投送的优点进行总体的客观分析，以从中找到少许的希望，也许并不完全是空想。③

---

① Lind and Record（1978）p. 39 and their important study of 1976.
② Dr James Schlesinger quoted and discussed in Nathan and Oliver（1979）p. 48.
③ Gorshkov（1979）pp. 240 et seq.

过去，这类作战行动经常被作为夺取海上控制权的一项重要内容。1976年，霍洛韦上将用了很长一段篇幅来论述这个观点依然正确：

> 为确保我海上控制权，或者继续安全地利用国家所需的至关重要的远海海域，利用航母舰载机和海军陆战队进行兵力投送，是绝对必要的……在航母舰载机的支援下，陆战队的两栖兵力能够占领和扼守陆上地区，使敌人无法利用该地区来阻断①我们的海上交通线，或者允许我方兵力以该地为前进基地，打击有可能阻断（interdict）我海上交通线的敌方兵力……回想二战中太平洋战场的蛙跳作战（hopping campaigns）是很有意思的，这些战役并不是为了占领某些岛屿，而是为了一个单纯的目标——夺取前进基地，进而控制那些收复菲律宾和攻击日本本土所需要的海上通道。②

由此可知，海军同样也必须继续保持重要的反投送功能。1962年，索科洛夫斯基元帅的《军事战略》（*Marshall Sokolovsky's Military Strategy*）一书首次在苏联出版。书中没有对海军在国防事业的地位作用给予充分的褒扬，因而受到了广泛的批评。海军上将阿拉富佐夫（Alafuzov）③写道：

> 学者们必须考虑到这个现实，在敌登陆兵力还在海上的时候，甚至在还未抵达近岸海域之前，海军就能够消灭他们。更厉害的是，如果对方在现场有一支强大的海军存在，那就没有人敢冒险发起登陆作战了。④

在谈到帝国主义在局部战争中的海军行动时，戈尔什科夫明确指出："他们的这些作战行动没有什么借鉴意义，那都是在防御方没有一支真正的、能够有力抗击入侵的海军的情况下实施的。"在书中他显然坚信，对于敌方的投送作战必须给予"应有的打击"，这一点非常重要。为确保引起读者的充分重

---

① 译者注：此处原文用的是"indict"，意思是控告或起诉，讲不通。结合下一行文中使用的"interdict"，推测可能是笔误，两处都应该是"interdict"，即阻断或限制的意思。

② Quoted in Lt Col. Michael K. Sheridan, 'The Power Projection of Marines is an Essential Part of Sea Control,' *Marine Corps Gazette*, (1977) Sep.

③ 译者注：阿拉富佐夫，苏联海军上将，1901年7月生于里加（现拉脱维亚首都），1966年5月卒于列宁格勒（现圣彼得堡）。17岁加入俄罗斯海军，1932年毕业于海军学院。因卓越的海上指挥才能，1944年12月8日被授予一级乌沙科夫勋章。1945年4月任海军学院院长。著有《德国海军学说》，1956年出版。

④ Adm. Alafuzov quoted in Herrick (1968) p. 105.

视，他在 4 页纸的内容中 3 次提到了这个问题。[①]

海军对岸作战的战略运用，似乎已经说服了苏联海军，在理论和实践两方面都应当沿着美国式的传统路线前进。如前所述，戈尔什科夫已经充分展示了他关于第二次世界大战中海上作战对陆上作战影响的深刻理解。当然，在苏联这样一个被大陆思想主导的国度里，这是一条在政治上极具说服力的策略。海基核武器系统的出现也加强了这个观点。毋庸置疑，苏联海军已经完全接受了这个观点："确保完成打击敌陆上目标和保护本土免遭敌海军攻击的各项任务，是苏联红海军的主要使命。"[②] 1979 年苏联 13000 吨的"伊万·罗戈夫"（Ivan Rogov）号两栖攻击舰（能装载一个海军陆战步兵营及其装备）的服役，多次的海军演习，以及最近的航母发展政策，这些似乎都表明，苏联海军越来越重视对岸作战。[③]

二战结束以后曾经出现过几个情况完全相同的时期，大家对于两栖作战的未来感到很迷茫。对两栖作战效果的最早怀疑，被 1950 年在朝鲜发生的著名的仁川登陆平息下去。在越南战争的余波中，对两栖作战出现了同样的质疑，但结果证明这种质疑被夸大了。现在美国正在讨论组建能够运用于印度洋和其他海域的海上打击编队的可能性，看来也指向了这个方面。

对于海军的火力支援、后勤支援等辅助性作战，以及小规模的支援性或无对抗性登陆作战的担忧，肯定要比上述情况小得多。所有这些情况，确实是 1945 年以来各类海上行动普遍存在的共同特点。虽然两栖作战通过新式装备（如垂直短距起降飞机和直升机）和新的战法（如垂直包围），能够在一定程度上应对新的威胁，但是对于大规模对抗性登陆的可行性仍然存在怀疑。

不管怎样，这些在过去困难重重、激情四溢的作战行动，仅仅是现在所谓的力量投送任务中的一部分。即使在核时代，这类作战被认为代价可能太高（这绝不是普遍的观点），但是这项任务整体上肯定能够在新的环境中继续存在下去。至少我们知道，过去的概念与现在的概念之间存在着充分的连续性，分析前者有助于认清后者。

---

① Gorshkov (1979) pp. 242, 243, 245.

② Gorshkov (1979) p. 217.

③ Daniel (1979) p. 6.

第九章

新海军的新任务

　　新的环境不仅改变了传统海上力量的功能运用，而且催生了新的任务需要海军去完成。有时候，这些任务在概念上是全新的（例如，与应对海上核威慑行动相关的），或者在维度、要求和重要性上是全新的（例如，海军外交和保护近海资源）。这些新任务将会或多或少地与老任务争夺海军资源。而且，海军政策制定者也会或多或少地感到，很难从现有的海上战略文献中找到有助于决策的东西。

一、　保护近海资源

　　在过去 10 多年的时间里，在许多国家的近海出现了一个交织着政治、经济和技术利益的复合体，英国人异想天开地称之为"近海的挂毯"（off shore tapestry）。它代表了重要的新的食物来源、能源来源和原料来源；它使得海洋比过去更加重要，而非更不重要；它迫使濒海国家思考如何才能更好地管理他们的新财富。甚至有些海洋国家发现，现有的政府机构（到目前为止，其主要职责在领土范围之内）无法胜任此项任务。美国有大约 40 个涉及近海资源管理的重叠机构，英国有 20 多个。非常明显，老的模式已经无法适应新的现实，新的现实需要有协调一致的海洋政策和新的管理模式。同样明显的是，每一种新的资源和利益，都需要得到认知、理解和有效的管理。

　　现在，没有谁不知道海洋和海底作为能源库（煤、石油、天然气，甚至波浪能和潮汐能）和重要原料库的重要性。戈尔什科夫列举了一长串在海洋中发现的化学和矿产资源清单，实际上包括了从钍到砾石的所有资源。海床资源的开发已经开始，但在大陆架以外的洋底，无疑还蕴藏着更加丰富的此类资源。有效地开采和利用海洋资源，肯定需要一个被广泛认同的公平合理的海洋制度，以及对抗自然力、意外事件和破坏活动的保护措施。

　　正如戈尔什科夫所写，人类自古以来就在海上捕鱼，但是彻底地转变为工业化捕捞是在 1945 年之后。现在全世界每年的捕鱼量约为 7000 万吨，大约是 30 年前的 4 倍。捕鱼业是许多国家，特别是日本和苏联经济的重要组成部分，因此许多难以避免的矛盾开始出现。某些鱼类，比如大西洋的鲱鱼和北极区的鳕鱼，因过度捕捞而濒临灭绝。围绕这些或那些鱼类的最大可捕捞量、捕捞量的分配，以及谁有权做出最后裁决等问题，各国的争论无止无休。本地捕鱼船队和外来的高技术船队之间的关系开始变得紧张，因为后者进入他们的渔场后，会像吸尘器一样吸光他们的衣食来源。开发新的食物来源也遇到了很多困难，比如在南极、南美洲和福克兰群岛（马尔维纳斯群岛）之间的海域盛产磷虾，根据沙克尔顿勋爵（Lord Shackleton）在 1976 年所做的评估，每年的可捕捞量远远超过世界其他海区捕捞量的总和。

管理这些问题显然需要一整套国际公认的公平、有效的规则，以及确保渔船能够遵守的渔业保护规定。随着时间的推移，濒海国家无疑会倾向于扩大自己的海洋管辖范围。他们将在这些海区内识别、标绘和监控所有本国和外国拖网渔船的活动，确保这些渔船没有因采用错误的网眼规格或捕捞错误的鱼类而破坏规定。他们还需要执行更加严格的任务，确保外国渔船的捕捞量不会超出批准的定额。

海洋利用的各种形式交织在一起，表现为环境污染对于渔业（以及渔业资源再生）的影响，这些污染往往是一些海上活动无意识的副产物。1971 年，雅克·库斯托（Jacques Cousteau）在向欧洲委员会（Council of Europe）提交的报告中指出，世界海洋的生物密度在过去 20 年中下降了 30%～50%，主要原因是在海里倾倒垃圾（近海的和远洋的）、海上油料泄漏、航行事故和在海床上进行各种作业活动。海洋的脆弱性在于海洋各种生物之间的相互依赖性："所有的海洋生物都处在一个复杂的食物链之中，生物与生物、生物与周围环境之间的关系在海洋中保持着微妙的平衡。如果某个部分被打乱，将对整个系统产生有害影响。"① 显然在海洋利用方面，有效控制污染需要比过去严格得多的监督和管理。

比如，控制污染需要有一定力度的海上交通管制。海上事故和草率作业是造成污染的重要原因。首先是船长们的经济压力增加了发生危险的可能，

---

① Reed（1972）p. 26.

这些压力刺激人们去抢潮流、抄近路、横穿航线和搁置维修计划；其次，海上运输量的大大增加也加重了这一危险。世界运输船队的规模在最近的 25 年里增加了 4 倍。这些情况说明，海上航线像空中航线一样，随着时间的推移越来越需要更加严格的管理。在那些咽喉要道上，比如英吉利海峡，越来越多的周边国家加入船舶监视，分道航行，识别、拦截和抓捕罪犯，以及实施救助和清理沉船等行动之中。随着海洋利用规模的扩大，海上搜索与救援任务的要求也在稳步提高。例如在英国海岸周围，救生船每年的出动率由两次世界大战之间的 346 次，增加到了 1979 年的 2500 次。[①]

最后，随着各沿海国家不断扩大海域管辖范围，加强国内法和国际法的需求也越来越迫切。石油钻井平台和管辖海域内通航船只的安全、健康、福利、法律和秩序，仍将是该国政府高度关注的问题。打击古老而无耻的海盗行为的行动也将继续，因为在许多海域海盗仍然是主要的危险。贸易和运输模式更可能增加而不是减少对货物和人员往来进行监督的需求，当然这并不是新的需求。比如在英国，海关（Customs and Excise Service）的起源，可以追溯到 1356 年被任命为"检查员"（the Searcher）的一个名叫约翰·佩奇（John Page）的人，他的任务就是阻止羊毛和黄金的出口，以及从佛兰德进口纺织品。毫无疑问，海关的缉私艇将继续登临检查，目的是防止违禁的货物、动物和人员通过。同时我们还应谨慎地认为，在那些很少向西方开放的国家的海岸附近，这种行动也同样会进行，而且更加严格。

可以预见，这些海上活动的增加将对各国海军产生影响，也可能间接地影响当前和未来的海上战略。首先，建立全球性近海资源制度的工作还远没有完成。当前，关于管辖海域划界的争议，很可能是国际外交舞台的一个特征。其利害关系之大，足以在友好国家之间造成关系紧张，例如 1969—1970 年加拿大与美国关于西北航道地位问题的争议，加拿大的反污染措施和美国为"曼哈顿"号油轮护航通行等事件。在关系不太友好的地区，比如石油储量丰富的中国南海海域，海上竞争采取了更加危险的方式，如抢占争议岛礁，

---

① I am indebted to Mr Ray Kipling of the Royal National Lifeboat Institution for this and much other information.

使用严厉的外交抗议和危险的海军力量展示。[①] 1966 年，美国总统约翰逊用希望而非期待的口吻说道：

> 我们相信，在任何情况下，我们都决不允许在海洋国家之间，利用富饶的渔业和矿业资源的前景制造新形式的殖民竞争。我们必须小心翼翼地避免在公海上抢夺和占有陆地的比赛。我们必须确保，深海和洋底是且永远是全人类的共同遗产。[②]

但这仅仅是一个愿望。在它变成现实以前，各国海军只能希望在管辖海域划界逐步得到解决的过程中发挥部分作用。

关于特定国家在特定海域的资源分配问题，也存在争议。尽管英国和冰岛之间的三次"鳕鱼战争"引起了各国的重视，但这绝不是此类纠纷的第一次、最后一次，或者唯一一次。至少从短期内来看，管辖权和资源分配权的争议都可能会导致冲突，海军能够在其中发挥重要作用。事实上在几次"鳕鱼战争"中，在 1974 年 1 月中国收复西沙群岛的行动中，以及在该海域和其他海域发生的各类事件中，冲突都达到了相当激烈的程度。

海军在支持近海矿产资源开发方面的作用已成为许多争议的主题，在英国则主要集中在石油钻井平台的保护问题上。这涉及对此类威胁的相关问题做出决策，进而做好准备，并明确到什么阶段开始主要由海军负责保护。总的结论是，海军必须具备充分的应对突发事件的能力，以制止诸如抢劫和有限骚扰之类低强度的军事威胁。至于更高强度的威胁，则依靠海军的总体作战能力来应对。

最好是用面防御系统而不是点防御系统来提供这种直接而有限的保护，尤其是钻井平台仅仅是需要保护的整个系统的一部分。这种快速反应所必需的空中监视，最早是由皇家陆战队特种舰艇分队（Royal Marines Special Boat Section）提出需求，该分队于 1980 年 5 月在阿布罗斯（Arbroath）组建。这些舰艇自身需要有能力对威胁或事态发展做出相称的反应，需要简单、可见

---

① 译者注：此处的"中国南海海域"是指在我九段线以内的海域，自古以来主权就归属中国。二战之后，由于受到个别大国的挑唆和纵容，越南、菲律宾等南海沿岸国对其中的部分海域和岛礁提出主权要求。但这种要求显然没有历史和法律依据，不会得逞。

② Quoted in Mann（1972）p. 240.

的武器，高航速，良好的适航性和巡逻能力，良好的机动性和船体强度。而且造价要低。由于需要监视的海域很大，因而需要相当多的这类舰艇。

海军担负护渔任务的舰艇也应当具有同样的性能，尽管这些性能的搭配取决于任务的具体特点。在北大西洋这类存在敌意的海域，保护远洋捕鱼船队显然是一项具有特殊要求的任务，需要有坚固耐用的舰艇和意志坚强的人员。护渔当然不是什么新任务，比如在英国，从 18 世纪开始，护渔就已经成为海军的正式职责，但是现在这项任务的规模和复杂性已经超出了原来所有的认知。在与冰岛爆发的"鳕鱼战争"中，护渔行动发展成为新型的与众不同的战略和战术行动，完全不同于传统类型的军事行动。

这些职责，以及其他更多的各种辅助性任务，都需要海军在近海资源保护行动中承担起来。海军舰艇已经被普遍用于污染控制，依法对违法商船、走私船和海盗船实施强制措施，以及搜索救援等行动，这些都是为了"支持民事部门"。

尽管各国海军甚至会保留专门执行这些特别任务的分队（如搜救直升机分队），但通常并不把这些任务列为海军职能的主流。这些任务也常常被绝大多数传统的海上战略理论所忽视，或与之相左。比如，现在的海洋自身就是一个需要保护的区域，这个观点与已有的海军学说相矛盾，正如我们前面提到的，海军学说通常反对为了守卫固定的地点而束缚大量的海军兵力。因此，海上战略家们在与近海资源保护相关的问题上，无法给出建议。

在复杂的海上环境中，常常需要训练有素的人员和昂贵复杂的装备，才能完成那些看似简单、实则艰巨的任务。这也引发了一些人的焦虑：担心近海资源的保护工作可能挤占了那些原本可以更好地用于执行远海任务这个海军真正主业的资源。这些焦虑强化了下述观点：海军兵力不应当过多地用于警察式的任务，这类任务最好由类似美国海岸警卫队（US Coast Guard）的非军事组织去完成。

但是，这个解决办法似乎意味着费用和资源的倍增。由于种种原因，保护近海资源的任务很可能仍然是大多数国家海军的主要工作之一。这要求海军继续执行此类或别具一格的任务（加强污染控制），或传统的不起眼的任务（护渔、反海盗等，诸如此类）。海军的这些小任务很多都不是什么新任务，例如，英国海军在19世纪就耗费了大量时间去打击海盗和贩奴活动，以保持良好的海上秩序。英国一位海军将领说道：

> 我并不认为我们对"战争"二字给予了足够的思考。我们把海军更多地当成了世界警察，而不是一个与战争有关的组织。我们认为，我们的职责就是捍卫全世界的法律和秩序——保卫文明，在岸上充当救火队，在海上充当各国商船的向导、哲人和朋友。[1]

事实上，各国海军始终都担负着一定的警察任务，并将继续承担这些任务。

保卫近海资源的任务可能对各国海军的未来产生决定性影响。这个观点的逻辑在于事物之间的普遍联系，国家管辖权将持续地从海岸线向外扩展，把越来越多的公海海域包括在其中——塞尔登在《闭海论》（Selden，*Mare Clausum*）[2] 中驳斥格劳秀斯（Grotius）[3] 的观点。政治、法律方面的变化将会因快艇和反舰导弹（比如"迦伯列"和"飞鱼"）的广泛应用而得到加强，因为这些武器让强行通过争议航道的行动变得越来越危险，甚至对于最强大的远洋海军而言也是如此。

既然海洋的不可分割性和自由性是海权理论的核心，那么传统海军功能的效用普遍下降就可想而知了。例如，几乎随心所欲地从一个地点到达另一个地点的能力，是军事灵活性的一个重要的先决条件，也经常被作为海军力量所赋予的一个重要好处而得到加强。然而，就像英国"胜利"号（Victorious）航母和美国"企业"（Enterprise）号航母，分别于1964年和1971年穿越印度尼西亚海峡时的情况一样，这种航行自由可能因某些国家宣称在该海区拥有主权而受到显著削弱。

海洋强国对于这种新情况明确地表达了担忧。戈尔什科夫指出："这是一个非常令人担忧的征兆，某些国家将其领海线扩大到200海里，就是为了抢

---

① Vice Adm. Humphrey Smith quoted in Marder (1940) p. 15.

② 译者注：塞尔登（1584—1654），英国法学家，1618年完成了《闭海论》，1635年公开发表，是反驳格劳秀斯观点的最为系统的一本书。他认为英国有权占有英伦三岛周边的海域，同时也承认航行自由的原则。塞、格之间关于海洋占有和海洋自由之间的争论，最终促成了领海与公海概念的形成。

③ 译者注：格劳秀斯（1583—1645），荷兰国际法专家，被称为"现代国际法之父"。1609年发表了著名的《海洋自由论》，主张海洋的自由利用。

占更多的海域，而不是别的什么目的。"①

因此，一个遭到大国如此强烈反对的建议，不太可能再像过去某些时候那样得到很大的或很快的进展。而且，大国海军因沿岸国家禁止通行而自动服从，事情也不会简单地按照这个逻辑发展。② 总而言之，尽管新的技术、法律和政治环境肯定会给海上作战带来新的复杂情况，但仅仅因此而抹杀传统海军力量的作用，看来为时过早。

二、 海军外交

"海军外交"是一个相当新的名词，在一个国家用以影响另一个国家行为的海上行动频谱中，是危险性较小的那一部分。整个海上行动频谱，是从一端的无限制的军事进攻，到另一端的常规的外交说服，而且其中没有明显的间断。海军的外交活动可以不动声色地融入战争威胁和战争实施之中。尽管在海军外交中运用的是实力而不是武力，但在特殊情况下可以被视为实质性强制行动的一个保证。

不论在平时还是战时，海军的这类行动都可以被看作外交政策的手段，经常能够以不同的方式实现相同的目的。例如在和平时期，海军可以对供应国施加政治影响以保证获得战略原料，而在战争中则可以通过保护贸易的措施来实现同一个目的。海军通过战斗达成的军事目标（如保护贸易、占领领土等），在本质上归根结底当然都是政治目标，正如冯·马尔灿提醒读者的那样，对战争本身而言，它就是一种政治行为。③ 有时在冲突期间，海军甚至被

① Gorshkov（1972）Art. 11.

② See Booth（1978）.

③ von Maltzahn（1908）p. 1.

用作一种更为直接的外交手段：海军可以对中立国施加杠杆影响（lever-age）①，或者把保留海军兵力作为终战谈判时讨价还价的手段。②

但是，海军行动与政治背景之间的关系，比这里所讨论的要更复杂。在刚开始时，海上战争和其他战争一样，总是致力于追求气势如虹，进而产生军事上的必然结果和政治上的无意后果。1914—1918 年德国潜艇战的发展及其对美国国内舆论的影响，就是一例明证。而且，不论在国内舞台还是国际舞台上，海军的规模与运用往往都是政治斗争的结果（而不是起因）。正如马汉所指出的，不管怎样，"外交条件影响军事行动，而军事也影响外交手段……它们是一个整体中不可分割的两个部分，因此军队将领应当理解外交，反之亦然"③。

所有海上战略家都以各自的不同方式探讨过上述问题，这里引用约翰·斯图尔特·米尔（John Stuart Mill）的话："如果没有海军作为后盾，我们的外交将一无所成。"④ 科贝特也谈到，海军的首要任务是"支持或者制止外交行动"（其他两项任务是保护或破坏商业、促进或阻碍岸上作战）。⑤ 马汉也指出，拥有海权能够增强国家的威望、安全和影响：一个海洋大国成长为海洋强国，海权不可或缺。尽管并非完全赞同，马汉还是引用了纳尔逊的话："我恨你们这些舞文弄墨的人，英国的战舰就是欧洲最好的谈判家。"里奇蒙德也无数次说过："恰恰相反，海权的虚弱，将不可避免地在国内外引发政治上和战略上的危险。"⑥

传统观点也竭力强调，海上战略和海军运用应当与国家总体战略相适应，而且要符合国家领导人所希望达到的政治目标。尽管这个观点在平时和战时都适用，但大家关注的重点仍然集中在海军的战时运用之上。除了建议海军做好充分的、明确的战争准备之外，海上战略家们对于海军在平时的行动没

---

① 译者注：也可译为"放大效应"，即海军通过恰当的兵力部署和兵力行动，能够对岸上事态施加远远超过其兵力规模的影响。这种影响可以直接表现在政治上和军事上。在军事上的影响，既可以是战略层次的，也可以是战役层次的。在当代国家海军发布的海上军事学说中，对此都有专门论述。

② Gorshkov discussed this in（1972）Art. 4.

③ Quoted in Puleston（1919）p. 273.

④ Quoted in Graham（1978）p. 415.

⑤ Corbett vol. ⅰ（1907）p. 6.

⑥ Mahan（1899）p. 463；Richmond（1946）pp. 141-142.

有提出什么高见。里奇蒙德则采取了另外一种态度，他谴责那种仅仅为了提高威望而在和平时期肆意炫耀大舰巨炮的做法。

然而，这种对海军平时运用缺乏关注的态度在今天很少见了。毫无疑问，核时代运用武力的代价和风险越来越大，海军的运用已经出现了一种"向政治手段中民事部分转移的倾向，或者至少向低暴力层次转移的倾向"①。与之相应，人们对于特纳上将所谓的"海军的显示存在……用非战争的形式运用海军，以达成政治目的"，更感兴趣。特纳还进一步讨论了"预防性部署"（海军兵力的出现是为了阻止事态恶化为危机）和"反应性部署"（海军对危机做出反应）。这些兵力部署不论是威慑性的还是实战性的，都要符合当时的形势发展，能够对敌人造成可靠的威胁，而且还必须具备遂行下列五项基本行动的能力：两栖攻击、空中打击、炮击、封锁和侦察查证。②

尽管戈尔什科夫对此谈论不深，但海军的平时运用也是其著作的一个重要内容。他指出："在我们这个星球上你很难找到这样一个地方，美国领导人还没有在那里用他们爱不释手的外交工具——海军，打压过各国的进步力量。"但是这种需要不是帝国主义者的特权。苏联海军也能成为"人民和平与友谊的工具，遏制军事行动的手段，反对帝国主义列强对爱好和平人民的安全进行威胁的坚定力量"③。

戈尔什科夫还指出，苏联军舰访问第三世界国家有助于传播"共产党的热爱和平的列宁主义政策"，有助于扩大苏联的影响和威望。

> 海军能够生动地展示国家的真正战斗力……海军的展示行动在很多情况下，仅仅通过自身的潜能施加压力和威胁发动军事行动而不诉诸武力，就可能实现政治目的。因此……海军始终是和平时期国家战略的一个手段、外交斗争的一个重要支撑。④

虽然这种行动本身不是新出现的，但其受到的重视程度却是前所未有的。海军外交第一次成为海上战略家们关注的重点，成为海军公认的重要功能，

---

① L. F. Duchene in Martin（1979）p. 33.
② Stansfield Turner（1974）.
③ Gorshkov（1972）Art. 10.
④ Gorshkov（1972）Art. 10. and（1979）pp. 247-248.

而且有充分理由拥有这个功能。海军外交再也不是额外的负担，是海军无仗可打时的百无聊赖之事。这种外交活动上升为现代海军的基本任务之一，是由海军行动所处的新环境引发的变化所致。

即使如此，正如斯坦斯菲尔德·特纳所说，"海军显示存在的任务"仍然是大家最不理解的一项内容。尽管现代战略家们已经认识到了这项任务的重要性，但关于如何发挥其作用以及能够实现什么样的政治目标等问题，他们的讨论仍然十分粗浅。

这些问题大部分都留给了众多的现代非军职学者去研究。相关成果是迅速兴起的军事外交（diplomacy of force）著作中以多种方式形成的副产品，这里仅列出了相关的少数几个作者，分别是托马斯·谢林、奥兰·扬、科拉尔·贝尔（Thomas Schelling, Oran Young and Coral Bell）。① 在这个领域的早期作品包括：劳伦斯·马丁的《现代战略中的海洋》（Laurence Martin, *The Sea in Modern Strategy*），该书广泛地研究了各种非典型（less-than-absolute）的海上冲突；詹姆斯·凯布尔颇具创意的著作《炮舰外交》（*Gunboat Diplomacy*）。进一步发展这些思想的作品还包括爱德华·勒特韦克的《海权的政治运用》（Edward Luttwak, *The Political Uses of Sea Power*）和肯·布思非常详尽的《海军与外交政策》（Ken Booth, *Navies and Foreign Policy*）。这类研究通常非常宽泛，所以需要有更加具体的研究进行补充。此类带有特定背景的关于海军外交的作品包括乔纳森·T. 豪的《多重危机》（Jonathan T. Howe, *Multicrises*）和不断增加的关于美苏海军在地中海活动情况的作品。最近的作品有美国海军分析中心布雷德福·迪斯马克斯和詹姆斯·麦康奈尔合作的详细研究成果《苏联海军外交》（Bradford Dismukes and James McConnell, *Soviet Naval Diplomacy*）。

这些学者按照自己的方法，对海军外交的目的和方法进行了分类。凯布

---

① 参见托马斯·谢林的著作《冲突战略》（*The Strategy of Conflict*，哈佛大学出版社，1960）；《武装力量及其影响》（*Arms and Influence*，耶鲁大学出版社，1966）；奥兰·扬的著作《军队的政治》（*The Politics of Force*，普林斯顿大学出版社，1968）；科拉尔·贝尔的著作《危机协议》（*The Conventions of Crisis*，克拉伦登出版社，1971）。以及 Barry M. Blechman 和 Stephen S. Kaplan 的著作《不打仗的军队》（*Force Without War*，布鲁克林研究院，1978）。

尔概括出四种类型的海军兵力行动：一是既成事实型（the definitive，通常用于造成既成事实，例如朝鲜捕获美国间谍船"普尔布洛"号的行动）；二是目标明确型（the purposeful，迫使其他国家改变政策，如英国 1961 年在科威特附近部署海军的行动）；三是诱导催化型（the catalytic，如 1971 年美国向孟加拉湾派去"企业"号航母以影响事态发展的行动）；四是表达关切型（the expressive，只是表明态度，并无其他必要考虑的行动）。勒特韦克讨论了他所谓的"海军说服"（naval suasion）行动，这种行动要么是隐蔽的（通常是间接的兵力部署），要么是主动的（经过精心策划）。这些行动能够支持盟国，威慑对手或者迫使其改变政策。

　　肯·布思在研究海军外交问题时，很少从理想的政治结果的角度出发，而是更多地从海军的功能角度出发。他提出了一个海军功能三角形模型：三角形的一条边是警察或海岸警卫队功能；另一条边为军事功能（包括和平时期的威慑）；第三条边是外交功能，用海军来改变利益相关方的政治打算。和勒特韦克一样，布思认为，海军外交的手段主要与对部署的海军兵力规模、编成、位置、战备程度和行动的有效控制相关；此外他还增加了海军行动清单，包括海军援助（在训练和武器供应上提供帮助）、军事行动中的港口顺访（operational calls）和专程友好访问。

　　显然，海军能以多种方式传递信息和影响事态。比如，派出优势兵力将减少对方的选择余地，展示承担的义务，增加达成期望结果的可能。另一方面，弱小的海军可以介入竞争双方之间给局势降温。海上兵力可以自由地离开，甚至反方向开拔，以表达不欲介入的决定。公开的、强有力的海军外交展示最能抓住人们的眼球，但这不应当掩盖海军外交经常起到的缓和局势的作用。

　　尽管这里仅仅对上述重要著作进行了非常仓促的简要概括，但很显然，海军行动与其他外交手段一样，能够在相当大的范围内产生效果。[1] 与所有备选方案一样，海军外交有成功的，也有失败的。但是与其他备选方案相比，特别是在核时代，海军外交显然具有一定的优点。海军具有天然的机动性、

----

① Booth（1977）p. 47.

战术灵活性和辽阔范围的到达能力。单艘舰艇既具有通用性，又易于操控，能够相当自由地在世界大洋航行。军舰还具有令人印象深刻的持续作战能力，能够向岸上投送力量（真实的或象征性的），还是国家意志的重要象征。① 甚至海洋本身，就是各国竞相角逐的良好舞台，它显然隔离开了陆地上危险而敏感的冲突或者威胁性机动。②

但是，这种观点受到一些人的批判。他们认为，海洋被不断蚕食，温和展示武力所固有的风险在增加，世界舆论（支持"以弱凌强"）的分量在加重，海战的新技术不断涌现（增强了当地强势国家的相对力量），这些新情况都使得海军外交不再像过去那样顺手、普遍和有效。海军外交的作用将会下降，用某学派大佬的话说，它将变成"只能在友好国家和结盟国家的领海内进行的民俗形式的活动"③。

虽然肯定有些事例可以支持上述观点，但上述观点显然言过其实了。西方国家减少（很可能是暂时的）运用海军外交的情况，并不自然而然地表明海军外交整体功能的下降。实际上，最近一份研究报告显示："海军已经成为美国武装力量政治运用的一个最重要手段，在任何时间、任何地点和任何情况下都是。"在 1945—1975 年，在美军参与的 215 次国际突发事件中，海军占了 177 次。④ 最近在印度洋地区的事件和决策似乎表明，在越南战争的余波之下，美国运用陆上力量实现国家目标的意愿，可能比利用海上力量的意愿更弱。苏联对于海军外交的效用并没有表现出更为明显的疑虑。

海军外交的主要代表似乎仍然是水面舰艇。与潜艇或飞机相比，水面舰艇在这方面具有许多显而易见的优点。执行外交任务的舰艇与政治领导者之间，显然需要非常良好的通信联络。在多个力量层次上的灵活性和执行能力，是单艘舰艇特别需要具备的性能。通常认为，舰艇必须能够针对任何威胁做出恰当的反应，应该有能力在面对敌方兵力时合理地判断自己；它们应当迅速抵达事发海域，且数量充足，因为现场的兵力对比常常左右着事件的结局。

---

① Booth（1977）pp. 33-35.

② O'Connell（1975）p. 8.

③ Young（1974）p. 267.

④ Barry M. Blechman and Stephen S. Kaplan op. cit. p. iv -3.

但最重要的问题可能是，手头可用的舰艇必须适合即将执行的特定任务。

因此，在 19 世纪的中国海域实施海军外交，不需要"无法满足中国海岸特点的战列舰"，而需要能够运载、支援、补给和撤走陆军部队，攻占要塞，造成巨大压力的轻型无畏级炮舰，"32 磅炮……比其他东西都好用"。这些军舰需要这样的指挥官：他们清楚当前的政治环境，能够熟练地指挥舰艇航行，能够对付严冬中"混浊的浅水海域，其中充满了无法预知的危险，比如剧烈的潮汐、漩涡和水流"①。

开展海军外交需要特别的兵力和特别的程序，这个观点最近得到了大力支持。在 1962 年古巴导弹危机期间，美国国防部长罗伯特·麦克纳马拉（Robert MacNamara）和海军作战部长之间的那次著名争论说明，政治现实要求下大力气改革海军传统的技能和行动。麦克纳马拉认为："单纯的危机管理战略之流的东西，再也不会有了。"② 这并不影响约翰·保罗·琼斯（John Paul Jones）在很久之前撰写的如何实施封锁的相关内容。美国海军针对古巴的隔离行动非常独特，在必要时海军将不得不突破自己既有的某些规则。必须修订常规程序以适应现在的政治形势，这个任务甚至可能需要一支新型的海军。

海军的作战能力与外交能力之间的紧张关系并不是新鲜事。英国海军上将费希尔在 20 世纪初就指出了这两种任务之间的竞争关系，在重新调整海军兵力部署时，他从舰船名册中剔除了近 150 艘军舰——这些军舰要么航速太低，要么战斗力太弱。费希尔试图集中海军兵力用于对德作战，而不是将他们分散用于远方的政治任务。过去海军指挥官们常常担心各种酒会太多，导致训练时间不够，现在这种情况再次重演。在当代，海军外交可能需要大型水面军舰，而战争却需要隐蔽性好的潜艇。从政治上考虑，也许要求第 6 舰队"分散部署……并派遣他们访问许多港口，从而影响更多的民众"，然而战备任务却需要舰队是若干个保持密切联系、能够相互支援的兵力集团。③

外交任务也许不需要海军将士具备最高级的训练水平，那个水平是为了

① Quotations from various officers on the China Station in Graham (1978) pp. 58, 135 et seq.

② Quoted in Martin (1979) p. 168.

③ Adm. Gene La Roque in George (1978) p. 197.

确保能够在大洋上打赢高技术武装的敌人。因此，人们很可能极少关注这项任务及相应的海军需求，尽管事实是"在海军兵力未来最可能承担的任务中，有95％的可能是显示存在"①。因此，海军的资源被压缩得非常厉害，甚至世界上最强大的海军，也不太可能专门为了外交而发展兵力、建造舰艇或武器装备。

但是，在对这两项任务进行选择时，存在着很多互相矛盾的问题。有人指出："许多人认为，应当以最有可能发生的干预或危机管理情境为基础，来确定美国海军的规模和结构，而不是根据全面战争中最困难的威胁来确定。"②但也有人持反对意见，他们认为海军必须能够在最严酷的威胁下生存，目的是在最可能出现的情况中获胜。

对此类问题做出决策，以及就任务优先顺序进行政策选择，显然需要全面准确地理解"海军外交是什么"的问题，尤其是海军外交如何发挥作用，以及海军外交有哪些要求等问题。对于主张显示海军存在的人来说，理解这些问题也能起到宝贵的纠错作用，因为他们极少注意到"显示存在"可能面临的困难、失败，甚至偶然出现的反向效果。还应当警惕这种倾向：由于海军经常作为首批可用兵力，从而不假思索地派遣海军兵力。但是到目前为止，在这些事情没有做好之前，海军外交战略的规划已经开始制定了。正如斯坦斯菲尔德·特纳所说：

> 我认为，我们这些执行海军"显示存在"任务的人，并没有充分理解如何才能让兵力行动适合当前的形势：当我们接到命令要在某种环境中提供帮助的时候，怎样才能确定我们手中的兵力，的确是最符合环境要求的兵力。③

---

① Adm. Elmo Zumwalt quoted in McNulty（1974）.

② Rear Adm. C. A. H. Trost in George（1978）p. 331；also Cable（1971）p. 166.

③ Stansfield Turner quoted in Nathan and Oliver（1979）pp. 72-73.

三、　战略威慑

海军学者始终认为，海上力量与其他力量一样，是和平的最好守护者和国家安全的捍卫者。马汉指出："保持和平的最可靠的办法，就是占领一个具有威慑性的战略位置。"这条原则是从 19 世纪英国强权下的世界和平（Pax Britannica）的历史中总结而来的，当时大英帝国的海军震慑了所有的潜在挑战者。在 1897 年维多利亚即位 60 周年的钻禧阅舰式（Diamond Jubilee Fleet Review）上，海上停泊的长达 30 海里的英国舰艇就是展示这种海军威慑的特殊手段。一个美国参观者评论道："我猜测，先生们，这对和平是有利的。"[①]

能够打赢敌人或者至少能够充分自保，这种实力和总体能力是威慑的主要构成，不论是海上方向还是其他方向都是如此。"最大的威慑就是让敌人知道，如果他敢动手，你就能打得他满脸桃花开。"[②]尽管这个说法正确无疑，但不能由此得出结论，必须让敌人认识到器不如人或惨败就在眼前时才感受到威慑。只要己方的海军力量足够强大，能够让敌人的行动代价超过可能收获的好处时，威慑就足以生效。正是这个原则支持了提尔皮茨所倡导的"风险理论"，这部分内容在前面已经讨论过。

准确评估敌方决心的坚定程度，显然是威慑筹划中不可或缺的内容。既然威慑的效果模糊难辨，那么毫无疑问在局势紧张或不是很太平时，就必须经常对威慑效果进行验证和研究。因此当一方采取闯入或骚扰战术，比如用飞机绕着舰艇嗡嗡叫，或者进行夸张的演习（或者玩危险的水下游戏），这都是展示力量和决心的有效方式。这类行动是对手之间、盟国之间进行国际对话的重要内容。尽管威慑的表现形式可能是新的，但这类行动的指导理论却

---

① Quoted in Marder（1940）p. 17.
② Eberle（1976）p. 30.

非常传统。归根到底，力图影响可能之敌的心理预期，始终是各国在和平时期保持海军的主要原因之一。

这种非语言形式的交流的准确需求，当然取决于具体情况，但是在各种环境中"对自己心中有数"（give a good account of oneself）的优异能力，显然是实施海上威慑的宝贵资本。无论何时何地都能够有效应对任何层次、任何类型的威胁，海军越是接近这种理想状态，实施海上威慑就会越有效。许多学者也经常谈到威慑的"无缝之网"（seamless web）问题，他们认为在威慑频谱中不应当出现断裂，这个裂口如果被足智多谋或别有用心的敌人趁机利用，可能成为引发己方弱点的一个危险根源。就像一根链条一样，只有把所有环节牢靠地连接起来，威慑才能为目标服务。鉴于这两个原因，威慑需要能够应对各种突发事件的"均衡的海军部队"。

威胁的"无缝之网"既包括战时行动，也包括平时行动。比如在第二次世界大战中，潜艇在攻击商船队时所受到的威胁，来自护航兵力的位置、数量和已知的效率。换句话说，一旦战斗打响，威慑就不应当停止，不一定要改变威慑的基本样式。

有些学者认为，与西方国家相比，苏联军事哲学承认这个事实的意愿更强。苏联著作的重点不但关注如何阻止战争，而且也关注"一旦威慑失败"，如何进行战争和打赢战争。事实上，只有在战争爆发而且无法继续取得胜利时，苏联式的威慑才会失败。在任何理论方式上，苏联都没有把实施威慑与进行战争对立起来，他们也不认为在避免战争和打赢战争之间存在着任何冲突。① 强调以实施战争为代价来制止战争，这种思想可能存在危险，而西方也许要从根本上削弱实现这两个目标的手段的效率。

因此，海上威慑不是海上战略的特有要素，它没有自身的特定需求。恰恰相反，海上威慑只不过是那些执行传统任务的舰艇所具备的传统海上战略功能的一个变形而已。也许最值得强调的是，舰艇不能"为威慑而设计"，只有具备了高效遂行海上日常任务的能力时，舰船才能够对潜在敌人产生全面

---

① Discussed in MccGwire（1978）.

的威慑效果。换言之，重视作战功能，就将兼顾到威慑功能。①

　　什么时候才算是进入了海上威慑频谱中的核威慑阶段，这很难说得清楚。核武器巨大的绝对威力，把使用核武器变成了一项与其他海上行动完全不同的任务。另外一些因素也加强了这个结论。执行核打击任务的部队（当前主要是弹道导弹核潜艇），行动方式完全不同于其他的海军兵力。海基核力量的军事目标是单纯的陆上目标，它们不直接影响海上战争的发展，不会保护或破坏海上交通线，也不会互相攻击。无论在什么地方，它们都尽量避免与其他舰艇的接触。1974 年美国的一份报告指出：

　　　　北极星弹道导弹核潜艇（Polaris）是西方海军中的一支奇兵……它显然不具备古典海军理论中的任何海军功能。舰队的目标是迎击并消灭敌舰队，而北极星潜艇并不参与其中：它们在打另一场战争。②

　　有关北极星潜艇运用的各种谋划，可能由同时负责陆基核轰炸机或核导弹的权威机构负责，事实上也经常如此。这样的话，还怎么能说它们具有海军功能呢？英国海军上将格雷顿的结论是："北极星潜艇并不代表传统意义上的海权，它们代表的是战略威慑力量。"③

　　该观点促使许多国家的海军不愿去执行这项任务，因为它消耗了太多的宝贵资源。尽管核威慑不是真正的海军任务，但却占用了相当多的技能人员、资金和科研力量，使得海军在执行那些更为明显的海上任务时面临着更大的困难。因此，过去通常是由常规海军部门之外的人员和机构，来负责建设海基核威慑力量。

　　此外，有种观点轻蔑地认为，战略威慑不过是"对岸轰击"的新发展而已，这里没有必要引用此类观点用以证明，关于海上战略威慑独特性的理解有一部分源于两个错误认识：一个是关于高级原则的，另一个是关于作战实践的。首先，把威慑这个连续统一体分割成若干片段，这种企图很可能面临语义学和概念上的诸多困难。比如，航空母舰上具有核打击能力的飞机，或者再进一步，装备了核巡航导弹的传统军舰，处于什么地位？即使能够说清

① Stansfield Turner（1976b）p. 25.
② Walters（1974）p. 131.
③ Gretton（1965）p. 180.

楚这个问题，被成功切分开的"战略威慑"也会给相关问题带来新的困难。因为前面已经谈到，当代学者的整个研究重点是威慑频谱中存在着裂隙，这是一个错误的概念和潜在的危险。其次，人们通常认为，既然海上战略威慑取决于传统的海军行动，那将其作为海军行动的一部分应当更为合理。这项任务通常应归入"力量投送"或"对岸作战"等行动之中，它涵盖了"进攻作战频谱中很宽的范围，从弹道导弹核潜艇的战略核反击，到航母舰载机的外科手术式空中打击"①。

而且，对岸作战至少需要有一定程度的海上控制。发射导弹或弹射飞机的军舰要利用海洋接近目标，就必须由其他兵力提供掩护以应对敌人的海上防御。常规海军为完成战略威慑任务提供了必要的海上条件，这一点非常重要，戈尔什科夫对此特别强调：

> 水面舰艇仍然是保障海军主要突击兵力——潜艇展开的主要作战手段，经常是唯一的作战手段。借助良好的隐蔽性，潜艇从基地启航后能够保障自身安全，这个错误观点已经被两次世界大战所证明。②

海军支援兵力通过"清扫"（sanitising）通道和部署尾随的潜艇或反潜群，帮助战略导弹核潜艇完成任务。这些行动目前在名义上是新的，但绝非不可理解的。传统海军理论中关于夺取制海权方法的内容，也许与战略威慑任务的预备阶段有一定关联。简而言之，即使这项任务在某些具体方面是全新的，但在其他方面却并非如此。总之，战略威慑"必须以海权为先决条件，并为海权提供明确的目标和合理性"③。

戈尔什科夫列举了把战略威慑手段转移到海上的诸多优点。这种方法可带来更大的到达范围，允许从多个不同的方向实施突击，减少敌人对己方本土实施解除武装式打击的动机。由于弹道导弹核潜艇太难以被发现和消灭，"敌人核导弹中相当大的一部分将被白白浪费掉"。基于上述所有原因，戈尔什科夫认为，海军已经成为"利用核打击实施威慑的一个最重要因素"④。根

---

① Crowe（1978）p. 22.
② Gorshkov（1979）pp. 196-197.
③ Bull（1976）p. 2.
④ Gorshkov（1979）pp. 167-168.

据一些学者的观点，实施战略威慑行动已经成为苏联海军的首要任务。^①

在考察美国关于这个问题的海军理论时，战略威慑任务的细节变得稍稍清楚了一些。斯坦斯菲尔德·特纳认为，战略威慑具有三项主要功能："阻止对美国或盟国的全面核突击；让潜在敌人发动仅次于全面核突击的企图时面临无法承受的损失；保持稳定的政治环境，尽可能减少针对美国或盟国的入侵或实质性威胁。"

他还提出了四个"兵力战备目标"（force preparedness objectives）或者"战术目标"，其中最后两个内容涉及美国在全世界面前的形象问题："第三个目标，阻止第三方国家^②运用核武器攻击美国。因为任何第三方国家的核武器储量都与我国相差悬殊，所以威慑苏联的兵力同样也可以威慑这些国家。第四个目标，我们应当保持足够规模的战略部队，使我们不至于在苏联或任何其他国家面前处于劣势。如果我们允许让苏联战略地位明显超越美国的观点得逞的话，那么我们将会发现美国的政治决策受到不利影响。因此，我们必须永远牢记在心：我们的军队在非苏联世界面前应当展现出'实力平衡者的形象'（the balance of power image）。一方面，这个形象影响我们为实现战略威慑而买什么、买多少的问题；另一方面，它也影响我们怎样来讨论实力对比、怎样评价我们自己。"

前两个战术目标，是关于阻止苏联向美国或其盟国发动全面或局部核突击的问题：

> 第一个目标，保持可靠的二次核打击能力，以遏制针对美国的全面战略核突击。当前的任务，就是阻止苏联发动一场核战争。为此，我们应当保持一支战略打击部队，有能力让任何敌人，甚至在其已经攻击我们之后，遭到无法承担的报复。海军的北极星－海神－三叉戟潜艇部队，就是这支威慑力量的中坚，因为它们在核打击下具有很高的生存力。

> 第二个目标，规划好我们的兵力，确保美国不会因局部核打击而跌入无法接受的局面。就算苏联仅仅打击了我们一部分的战略部队，但当

① McConnell（1978）pp. 37 et seq.
② 译者注：指除苏联以外的其他有核国家。

知道苏联仍有足够力量攻击我们城市的时候，美国对苏联的城市进行核报复是否可行？这意味着我们的战略打击部队要能够对目标变化迅速做出反应，并准确发射核弹。弹道导弹核潜艇部队能够很好地满足这些要求。[1]

关于如何精确定位这些目标的问题，因为涉及目标选择和整体战略威慑学说等保密内容，显然超出了我们现在探讨的范畴。但是有两点需要指明。一是美国思想界明确希望把区分核打击目标变成可能。美国国防部长施莱辛格宣称："重点是要制定多种备选方案，要有选择性和灵活性，确保我们的反应恰如其分，不至于因为不恰当的反应而激怒对方。"[2] 二是在仔细研究了苏联战略文献之后，一些学者认为，苏联海军至少保留了一些弹道导弹核潜艇作为预备队，目的是在战时实施威慑：迫使已被削弱的敌人接受苏联的条件；减少进一步的损失；必要时一锤定音；对第三方（特别是中国）实施威慑。[3] 由此看来，世界上两支最主要的海军都在考虑某种形式的"遏制战略"（withholding strategy）。也就是说，海上战略威慑部队必须具备相应的能力，以应对持久、审慎和可控的作战行动，即便是核战争已经打响。因此，弹道导弹核潜艇持久的作战生存能力，必须成为现代海上战略一个主要的前提条件。

在对方发射导弹或起飞飞机之前就能够削弱对方威慑平台的生存能力，已经成为海军一个相对重要的功能。就美国海军而言，这个功能包含在整体的反潜作战能力之中，不需要从中进一步区分出来。反潜作战效果非常广泛，但只有其中的一部分能用来对抗苏联弹道导弹核潜艇。反潜作战特别适用于区域防御作战，比如以控制弹道导弹核潜艇的进入点为目标的作战行动，等等。

至于苏联是否给予这类防御任务以同样的优先地位，目前尚存在许多争议。有专家指出，防御西方航母在北部高纬度地区对苏联本土的攻击行动，早已成为苏联海军重点关注的一项长期任务。不仅如此，这个传统一直继续到北极星潜艇时代，以及之后的时期。如此这般的结果是，苏联相当重视攻

---

① Stansfield Turner（1974）.
② James Schlesinger 1974, quoted in Nathan and Oliver（1979）p. 45.
③ For example McConnel（1978）pp. 45-46.

击型核潜艇的作用，特别强调空中和水面作战体系的反潜作战能力。美国新式的三叉戟弹道导弹核潜艇（Trident SSBN）的潜能极大地增加了反潜作战的困难，但有份研究报告指出："一切迹象，包括戈尔什科夫本人的论述都表明，苏联正在竭力满足这种作战行动的需求。"①

其他学者并不认可上述结论。他们指出，实施这种战略防御的实际困难非常大，最近已经迫使苏联海军调低了这类任务的优先地位。尽管一直到20世纪60年代中期，苏联海军的确对打败航母编队和弹道导弹核潜艇始终保持着关注，但"与那些流传甚广但实际却毫无根据的空想恰恰相反，从那之后这些行动已经不再是主要任务了"②。他们认为，苏联反潜战的目标现在换成了西方的攻击型核潜艇，因为这些潜艇可能威胁苏联的弹道导弹核潜艇。换句话说，苏联的企图是通过反潜作战保护己方的战略威慑力量，而不是攻击西方的战略威慑力量。

当然，随着潜射弹道导弹射程的迅速增加，潜艇探测技术在短期内取得快速突破的可能性不大。似乎在可预见的未来，海上行动除了能够些许降低对方威慑力量的效能之外，不太可能取得更大的成绩。但因为无限制核打击的后果实在是太可怕，因此任何可能减少对方毁灭性威胁的行动都被认为是值得的。这种观点特别符合苏联关于威慑的主张。

然而在某些方面，相互威慑的稳定性依赖于双方都深信不疑，即使在遭受了核突击之后仍然有能力给对方造成无法承受的损失。如果战略性反潜作战的效率达到一个很高的水平，进而威胁到了现有威慑均势的话，将会触发非常危险的不稳定状况。正因为如此，有些专家对于战略性反潜作战的进步忧心忡忡，极力主张把这项能力列入海上军备控制的首要目标之中。

解决这一问题的困难在于，能否明确区分哪些是主要针对弹道导弹核潜艇的反潜战，哪些是保护海上交通线的传统反潜战。与当前海上战略的其他问题一样，这个新问题似乎与老问题形影不离地纠缠在一起。

① McGwire（1978）pp. 40-41.
② McConnell（1978）p. 47.

四、海上战略：昨天、今天和明天

　　最后两章讨论了一些当代的海上行动，其中有些是全新的，有些完全是传统的，还有许多则是兼而有之的。但即使是很熟悉的、长期存在的海上行动，新的时代条件也会让我们对这些行动有许多不甚明了之处。因为上述原因，这些归纳出来的观点完全都是试验性的，而且都集中在行动技巧之类的狭隘方面。最后，对那些已有的思想观念在当代的含义仍然存在疑问，即使是对那些大家所熟知的海军任务亦是如此，对经典海军理论家的结论也必须进行重大修改，尽管修改到何种程度尚不清楚。至于那些新的海军行动，则更容易发现，它们与这些传统观点之间毫无关系。

　　知道了上述原因也许就能够理解，为什么海军官兵以及关注海上行动的人士都感觉到对当前海上战略的特点进行理论建构非常困难，甚至没有必要，从历史经验中也很难得到更多的具有实践价值的指导原则。

　　这种不可知论至少在一定程度上来自对海上理论作用的误解。事实上，理论所体现的是一种从特殊上升到一般、从窥一斑到知全豹的尝试。理论研究并非为了提供一系列铭刻于各国海军部楼顶的答案或戒律。它不过是一个概念性框架，帮助水手和学者从一堆乱七八糟、毫无联系的海军事件中发现某些规律。简而言之，理论不过是思维的一个助手而已。

　　事实上，只要是对过去、现在或未来的海军行动进行逻辑分析，就需要某个理论的支持，没有理论就不可能进行分析。这种理论可能是开放的、明白易懂的，就像本书中讨论过的那些海上战略家们的著作一样。但在大多数情况下，理论是含蓄的、无意识的、不清晰的。

　　在海军史著作中可用唐纳德·麦金泰尔的经典著作《大西洋海战》（Donald Macintyre, *The Battle of the Atlantic*）作为随机示例，通过分析作者最初的主题选定，通过护航舰队体制的第一章内容，以及之后无数的判断和结论，来阐述这个问题。例如，麦金泰尔写道："奇怪的是，这位美国海军上将仍然……把邓尼茨的潜艇行动称为……'惊人的'作战。然而邓尼茨把潜艇用于护航，不论兵力多少，都是他的错误，这才是令人吃惊的。"[①] 很显然，如果没有形成判断，就不可能对历史给出很好的阐释；如果没有对该干什么或不该干什么归纳出一个观点的话，就不可能形成判断；而没有理论，就不可能归纳出观点。换言之，为了真正理解海上事件，人们都需要一个理论，无论它是含蓄的还是明确的。

这对于海军政策的制定者也同样适用。他们的理论观点可能公开地体现在形势分析、著作、演讲或文章之中，或者体现在对参谋学院连续几届学员进行启发教学的保密资料之中。更常见的是，隐含在训练计划、建设方案、战术演习、舰艇设计等方面的指导性想定之中。

当然，海军理论不需要对每种可能情况都进行详尽的阐述，当冒着滚滚黑烟的一支敌方巡洋舰队出现在天边时，谁也不会建议舰队指挥官立刻召开一个关于核时代贸易保护特点的研讨会。但是，不定期地对海上战略的基本假定进行归纳和解释，应当是一个防止惯性思维和错误累积的明智之举。

当海军上将斯坦斯菲尔德·特纳第一次提笔重新定义美国海军的使命任务时，他的目标是："迫使美国海军在产出而不是在投入方面进行思考……依据国家目标来衡量产出价值，国家就能合理地确定应当把哪些资源分配给海军。投入的资源种类，如人力、舰艇、飞机和训练设备等，对于决定我们为什么需要海军、应当建设多大规模的海军、应该做什么准备等问题，并无多大帮助。"

特纳认为，用这种办法把资源聚焦于使命任务，有助于战术指挥官牢记目标，有助于建立分配资源的优先顺序，有助于在竞争系统之间更容易地做出选择，有助于军队的每个人把既得利益放在一个恰当的预期之上。[②] 尽管这种努力的效果还值得商榷，但进行这种尝试无疑是必要的。

如果说理论对那些管理现代海军或者试图理解现代海军的人们来说，是

---

① Macintyre（1961）p. 147.

② Stansfield Turner（1974）.

一个真正有用的工具的话，那么历史经验和经典海上战略家的结论对于创造这个理论会有多少帮助呢？马汉、科贝特及其他学者为我们梳理了历史，把经验和结论自然而然地结合在一起。他们把这种历史作为昔日经验的蓄水池，从中总结出关于海战性质和海战实施的观点，并为检验这些观点提供机会。

当然，即使是海上战略家梳理过的历史，也并不是绝对可靠的指南。它常常带有民族优越感，具有特殊性而非普遍性，有过于关注战斗和激动人心之事的倾向，有时也会被滥用。这样的历史总结很不利于帮助我们理解过去，更别提理解现在和未来了，而这种情况非常普遍。当然，历史作为预测未来的起源，很难适应已经变化的时代条件。

基于上述原因，经常有人委婉地、间或明确地指出，历史几乎不能为核时代的海军官兵或关注海军的人们提供指导。搞清楚历史，仅仅具有辅助性作用。海军史（通常是英雄传记之类）也许可以帮助那些新手成长为具有理想态度和价值观的职业军人。参考那些过去的或者一些已故将帅的名言，虽然有时会给乏味的现代政策文件增加些色彩，或者为茶余饭后增添些谈资，但是阅读这些资料往往是为了找到某些"可为我用的东西"，而不是那些有助于我们理解的东西。历史特征可为原本沉闷的现代社会的未来增加一些亮色，但必要时没有它也可以做到这一点。

尽管存在这样那样的疑惑，但在历史经验和总结之中还是蕴含着足够多的有用的东西，可为那些对现代海军理论和海军实践感兴趣的人们提供有价值的参考。历史就算不能让人变得睿智，至少也能让人变得聪明一点。哪怕仅仅是对比一下过去和现在，就可以发现很多问题，否则就可能什么也看不到。把现在与一战时期的保交作战进行认真比较和对照研究，要比分别研究二者能发现更多的东西。换言之，对历史进行批判性的运用，有助于海军思想的发展。

因为有后见之明，很容易把某些特殊类型的海上行动纳入总体战略背景之下，所以借鉴历史的方法，也有助于对海军的目标展开思考。这样也可为那些主要从技术和程序视角思考海军行动的人们提供更多的选择空间。假定这些行动很重要，而且可能的战场也很广阔，那么把注意力聚焦于反潜作战、反航母作战和防空作战等问题之上，就非常自然而然了。最重要的是，这些精湛的技能在各类突发事件中能够转化为良好的结果。但既然如何反应只是部分地取决于目标，那么过多地考虑手段而不是目标的话，很容易曲解平时的结论，误解战时的实践。

这些曲解在过去的确发生过。比如，尽管相反的说法流传甚广，但在两次世界大战之间，英国海军确实认真思考过航空兵的对海突击问题。只是这种思考在很大程度上被视为有关高炮射击精度、炸弹杀伤力和装甲强度等的技术性问题，几乎没有考虑过它对各种可能遇到的具体情况的影响。结果在战争来临之时，对于在两栖作战中抗击敌机突袭将会面临哪些特殊困难，英国海军一无所知，因此在挪威海域的"学习"过程充满了痛苦。[1] 在这个事件中，因为没有认真思考两栖作战问题（任务或功能），极大地影响了防空作战的效果（手段）。

这类言论常常被用来证明下述观点：如果我们知道上次发生了什么，我们就可以更好地预测下次将要发生什么。正如老话所说，忽视历史的人定将重蹈覆辙。这并不是说历史会重演，也不是说历史经验能够提供适用于任何时间、任何空间的普遍法则。科贝特指出："历史在战争艺术中的价值，不仅体现在能够阐明历史与现实的相似之处，也体现在能够辨明它们之间的本质区别。"事实上，历史对于分析现实和未来的主要作用，并不在于能够提出经验教训，而是在于能够把需要思考的东西剥离出来。它的主要价值在于苏联所谓的"海军科学"（思维过程）之中，而不是在"海军条令"（制定结论）之中。历史提供洞察力和质疑力，而不是答案。

应当熟知过往理论和实践的最后一个实用主义原因，是当前的思考缺乏一个真正的对手作为背景。正如托洛茨基所说，我们不能靠拍脑袋来制定战略，战略家需要某种动力。幸运的是，各国海军没有几场战争可以用来实践，哪怕最逼真的演习基本上也都不真实。模拟技术通常是手段而不能用作目的，往往只能为计算机提供假定。现代海军理论中的缺陷也被广泛认可，最近一份研究成果[2]把现代海军理论称为理性不足、语义晦涩、被战略家和各国海军

---

[1] Till（1979）pp. 11-28.

[2] 这份成果是指肯·布思的另一部重要著作《海军战略研究》初稿。

（除一两个学术型海军将领之外）事实上所忽视的理论。

可以肯定，现代海军思想可能是试验性的，不怎么牢靠，而且缺少以往海军思想的理性状态。因此在缺少一个有吸引力的替代品的情况下，过去的经验和结论仍然是海军思想的帮手，至少对制海权、贸易保护等已经确立的、传统的概念是有帮助的。但对于本质上全新的海军行动，或者虽然是老的但被先前的海上战略家忽视的海军行动而言，历史的经验和结论显然谈不上正确有效了。

第十章

对当前实践的调查

现在剩下的最后一个问题，就是探讨一下先前的理论在多大程度上适合现代的实践情况，各国海军在实际中如何解决问题，以及他们的做法是否符合传统思想。因为篇幅有限，本文只能进行粗浅的研究。为了增加研究的广度，我们将对 1979 年世界海军进行回顾；为了增加研究深度，我们将对 1973 年阿以战争和 1982 年福克兰群岛战争（马岛战争）的海军部分进行简要分析。

一、　1979：海上回顾

尽管对 1979 年海上事件简要回顾的重点，是特殊且有新闻价值的事件①，但各国海军都在继续以不引人注目的，而且常常是不起眼的方式，锻炼适应未来"实战"所需的各项能力，结果是整个一年中各国都在不断地制定计划、进行训练和演习，这些为下面将要探讨的具体海军事件提供了连续的背景。我们从 1979 年苏联海军的简要介绍中可以看出这些日常行动的可能范围和规模。②

苏联把大量的资源用于海军发展，以及戈尔什科夫元帅的《国家海上威力》（The Sea Power of the State）的再次出版，说明苏联仍然坚信海权的重要作用。过去的一年里苏联航空母舰的建造计划引起了很多议论。3 月份，排水量 3.5 万吨的"明斯克"号（Minsk）最终与海上的"基辅"号会合，该级航母的第三艘"哈尔科夫"（Kharkov）号③正在建造当中，吨位要更大一些。

---

①尽管这些事件没有被单独分析，但相关信息已经发表在一些当代的报刊上，如《泰晤士报》《卫报》和《每日电讯》（The Times, the Guardian and the Daily Telegraph）。还有一些期刊也进行了补充报道，如《经济学家与时代》（The Economist and Time）。另外一些相关材料来自国际战略研究所的《战略调查》（Strategic Survey, 1979），1980 年 5 月的美国海军学会《学报》（Proceedings of the USNI）。这篇回顾主要对具有代表性的而不是总体性的资料进行了梳理。

② Daniel（1979）.

③译者注：即苏联"基辅"级航母的第三艘"新罗西斯克"号，排水量 3.7 万吨。1975 年 9 月开工，1982 年 11 月加入太平洋舰队。虽然从外形上看与前两艘变化不大，但舰内 40% 的结构及装备均为重新设计，最多可搭载 28 架雅克-38 垂直起降战斗机，装备了新型防空导弹系统和电子战系统。1993 年 10 月退役，1996 年被韩国大宇集团拆解。

据报道，苏联还有一艘吨位更大的 5 万—6 万吨级的核动力航空母舰①，以及一艘大型战列巡洋舰也接近完工。这个建造计划和第二艘 1.3 万吨的伊万·罗戈夫级两栖战舰②的出现，展示了苏联建设远洋舰队遂行传统作战行动的雄心壮志，对他们演习情况的分析进一步证实了这一点。这一年春天，苏联在挪威海进行的一系列演习中检验了反潜和反航母战法，其中包括传统的"国土防御"作战演习，内容是抗击从该方向接近苏联的一支敌航母编队。3 月份"基辅"号和"明斯克"号两艘航母首次在地中海进行了令人印象深刻的合同演习。此外，苏联海军继续在印度洋西北部和西非附近的南大西洋保持重要存在，并频繁访问中国南海。同时，苏联舰艇持续监视西方盟国的海上部署，以及在上述三个海域举行海军演习。

至于非传统的海上行动，苏联海军持续对弹道导弹潜艇部队进行现代化升级，部署了约 10 艘 Y 级和 D 级③（Yankees and Deltas）战略核潜艇，实施全时的战略威慑。④ Y 级潜艇部署在大西洋和太平洋的前沿阵地，可攻击美国本土，而射程较大的 D 级潜艇部署在相对靠后的位置。此外，G 级弹道导弹核潜艇⑤部署在波罗的海，作战半径可覆盖整个西欧。美国海军在当年也执行了完全相同的任务，第一艘"俄亥俄"级弹道导弹核潜艇的下水，以及"弗

---

① 译者注：文中提到的苏联核动力航母，应当是指苏联在 1984 年立项的 1143.7 型重型航空母舰，是苏联第一艘可与美国尼米兹级对抗的真正的航母，舰名为乌里扬诺夫斯克号。1988 年 11 月在黑海尼古拉耶夫造船厂开工建造，随着苏联解体，于 1991 年 11 月彻底停工，实际完成 45%，1992 年 2 月拆除，标志着苏联35 年的航母梦彻底破灭。设计排水量 7.9 万吨，吃水 10.7 米，飞行甲板长 322 米，水线长 301.5 米，宽 75.3米，航速超过 30 节，设 3 个蒸汽弹射器，机库可容纳 70 架飞机。本书出版时间为 1984 年，实际上该舰才刚刚立项，距离完工还差得很远，可见当时西方对苏联军事发展的情报存在很大误差。

② 译者注：罗戈夫级船坞登陆舰，首舰于 1978 年服役，共建成 3 艘。满载排水量 14060 吨，续航力7500 海里。最多可搭载 6 架卡-29B 直升机、3 艘气垫登陆艇或 6 艘机械式登陆艇和 20 辆坦克，能够输送一个营兵力实施两栖作战。由于舰首设有跳板和两扇侧开式大门，具有抢滩登陆功能。舰上配备较多的电子设备，可兼作两栖指挥舰，充分体现了均衡装载和一舰多用的设计思想。

③ 译者注：Y 级是苏联第二代战略导弹核潜艇，被北约称为"杨基"级（Yankees），1967—1972 年共建造了 34 艘，分为三种型号。艇长 128—140 米，水下排水量 9450—10100 吨，水下最大航速 27—28 节，装备12 枚 P-27 型导弹，射程 3000 千米，打破了美国全面的海上优势。D 级是第三代战略导弹核潜艇，被北约称为"德尔塔"级（Deltas），共建造了 43 艘，是苏联建造数量最多的战略核潜艇，分为四个级别。艇长 139—155 米，水下排水量 10500—13600 吨，水下最大航速 25 节，装备 12—16 枚 P-29 型导弹，射程 7800 千米，圆概率偏差 1500 米，确立了美苏核均势。

④ Daniel（1979）。数字引自 1978 年美国参谋长联席会议主席和国防部长在国会所做的陈述。

⑤ 译者注：G 级弹道导弹核潜艇，苏联代号：629 级；北约代号：高尔夫级（Golf），是世界上第一级也是唯一一级柴电动力弹道导弹核潜艇。共建造了 23 艘，分为 5 个型号，前 4 种只能在水面发射导弹。除个别改装外，一般只搭载 3 枚导弹，改进型射程为 560 千米。

朗西斯·斯科特·基"号核潜艇①改装之后的首次作战部署，其上可搭载16枚三叉戟-Ⅰ型弹道导弹。英国新闻界也报道了政府即将做出的决定：用三叉戟导弹系统替换皇家海军的北极星系统。

这项特殊任务是少数几个强国海军的主要任务，而更多国家海军更需要关注的是与近海资源相关的任务。不断发生在不列颠群岛周边危险海域的意外事件，就是证明海军应当干什么的典型实例。风暴天气加重了经常发生的海上灾难。比如在1979年的最后两个月里，英国核废料船"普尔·费希尔"号（Pool Fisher）、希腊油船"斯科佩洛斯基"号（Skopelossky）、西班牙油船"布塔塞斯"号（Butaseis）和一艘采油平台驳船都遭到不幸，需要海军的救助。最糟的是，8月中旬那次可怕的风暴，让参加"快网竞赛"（Fastnet Race）的303艘赛艇遭遇了劫难：15人溺亡，136人获救，24艘赛艇报废或者沉没，只有85艘赛艇完成了比赛。参加此次大规模救援行动的海上力量包括英国和爱尔兰的海岸警卫队，以及救生艇组织（life boat services），无数的渔船和商船，荷兰"上艾瑟尔省"号（Overijssel）驱逐舰，英国"大刀"号和"女妖"号（Broadsword and Scylla）护卫舰，"安格尔西"号（Anglesey）巡逻艇，还有舰队航空兵、爱尔兰航空团和皇家空军（Fleet Air Arm, the Irish Air Corps and the Royal Air Force）的飞机，仅直升机就救出了70多人。

与英国海域这次国际合作的例子正好相反，欧洲在渔业问题上长期存在纠纷。1979年年初和年底，在西南欧地区发生了马鲛鱼捕捞纠纷，主要涉及当地的渔民、东欧的大型渔业加工船和苏格兰东海岸的深海拖网渔船。10月，在被称为"挪威大头鱼箱子"（Norwegian Pout Box）的4万平方海里海域里，来自丹麦埃斯比约（Esbjerg）的渔船队与英国过于保守的保护措施之间发生了冲突。与此同时，英国和法国之间也出现了一定程度上的捕虾战，英国拘捕了法国的拖网渔船，法国就以骚扰通往米尔福德港（Milford Haven）的油

---

① 译者注："弗朗西斯·斯科特·基"号是"拉法耶特"级弹道导弹核潜艇的第29艘，以美国国歌《星条旗》的作者弗朗西斯·斯科特·基（1779—1843）的名字命名，编号SSBN657，1966年下水，1993年退役。"拉法耶特"级是美海军第三代弹道导弹核潜艇，艇长129.5米，艇宽10.1米，吃水9.6米，水下排水量8250吨，水下最大航速30节。"俄亥俄"级是美海军第四代弹道导弹核潜艇，艇长170.7米，艇宽12.8米，吃水10.8米，水下排水量18750吨，水下最大航速24节。

船航线相威胁。此外，还经常发生禁止在北海捕捞鲱鱼的行动。正如此前所料，尽管也有许多别的船只介入其中，但所有涉事船只都挂着渔业保护组织的黄、蓝两色旗帜。虽然此类调查主要集中于英国身上，但对于绝大多数拥有海岸和海上利益的国家来说，此类情况都经常发生。从全世界范围来看，近海任务的重要性明显在逐年增加。

快速环视世界各主要海区，1979 年海上的当前任务和主要任务的多样性让人印象深刻。在中东地区，以色列和巴勒斯坦的兵力以黎巴嫩为基地，利用海洋相互袭击。4 月，巴勒斯坦袭击了度假胜地纳哈里亚（Nahariya）①，引发了非常激烈的交火。巴勒斯坦部队利用橡皮艇偷偷穿越以色列的海上防线，到岸上展开行动，结果造成了 6 人死亡。以色列在 4 月、5 月和之后的时间里，对黎巴嫩进行了一系列报复行动，其中包括以色列舰艇的对岸炮击，派遣小规模突击队登陆作战，并在提尔和西顿②（Tyre and Sidon）附近击沉了几艘货船。虽然这些行动被描述为先发制人式打击（pre-emptive strikes），而非简单的报复行动，但却具有科洛姆所谓的"互虐作战"（cross-ravaging）的全部特征。4 月 2 日和 6 月 4 日，以色列海军声称在海上拦截并击沉了巴勒斯坦的数艘小型船只；其中在 6 月 4 日击沉的一艘快艇和一只木筏上，装有可对岸射击的喀秋莎（Katyusha）火箭炮。这无疑是科洛姆大为赞赏的一种海军防御方法。

以色列海军也被用于向中东大舞台上的各位演员传达令人欣慰的信息。5 月 29 日，3 艘装载了从西奈开来的卡车的以色列登陆艇〔"阿奇斯夫"号、"阿什多特"号、"阿什凯朗"号（the Achziv, Ashdod and Ashkelon）〕，成为第一批渡过苏伊士运河的以色列舰艇——这是继续执行戴维营（Camp David）和平进程的一个重要信号。9 月，以色列和美国海军护送搭乘"阿尔赫里耶"号（al-Huriyah）游艇的萨达特（Sadat）总统访问以色列。几周之后，"尼米兹"号核动力航空母舰（排水量 8.16 万吨）和"德克萨斯"号导弹巡洋舰访问了亚历山大港（Alexandria），表达了美国对于埃及领导人的支持。这些

---

① 译者注：纳哈里亚，位于地中海东岸以色列与黎巴嫩边境地区，北距贝鲁特约 120 千米。
② 译者注：提尔，也叫推罗、苏尔，是黎巴嫩南部港口城市，在西顿南 32 千米，现为黎巴嫩第四大城市。西顿，又名赛达。早在腓尼基时代，两地就已经是地中海东岸著名的港口城市。

事件展现了通过海军行动传递友谊的多种方式。

与此同时，埃及海军也忙于在红海展开行动。埃及军舰充分利用苏丹港（属苏丹）实施海上巡逻，防止武器和叛乱分子偷渡到苏丹，同时监视苏联和埃塞俄比亚海军在马萨瓦和达赫拉克群岛（Massawa and the Dahlak archipelago）周边的活动，以防他们进行骚扰或受到骚扰。

在北非沿岸存在摩洛哥与西班牙之间的争端，摩洛哥的炮艇对在加的斯和韦尔瓦（Cadiz and Huelva）以外海域活动的西班牙渔船采取行动，有一次甚至还开了火。夏天时，美国的P-3"猎户座"海上巡逻机和"独立"号航母（排水量5.96万吨）的舰载机，与利比亚军机发生了空战。利比亚与马耳他、突尼斯发生了海上争端，导致法国军舰在1980年2月进入部分争议海域进行巡逻。所有这些事件，都是因海上边界划分和资源分配等复杂问题而引发。

此外，根据大国海军的外交传统和威慑传统，苏联和北约的海军都在地中海进行演习和巡逻。利比亚政府向苏联海军提供了的黎波里、班加西和托布鲁克港（Tripoli, Benghazi and Tobruk）及其设施，目的在于打乱地中海中部的海军均势。从某种程度上说，北约海军在地中海的地位因为1979年发生的两个事件而受到削弱：一是3月31日，英国"伦敦"号驱逐舰的撤离，表明英国最终离开了马耳他；二是9月，希腊允许苏联有条件地使用其几个船厂进行船只修理。此外，希腊还退出了北约名为"显示决心"（Display Determination）的大规模海空联合演习，这是希腊与土耳其之间长期存在争议的一个征兆。8月，苏联对在黑海进行演习的两艘美国驱逐舰"法拉格特"号和"卡伦"号（Farragut and Caron）进行模拟导弹攻击，以此表达苏联对于黑海安全的高度关注。

无论如何，1979年海上利益冲突的主要焦点可能还是在波斯湾和印度洋方向。从这些海区的海军行动之中，能够辨识出其中几个错综复杂、相互交织的基本问题。第一个基本问题是向工业国家输送石油的海上秩序和海上安全问题，这是一个全局性问题。因为英国的撤离和伊朗国王巴列维被推翻，该地区出现了一定程度的权力真空。但英法两国继续为埃及提供装备、训练和军事顾问，在该地区保持了政治利益和海上利益。沙特阿拉伯和其他海湾国家制定了保护霍尔木兹海峡的海军行动方案，并进行了军事演习，还研讨了海军的扩编问题。据说伊拉克准备将海军规模扩大一倍，包括购买护卫舰、巡逻艇和 10 艘"纳努契卡"（Nanuchka）级轻型导弹护卫舰，该型舰上装备了射程 150 海里的 SS-N-9 型反舰导弹，使得伊拉克海军成为海湾地区除伊朗之外的最强大海军。为了纠正可能存在的伊朗海军受国内事变影响而效率下降的情况，海军上将阿哈默德·马达尼（Ahmad Madani）在班达尔的阿巴斯港（Bandar Abbas）① 附近组织了一次大规模海上演习，约有 20 艘驱逐舰、护卫舰、巡逻快艇以及 800 名海军突击队队员参加，旨在演练保护本国石油设施的作战能力。

第二个基本问题是美国对伊朗国内事件发展的强烈反应。1 月，3 艘驱逐舰〔"赫尔"号、"迪凯特"号、"金凯德"号（Hoel，Decatur and Kinkaid）〕和排水量 37360 吨的"堪萨斯城"号（Kansas City）辅助船的加入，增强了该地区的美国海上力量。2 月 21 日，这些军舰和包括旗舰"拉萨尔"号（La Salle）在内的其他舰艇一起，从伊朗的阿巴斯港和查尔巴哈（Char Bahar）撤走了 440 人。不久之后，"星座"号（Constellation，排水量 6 万吨）航母抵达，在以后的几个月里一直保持了高强度的海上行动。

11 月初，美国驻德黑兰大使馆被伊朗革命者占领，大使馆人员被拘押。这导致美国在该海域前所未有地加强了海军力量。11 月的第二周，在美国人质提早获释无望之时，"中途岛"号（Midway，排水量 5.1 万吨）航母编队奉命驶近霍尔木兹海峡，随后又得到"小鹰"号（Kitty Hawk，排水量 6 万吨）航母编队的加强。当时，美军对各种可能的行动方案进行了多次讨论，从人质救援、舰载机空袭伊朗的石油和军事设施到轰炸库姆城（Qom）②。驻阿巴斯港的伊朗海军保持着高度的戒备。当时整个局势非常紧张，被联合国秘书长库尔特·瓦尔德海姆（Kurt Waldheim）③ 描述为"古巴导弹危机以后对和

---

① 译者注：阿巴斯港，伊朗东南部港口，滨海省首府，位于霍尔木兹海峡折角的北岸，扼守波斯湾出口，外有格什姆岛与霍尔木兹岛作为屏障，为天然良港。西北距德黑兰约 1100 千米。中国海军首次访问伊朗是在 2014 年 9 月，由第 17 批护航编队对阿巴斯港进行访问。

② 译者注：库姆，伊朗西北部城市，是什叶派穆斯林的圣城。

③ 译者注：瓦尔德海姆，奥地利人，1972—1981 年连任两届联合国秘书长（第四任）。在任秘书长期间先后 5 次访问中国。

平最严重的威胁"。然而，无论海军的表演在表面上如何轰轰烈烈，它对事件的实际影响却难以评价：尽管兵力展示可能阻止了形势的恶化，但确实没有能够让美国的地位得到任何明显的提升。整个行动表明，力量投送一旦付诸实施，在军事上和政治上就会比之前要复杂得多。

　　第三个基本问题是，本地区变成了关系不断恶化的超级大国之间竞争的舞台。苏联是这些麻烦的积极参与者。苏联对于南也门（South Yemen）①良好的社会状态和舆论氛围的热心关注，证明了海外军事基地在当代的重要性和亚丁港（Aden）的特殊战略意义。苏联从海上运去了大批军事装备和其他设备。6月初，苏联"明斯克"号航母和"伊万·罗戈夫"号船坞登陆舰等舰艇开进了亚丁湾，把那里变成了展示军事实力的舞台：苏联海军的飞机不断飞越波斯湾、红海，据报道还进入了地中海；"伊万·罗戈夫"号显示了苏联不断提升的海上干涉能力。苏联舰艇在红海也展开了一系列行动，支持埃塞俄比亚（Ethiopian）政府打击厄立特里亚解放阵线（Eritrean Liberation Front），监视埃及和以色列海军在该海域的活动情况。苏联舰艇还进入波斯湾，其中一艘驱逐舰显然参与了营救一批伊拉克共产党员的行动，并获得了成功。

　　无须多言，美国不会是一个彬彬有礼的看客。20世纪60年代有人曾经提议，美国应当利用快速部署的后勤舰船和C-5"银河"战略运输机，有意识地提升海外干涉能力，但该提议未获国会批准。其中部分原因是"如果对我们来说可以轻松到达任何地方做任何事情，那么我们就永远可以到那个地方做那件事情"。然而到了1979年初，这种心态就发生了变化。整个春天，华盛顿到处都在谈论关于在印度洋地区组建第五舰队和确保西方石油供应的重要性的相关问题。

　　在海湾国家与美国之间建立海上联盟的需要更为紧迫，但这个尝试也失败了。据称，在美国的德黑兰大使馆被占领之前，苏联在南也门的活动，是促使"星座"号航母进入该地区并在印度洋保持长期兵力存在的一个重要原

---

　　① 译者注：由于英国殖民者的操纵，现今也门共和国所属区域被分为南、北两个部分。1962年，北部也门宣告成立阿拉伯也门共和国。1967年，南部也门宣告成立也门民主人民共和国。1990年5月，南北也门正式统一，定名为也门共和国。

因。11月，以"诺福克"号导弹驱逐舰为旗舰，由其他5艘护卫舰和辅助船只组成的一支英国特混编队到达该海域，参加了"中途岛"号航母特混编队的演习。此后不久，华盛顿宣布了组建一支快速部署部队（Rapid Deployment Force）的决定，该项目包括建造15艘加强甲板的多用途货船，预置在世界各地；还设想要扩建迪戈加西亚的海军设施。

12月27日夜晚，喀布尔（Kabul）中央广播电台传来的爆炸声是苏联开始全面接管阿富汗的明确信号。苏联的入侵加强了人们对于产油区安全岌岌可危的认识，并唤醒了人们多年以来对苏联可能在印度洋谋求一个不冻港的恐惧——可假定这个港口就是巴基斯坦的瓜达尔港（Gwadar）。尽管这件事和有关报道宣称的阿曼、索马里和肯尼亚将会提供基地设施的消息，看起来都还不太可能，但这些举动肯定增加了人们对于该地区安全的广泛忧虑。尽管这些行动在印度洋地区产生的后果还很难评估，但它至少表明，海上实力的重要性与一定程度的海上控制能力是永恒联系的，有了这种海上控制能力才能够实施对岸投送和保护海上交通线作战。

非洲地区的冲突在本质上大多属于领土问题，但在整个一年中海上力量却充分展示了普遍性的支援作用。参与冲突的部队经常需要补充新的武器装备和兵力，这些通常都是从海上运输而来。虽然古巴和其他革命活动可能吸引了人们的注意力，但比利时利用"津尼亚"号（Zinnia）扫雷舰支援其部署在扎伊尔（Zaire）① 的一支小型伞兵部队的行动，也许会让我们想到这并非苏联及其盟国所独有的兵力行动。苏联"明斯克"号航母访问莫桑比克（Mozambique）和安哥拉（Angolan）的罗安达港（Luanda）②，表明了苏联对该地区政权和其他势力的支持。据报道，8月初在赤道几内亚（Equatorial Guinea）的军事政变中，也有少量海军力量参加。这一切都展示了海上力量对于陆上政治事件施加影响的持续能力。

加勒比地区的争端继续存在。对古巴局势和海上秩序总体恶化的担心，促使几个加勒比海国家讨论组建一支地区海上部队：请求英国提供帮助；寻

---

① 译者注：现为刚果民主共和国。
② 译者注：罗安达，为安哥拉首都和罗安达省首府，位于该国西北部，濒临大西洋的木戈湾，是非洲西岸一个天然良港，也是安哥拉最大的港口，码头长达4千米，附近蕴藏石油。

找巡逻艇的供应；欢迎军舰的友好访问，比如1月英国"女妖"号护卫舰访问巴巴多斯，"横笛"号（Fife）驱逐舰访问多米尼加（在"戴维"飓风过后还提供了救灾援助）。

　　主要担心的问题无疑还是苏联—古巴的军事合作升级。苏联一艘克雷斯塔（Kresta）级巡洋舰和一艘克里瓦克（Krivak）级驱逐舰的正常到达和提前离港只是引发了人们的一丝担忧，然而，苏联向古巴移交一艘F级①潜艇和扩建西恩富戈斯②（Cienfuegos）基地设施的行为，明确提醒人们要深刻意识到，苏古两国企图建立潜艇基地从而能够打击美国的下列地区：康涅狄格州的新伦敦，南卡罗来纳州的查尔斯顿（New London, Connecticutt and Charleston, South Carolina），以及美国通往西欧的海上交通线的某个起点。据报道，苏联驻扎在古巴的3000人作战部队也引起了卡特（Carter）政府的极大不安。

　　美国在基韦斯特（Key West）③成立一个新的海上司令部，加速推进"快速部署部队"计划，并于10月17日在古巴的关塔那摩（Guantanamo）基地举行了象征性的登陆演习，以此加强对加勒比海地区的保护和对古巴的警告。当天早上，2200名海军陆战队士兵从1艘两栖攻击舰（"纳索"号，Nassau）和2艘大型登陆舰（"普利茅斯磐石"号和"斯帕坦堡郡"号，Plymouth Rock and Spartanburg County）出发实施登陆；大部分兵力乘直升机在瓢泼大雨中实施机降登陆，约1/4的兵力按照传统方式"抢滩"登陆。

　　在太平洋地区，各国海军的活动一直都很活跃。整个1979年，日本与苏联两国的关系具有非常明显的海上维度。两国争端的焦点，是1945年苏联占

---

　　①译者注：F级潜艇，苏联代号：641，北约代号：Foxtrot，狐步级。是苏联第二代大型常规动力潜艇。首部6具533毫米鱼雷，尾部4具，共携带22枚鱼雷。艇长89.9—91.3米，早期型号水下排水量约为2500吨，后期改进型增加到3546吨。古巴导弹危机时，苏联有4艘该型潜艇试图突破美军的海上封锁，但都先后被美军发现并被迫上浮。
　　②译者注：西恩富戈斯，古巴海岸南部城市，距离哈瓦那250千米，是古巴第二大港口，始建于1819年，2005年被列为世界文化遗产。
　　③译者注：基韦斯特，又叫西锁岛，面积15平方千米，美国佛罗里达州南部一系列小岛中最南端也是最西边的小岛，是美国大陆最南端的标志，是著名的旅游胜地，也是美国作家海明威的故乡。基韦斯特距离迈阿密约208千米，距古巴首都哈瓦那仅151千米。

领的日本南千岛群岛（South Kuril Islands）① 中四个岛屿的未来命运。最近，一支数千人的苏联部队进驻色丹、择捉和国后（Shikoran, Etorufu and Kunashi-ri）三岛，配备有坦克、防空导弹、攻击直升机和海军舰艇（运载能力达 2 万吨）。日本政府还抗议苏联对鄂霍次克海（Okhotsk）的日本渔船进行不断骚扰，以及在石勒喀河谷（Shilka valley）部署 SS-20 反舰导弹，这些导弹可攻击日本海的海上目标。

苏联这些行动的目的，被认为是为了确保通向大洋的海上通道相对畅通，并持续保持对部署有 D 级弹道导弹核潜艇的鄂霍次克海进行有效控制。果真如此的话，实际效果恰恰相反。1978 年 10 月，日本海上自卫队（Maritime Defence Force）首次打破周边 600 海里这个长期以来自我限定的行动范围，举行了大规模的保交作战演习。1979 年夏天，关于苏联启用金兰湾（Cam Ranh bay）基地的报道，也进一步加重了日本对其脆弱的海上补给线的焦虑，这无疑对日本在秋天宣布与西方海军加强合作起到了推波助澜的作用。1980 年 2 月，日本一支特混编队再开先河，进入中南太平洋参加了美、加、澳、新"环太平洋"海军联合演习（Exercise Rimpac）。所有这些行动明显加强了日本鹰派的国内地位，也再次表明海军的强制性外交往往会导致事与愿违的结果。

在韩国也弥漫着焦虑的情绪，因为美国宣布要从朝鲜半岛撤出部分军队。为了说服美国总统卡特改变主意，韩国海军在其西南海岸附近拦截了一艘朝鲜间谍船，并在用火箭弹与机关炮激战两个小时之后击沉了这条船。美国被迫推迟了撤军计划，并在 10 月底表态要继续支持韩国。韩国总统遇刺②后不久，美国"小鹰"号航母在数艘巡洋舰、驱逐舰和其他舰艇的护卫之下驶入这片海域。之后美国军舰又多次访问韩国，其中包括"珊瑚海"号航空母舰。

然而，1979 年太平洋海域最主要的海上事件，可能是日益严重的越南海

---

① 译者注：南千岛群岛，日本称为"北方四岛"，是太平洋西北部千岛群岛的向南延伸部分。1945 年日本投降后，苏联依据《雅尔塔协定》占领该地区，苏联解体之后由俄罗斯继承。日本对该地区也有主权要求。

② 译者注：据韩国军方事后发布的调查报告称，1979 年 10 月 26 日夜，总统朴正熙（韩国第 18 届总统朴槿惠之父），在中央情报部二楼餐厅被情报部长金载圭刺杀。朴正熙，1917 年出生，1944 年毕业于日本东京陆军士官学校，1961 年通过军事政变推翻李承晚政权登上政治舞台，执政时间长达 18 年，曾连任五届总统。在其任期内韩国经济实现了高速增长，韩国人均国民生产总值增长了 7.4 倍之多，创造了"汉江奇迹"。

上难民（Boat People）悲剧。1979 年乘船逃离越南的难民，超过了 1978 年的
30 万人，在 1979 年夏季达到了顶峰。各国海军对这个前所未有的问题的反应
各式各样：大多数国家的海军企图把这些难民船从本国海域驱离出去，比如，
据说菲律宾海军就在马尼拉湾（Manila Bay）周围设置了封锁线；其他海军采
取了更加强硬的措施，比如马来西亚海军曾向难民船附近开火，并将其再次
拖回公海。4 月初，一艘难民船在被"润琼"号（Renchong）巡逻艇拖带时
翻沉，造成 104 名难民溺亡，引发了越南的抗议。这些事件引发的一个意外
结果，是东盟（ASEAN）各国之间加强了海上合作。

在涉及难民船的问题上，海军更多地执行了人道主义任务，有几个国家
海军打击了对这些不幸难民实施残忍劫杀的当地海盗（主要是泰国的）。意大
利巡洋舰"维托里奥·威尼托"号、"安德列·多里亚"号（Vittorio Veneto
and Andrea Doria）和补给舰"斯特龙博利"号（Stromboli）访问该地区时，
救起了约 1000 名难民，并将他们带回意大利。卡特总统下令第 7 舰队的舰船
救援那些即将沉没的难民船，其中救起难民较多的舰船有：辅助船"白原"
号和"沃巴什"号（White Plains and Wabash），巡洋舰"英格兰"号（Eng-
land），驱逐舰"帕森斯"号（Parsons），护卫舰"兰"号和"罗伯特·E. 皮
尔里"号（Lang and Robert E. Peary）。非常荒谬的是，这件显然值得大加颂
扬的事情却受到了某些人的批评，他们认为此举将鼓励更多的难民逃往海上，
而且可能会危及刚刚与越南政府签署的不靠谱的协议。

在本地区，越南也是当年另外的两个重要事件的中心。1978 年 12 月 25
日，越南 12 万军队在坦克和飞机的支援下入侵柬埔寨，宣布推翻波尔布特政
权（Pol Pot regime）。越柬两国的炮艇多次在有争议的富国岛（Phu Quoc）①
附近海域交火。越南舰艇对在磅逊港（Kompong Som）② 及其附近作战的地面
部队进行了支援，从 1979 年 1 月 17 日起，为占领戈公岛（Koh Kong）③ 进行

---

　　① 译者注：富国岛，越南西南部群岛中最大的岛屿，位于泰国湾内，北距柬埔寨南岸波哥仅 11 千米，
东距越南海岸 69 千米。该岛南北长约 48 千米，东西最宽约 27 千米，面积 585 平方千米。
　　② 译者注：磅逊港，即西哈努克港，位于泰国湾东部，是柬埔寨唯一的现代化商港，也是柬埔寨国内第
二大旅游城市。
　　③ 译者注：戈公岛，位于柬埔寨西部的泰国湾内，靠近泰国边境，是柬埔寨最大的岛屿，长 22 千米，
宽 6 千米，面积约 126 平方千米。

了持续 36 小时的战斗。在炮艇和从边和（Bien Hoa）机场升空的战机进行了长时间火力准备之后，由 22 艘舰船组成的越南特混编队展开了登陆作战。

入侵作战第一阶段之后，双方进行了长时间的消耗战。苏联和越南的运输船穿梭于越南海岸和磅逊港之间，完成了广泛的补给任务。随着磅逊港被攻占，波尔布特的红色高棉（Khmer Rouge）所需要的国外补给物资，只能从泰国偷运而来，但在 3 月初，中国船只显然开始利用戈公岛转运物资，把物资从货船换驳到内河小船上，驶入柬埔寨西南部的河湾。这个具有一定规模的活动表明，海上交通线仍然非常重要，即使是两个陆上邻国之间也是如此。

苏联持续向该地区运送物资，海军兵力迅速增强，包括两艘巡洋舰（斯维尔德洛夫级和克列斯塔 II 级各一艘，Sverdlov and Kresta II）和若干艘驱逐舰、情报船、补给舰，以及位于岘港（Da Nang）的前美国空军基地的航空兵力。但是，在随后的短暂战争中并没有海军兵力直接参与。尽管西方新闻界对于苏联海军可能通过牵制性行动制止中国在争议岛屿的登陆作战存在争论，但苏军的任务似乎始终是监视中国军队的行动，遏止中国发起作战行动，并展示对越南政府的支持。中国海军对苏联的这些部署没有明确反应，这是肯定无疑的。

然而，国际社会对于苏联利用金兰湾的前美国海军设施有一些反应，在 2 月以后这种反应越来越明显。在这么重要的地区拥有了一个真正的基地，对于苏联太平洋舰队而言，战略价值难以估量。日本表达了最强烈的担忧，其通往中国南海的海上航线受到了潜在威胁。美国也表示抗议，并从第 7 舰队派遣了更多兵力进入该海域。但苏联政府否认了把金兰湾变成一个重要海军基地的传言，据报道"明斯克"号航母也已经离开，苏联主动释放了一个让人安心的信号。

本篇海上回顾的内容给我们留下了一个直观印象，现代海权仍然是多样化的和重要的。但在对现代海权的整体影响进行评估之前，我们必须再稍稍深入了解一下海军在最近一场战争中的表现。

二、 1973 年中东战争中的海军

1973 年的中东战争为我们提供了几个所谓的决战战例，在战争爆发的第一周里，以色列、叙利亚和埃及海军试图进行这样的决战，随后在叙利亚的拉塔基亚和塔尔图斯（Latakia and Tartus）①，以及埃及的达米埃塔（Damietta）② 发生了三次重要的海战。这些海战中，有的明显是纯粹的"搜索并歼灭"任务；有的则与作战目标有关，比如攻击敌海岸或港口设施。无论哪种作战，都证实了决战在现代海战中的地位和海战直接目标的持续多样化。

然而，这些海战的模式是全新的。它们是"历史上第一次舰对舰的导弹战"③，双方使用了"冥河"式和"迦伯列"式导弹以及若干型导弹快艇（fast patrol boat）。20 世纪 60 年代初期，阿以双方都认识到，被逐步淘汰的大型常规舰艇不能充分满足他们的需求，经过深思熟虑，他们集中精力利用新技术创建了一支能够在本土海域胜任小规模高强度战争的新海军。1973 年 10 月的海战就是这项政策的结果，看来许多国家都可能跟随这个发展潮流。

尽管实施正式的"存在舰队战略"在时间上和空间上都不充分，但肯定有过类似的行动。据称，埃及海军司令部命令两艘老式的苏制科特林级（Kotlin）驱逐舰进驻北非海岸的港口。两舰定期开展示威性的紧急出航训练，成功地吸引了大量以色列导弹快艇的注意力。④ 这种主动利用劣势兵力争取重要战略利益的做法，非常符合传统的存在舰队理论。通常来看，整个战争也都是如此。即使是劣势海军，如果威胁到敌人海岸和沿海城市，也足以迫使

---

① 译者注：拉塔基亚，叙利亚西北部港口，是拉塔基亚省的省会。塔尔图斯，叙利亚西部地中海沿岸的南部城市，塔尔图斯省省会，也是叙利亚第二大港口，向南距离黎巴嫩第二大城市的黎波里 30 海里。

② 译者注：达米埃塔，埃及著名的港口城市。位于地中海与尼罗河的交汇处，距离开罗 200 千米，距离埃及著名的塞得港约 70 千米。

③ Heikal（1975）p. 165.

④ Adm. Sir Jams Eberle in Veldman and Olivier（1980）p. 113.

敌人撤回兵力来防御这种攻击。所有参战国家都认识到了这种需要，并相应地进行部署。

由于双方海军的作战范围有限，而海域面积又很大，所以无法实施任何正式的海上封锁。然而，10 月 13 日至 18 日，苏联军舰自 1945 年以来首次部署在交战海域之内，占据了塞浦路斯（Cyprus）东端至黎巴嫩北部之间的位置。如果这些军舰的目标是（很可能是）阻止以色列海军袭扰苏、叙之间的海上补给线①，那么也可以被看作某种形式的海上封锁。

一如既往，这三次海战的最终目标是夺取一定程度的制海权。没有哪一方拥有绝对的制海权，不仅地理条件不允许，双方的兵力数量也非常有限，无论如何都无法做到。此外，双方都有共同的陆上边界，海洋不具备交战双方在地理上被海隔离时所具有的战略重要性。因此无论哪一方都渴望获得一定程度的制海权，特别是当他们得知一旦取得了制海权，周边那些强大得多的海军将会在必要时施以援手时，更是如此。但是，没有任何一方对单纯的海上拒止感兴趣，他们都想积极地利用海洋。实际取得的海上控制程度足以保证双方实施各自合理的海上行动，尽管随着时间的推移，以色列看起来更能够积极地利用海上的机会。

利用海洋作为运输手段，可能是这场战争中海权所体现出来的最重要的价值。军需物资的消耗速度惊人，双方的生死存亡皆系于补给能否迅速抵达。因此，双方作战都需要预先的、对抗性的再补给行动来维持。有些补给物资通过空中运输，但即使如此，也常常需要海军的支援。美国第 6 舰队在战争的大多数时间里的部署，都反映了在亚速尔群岛和以色列之间加固空中桥梁的需要。3 艘航母及其他舰艇沿着地中海的东西方向排列，为运输机提供导航和搜救，并对抗可能的干扰。运输机可以进行空中加油，A-4 "天鹰" 式攻击机（Skyhawk）能够在飞往以色列的途中在 "富兰克林·罗斯福" 号（Franklin D. Roosevelt）航母上进行必要的停留。

虽然有些补给物资可以通过空中运输，但大多数物资还是必须通过海上运输。在冲突期间有数万吨的军事装备运到了交战双方手中，保障这些装备

---

① Weinland（1979）p. 81.

及时安全地到达始终是一项至关重要的海上任务。然而，因为以色列相信该地区爆发的所有战争都将是短期战争，所以其海军多年以来一直忽视护航作战问题。1969—1970 年的消耗战引发了以色列对这项政策的局部修改，1973年的战争经验进一步证明了这种改革势在必行。因此以色列海军上将本杰明·特莱姆（Benjamin Telem）宣称："赎罪日战争"（The Yom Kippur War）[①]向我们及阿拉伯国家证明，海上交通线在所有的全面冲突中都极为重要。值得注意的是，他还警告道：不能过分依赖友好国家的海军，因为他们可能受到政治上的束缚，或者并不愿意真正发挥出自己的能力。[②]

尽管交战双方都没有向对方的强大盟国的军事海运发起挑战，但是保交和破交作战却让双方的海军卷入了大范围的各种海上行动之中，事实也经常如此。从保交的角度来看，防御方力求通过击沉那些能够威胁海上交通线的敌方舰艇〔例如，以色列在红海的加尔达卡（Ghardala）击沉了一艘埃及的"蚊子"级（Komar）导弹艇，该艇曾破坏过以方的航运〕，或者通过护航提供直接的"掩护"。商船通过有掩护的东地中海驶往以色列，如果某些船只特别重要，则实施军舰伴随护航。

破交作战的方法同样多种多样。宣布军事区和封锁区，设置诡雷区，向悬挂黎巴嫩国旗的船只（甚至是美国所属的船只）施压，不许其与以色列通商等，都产生了重要的威慑效果。[③] 1973 年 10 月 11 日到 12 月 13 日，埃及海军在曼德海峡（Bab El-Mandeb）设立了商业封锁线，这是达成同样目标的更具针对性的威慑信息。商船被迫停航接受检查，有些返航，有几艘被击中或被击沉的，其中一艘显然是被埃及潜艇击沉的。美国商船"拉·萨尔"（La Salle）号也遭到了攻击，美国导弹驱逐舰"查尔斯·F. 亚当斯"（Charles F. Adams）号在驶离吉布提时没有遭到法国的阻挠，这是一个充分利用现行

---

① 译者注：赎罪日战争（1976 年 10 月 6 日—26 日），即第四次中东战争，又称"斋月战争"。战争起因是埃及和叙利亚试图收回第三次中东战争中被占的西奈半岛和戈兰高地，于 10 月 6 日对以色列发动了突袭。当天是犹太人最重要的节日"赎罪日"，以色列全国放假，以军许多官兵都返回家中过节。战争的最初两天，埃叙联军进展顺利，但随着以军恢复状态和美军援助的增强，战局开始逆转。到 26 日，埃叙两国被迫接受了联合国的停火令。这场战争让阿拉伯国家认识到无法在军事上打败以色列，因而促进了阿以和平进程的展开。

② Telem (1975) p. 237.

③ Daniel K. Inouye in George (1978) p. 357.

法律所赋予的中立国权利的很有意思的例子。① 在蒂朗海峡（Straits of Tiran）② 布设的水雷区，进一步加强了埃及此次的海上封锁效果，据称有一艘以色列油船在该处触雷沉没。

尽管战时海上运输的数量和重要性在任何情况下都不可能很大，但埃及的此次封锁确实切断了以色列在战争期间通过红海的海上运输。由于众所周知的原因，封锁敌方在地中海的海上交通线要比在红海困难得多，但是，双方都为此竭尽全力。以色列攻击了埃及的渔船队，还有几次攻击了塔尔图斯和拉塔基亚的岸上设施和港内船只。在此类海上袭击中，一艘苏联商船被击沉，这无疑促使苏联海军迅速采取了前述的预防性部署。

总之，对于各种两栖作战行动而言，海洋是一条重要的快捷通道。在开战前的几个月，苏联海军将摩洛哥（Moroccan）两个旅的兵力输送到交战区域，这是其海上投送能力的一次重要展示。一旦战争爆发，交战双方都容易遭到来自战线后方的海上袭击。此后，发动或击败这种小规模袭扰作战的情况发生了好多次。通常的作战方式是用快艇输送少量突击队员到岸上实施各种袭扰，或者用快艇实施对岸射击。因为以色列的海法和特拉维夫（Haifa and Tel Aviv）很容易遭到此类袭扰，所以挫败这种袭扰就成为以色列海军高度优先的任务，同时也是主要任务之一，从而"排除在战时敌人把以色列海岸变成另一个战场的任何可能性"③。

应对此类威胁通常有两个可选之策：一是在被威胁海岸的附近实施防御性的海上截击，二是保持制海权并先发制人。正如以色列海军司令特莱姆后来所写，以色列海军的作战概念是：

> 我们不能在自己的海岸坐等敌人来犯，而是要前出到敌人可能出现的任何地方迎击他们，以此剥夺敌人的作战主动权。这是防卫本国海岸并对敌海岸构成潜在威胁的最佳出发点。④

---

① O'Connell（1975）pp. 101-103.

② 译者注：蒂朗海峡，在红海北端、亚喀巴湾南口，夹于沙特和约旦之间，是约旦唯一的出海口、巴勒斯坦南部的唯一出海口，地理位置十分重要。

③ *Israeli Navy a Short History - A Proud Record*, by the IDF Spokesman's Office, p. 1.

④ Telem（1980）p. 26.

这不禁让人们想到，如果德雷克、科洛姆和其他人还在世的话，肯定也会同意这种做法。

美苏两国海军在整个战争期间也表现得非常积极。随着冲突的发展，双方都增加了在这片海域的兵力部署，苏联舰艇总计有 96 艘，创下了有史以来的最高纪录。美苏的目标都是为本地盟国提供支援，并向对方传递重要的信息。双方都希望展示自己在该地区的利益，阻止对方主导地区局势，并确保自己的盟友在军事上不会被彻底击败。两国通过精心控制的海上兵力调动和编成调整，传达某种信息。离开交战区、批准上岸度假和公开可见的降低战备状态的行为，都是克制的标志。

相反，有些情况似乎刺激了两个超级大国采取充满敌意的姿态。为了支持转入三级核战备（Defence Condition Ⅲ nuclear alert）的声明，美国于 10 月 25 日—30 日将 3 艘航母集结在克里特岛（Crete）以南海域。与之相应，苏联海军也将兵力展开成 3 个反航母水面突击群，并针对美军主要干涉手段——第 6 舰队的"硫磺岛"号两栖攻击舰，部署了第 4 个这种突击群。当危机解除之后，任务结束，这些威慑性部署也随之消失。

三、 1982 年福克兰群岛战争 （马岛战争）[①]

本书第一版问世之后不久，许多给我和我的同事们提出过宝贵意见的人乘舰出航，参与了近 40 年来世界上最严重的一场海上战争。1982 年发生的福克兰群岛战争（马岛战争）举世闻名，关于这场战争的书籍、报刊和文章可谓铺天盖地，相关的广播和电视报道也非常多，热度至今丝毫不减。其结果

---

① 译者注：福克兰群岛战争，我国通常译为马岛战争，是英国与阿根廷为争夺南太平洋的马尔维纳斯群岛（英国称为福克兰群岛）的主权，在 1982 年 4—6 月期间爆发的一场战争，是冷战期间规模最大、战况最激烈的一次海陆空联合作战，也是海上战略投送的经典战例之一。

造成公众对于 20 世纪 80 年代的海战概念及其晦涩的缩略语了如指掌，除了此次战争的那些受害者外，每个海上战略家对此都深感欣慰。当然，关于这场战争的经验教训一直以来都存在争议。事实上，有许多人认为整个战争太特殊，太难以再现，如果对此过于重视，反而比过于轻视更加危险。当时英国的国防大臣明确赞同这种观点。①

不管人们得出怎样的具体结论，有一点十分清楚，在 20 世纪剩下的时间里，任何一个研究或者思考海上战略的人，都不能无视这场战争所带来的启示。因此在本书最后用少量篇幅对此内容进行尝试性的探讨，应该是正确的。下述内容不是此次战争过程的又一次简单重复，而是试图就本书中提出的那些不同观点，看一看在南大西洋寒冷海域发生的事件中能够得到多大程度的验证。

（一）海军与外交

在战争爆发前，英阿双方都把海军的兵力机动作为在福克兰群岛（马尔维纳斯群岛）问题上表达本国利益诉求的一种方式。在过去几年里，阿根廷一直把海军作为对当前局势表达不满的一种手段。比如在 1976 年 2 月，驱逐舰"斯托尼海军上将"（Almirante Storni）号强行穿越英国非武装研究船"沙克尔顿"（Shackleton）号的船首。实际上，阿根廷海军一直在寻找机会占领福克兰群岛（马尔维纳斯群岛）。1982 年 3 月，他们把南乔治亚岛（South Georgia）上发生的琐碎的商业事件，作为对英国政府施压的一个理由。海军上将阿纳亚（Anaya）②直截了当地威胁英国，从一开始的试探性行动，到在南乔治亚和福克兰群岛（马尔维纳斯群岛）之间部署两艘强大的护卫舰，彻底反转了当地的军事态势。这两艘军舰的存在迫使英国政府放弃了强行驱离利思港（Leith）阿方人员的想法。③正如撒切尔夫人后来所指出的："我们很

---

① 约翰·诺特认为："在福克兰群岛战争（马岛战争）之后，就让我们不要对海军经费过度热心了吧！"（John Nott，"After the Falklands' Let's Not Go Overboard on Navy Spending!"），《泰晤士报》，1982 年 7 月 27 日。

② 译者注：阿纳亚上将，时任阿根廷海军参谋长。

③ 译者注：3 月 19 日，一个名叫达维多夫的阿根廷商人，带着 60 多人到达南乔治亚岛的利思港，建立营地并升起了阿根廷国旗。英国海军派遣"坚忍"号破冰船搭载 1 个排的陆战队员，试图拆毁这个营地，但被阿根廷海军制止。这个事件成为马岛战争的前奏。

清楚，如果我们用'坚忍'号破冰船强行驱离他们的话，将会面临被阿方完全制止的危险，而且现场还有其他阿方舰船也能够阻止我们。"① 受到此次行动大获成功的鼓舞，阿根廷政府似乎认为这正是詹姆斯·凯布尔所谓的"既成事实型兵力"②（definitive force）的运用实例，于是决定使用给对手造成既成事实的类似方法，试图缩减正常的外交周期。正如4月1日科斯塔·门德斯（Costa Mendez）博士向英国驻布宜诺斯艾利斯（Buenos Aires）大使所说的那样："我认为，既然阿根廷政府认为这件事已经得到了解决，再派人到南乔治亚岛查明事实真相根本就没有意义了。"③

然而，阿根廷似乎以为可以在更大的范围内复制这一胜利。参加"罗萨里奥计划"（Operation Rosario）的兵力规模，之后阿根廷政府强硬外交的态度，以及改变居民生活方式的急迫意图，都足以表明：入侵福克兰群岛（马尔维纳斯群岛）不是为改善阿根廷的谈判地位而采取的简单的象征性行动，而是一种彻底改变形势的持久有效的方法。但是最终结果却变成了一个失败的案例，"既成事实型兵力"没有按照发动者曾经设想的方式左右形势的发展。

多年以来，英国在该地区只有一艘"坚忍"号破冰船和驻守岛上的一支小规模、象征性的海军陆战分队，作为应付小规模突发事件和威慑阿根廷采取大规模、官方冒险行动的手段。事实表明，这些兵力的数量太少，一个目的也无法实现。当意识到英国威慑失效的时候，与1977年初相比，1982年的局势已经发生了明显变化，当时英国政府向该地区派遣了2艘护卫舰和1艘核动力潜艇，用以"增强谈判地位"。虽然阿根廷对这支小型特混编队的存在不是很清楚，但英国设想，"如果谈判破裂，我们可以在该处公开展示这支力量，从而劝阻阿根廷采取军事行动"④。无论这种威慑力量的展示是否有效，

---

① *Telegraph*, 7 May 1982. See also *Falkland Islands Review*. A Report of a committee of Privy Counsellors (London: HMSO, 1983)（hereinafter called The Franks Report）paras 192, 193, 199.

② 译者注：凯布尔把用于外交目的的海军兵力分为四种类型，第一种就是既成事实型。具体内容参见本书第九章第二节"海军外交"。

③ The Franks Report, para 244.

④ Cabinet minutes read to the Franks Committee by the Right Hon James Callaghan MP, *The Times*, 20 Jan. 1983, and statement by Chief of the Defence Staff, Adm. Sir Terence Lewin, Guardian, 31 Jan. 1983.

英国在 1977 年或 1982 年采取的策略当然都属于投机性质。即使是借助于后见之明，也很难对此给出非常明确的结论，这也表明，到底派遣多少威慑力量才能满足具体情况的需要，是一项要求非常高的任务。如果低估了事态的严重性，就有可能纵容对手铤而走险；如果高估了事态，则可能刺激对手采取狗急跳墙的行动。后一种危险，是促使英国政府在冲突初期没有向争议海域派出水面舰艇的原因之一。①

英国面临的另一个难题是地理问题，英国本土距离争议地区和敌人太远。长途跋涉需要很长的时间，因此英国在搞清楚面临的真实情况之前，很难进行决策。唯一的替代方案，就是在当地保持一支能够应对各种可能的突发事件的兵力。但在当时主流的国际惯例之下，这种做法将使通过政治对话和平解决福克兰群岛（马尔维纳斯群岛）争端变得更加困难，并且会产生巨大的军事费用。

阿根廷人错判了英国对于"罗萨里奥行动"的反应，从中也可以看出海军外交是一门很难准确把握的艺术。埃杜阿多·阿利维蒂和内斯特·蒙特内格罗（Eduardo Aliverti and Nestor Montenegro）在《著名的失败者》（*Los Nombres de la Derrota*）一书中，记录了一位受访的阿根廷高级官员（普遍认为是加尔铁里总统②本人）的话："也许最大的错误，在于没有充分估计到英国军事反应的真正量级。"错判的原因之一是英国政府因经济原因而宣布报废"坚忍"号破冰船，布宜诺斯艾利斯把它错误地解读为英国保卫福克兰群岛（马尔维纳斯群岛）的决心开始松懈。弗兰克斯的报告（Franks Report）表明，即使在当时，也有很多人担心这种情况变成事实。③

另一个值得铭记于心的问题是，英国民众对于政府的反应也很吃惊。比如，英国新闻界的决心在事后来看，要比当时看清楚得多。在阿根廷入侵福克兰群岛（马尔维纳斯群岛）之后两天，《观察家报》（*The Observer*）的"社

---

① The Franks Report, para. 224.

② 译者注：加尔铁里（Galtieri），1926 年出生，17 岁从军。在 1976 年推翻民主政府成立军政府的政变中，加尔铁里是支持者，由此获得重用。1980 年被任命为陆军总司令。1981 年 12 月，被阿根廷军人执政委员会任命为总统。任内发起与英国的马岛战争，失败后辞去总统职位并被拘捕，判刑 12 年。2003 年 1 月病逝。

③ The Franks Report, para. 114-118, 287 and 288.

论"问道："政府现在能够采取什么行动呢？如果不准备收复福克兰群岛（马尔维纳斯群岛）并赶走侵略者——这肯定是必须的，那么还能干什么？"当时的民意测验也表明，绝大多数人反对在任何收复福克兰群岛（马尔维纳斯群岛）的方案中让英国人流血。当意识到阿根廷的态度越来越强硬之后，英国的国内舆论当然也发生了变化。但是事件初期英国国内舆论的特点，可能在很大程度上佐证了阿根廷政府的既有判断，即使在英国特混舰队启航之后，阿根廷人仍然把它看作英国人的恫吓。

阿根廷错判的最后一个原因，是他们低估了英国特混舰队的作战效能。特混舰队离开英国不久，新闻通讯社"阿根廷通讯"（Noticias Argentinas）报道：阿政府认为，英国舰队没有搭载足够的陆战兵力以赶走岛上的阿根廷守备部队，英国舰艇都是为了在北约范围内遂行各种任务而研发和装备，缺乏足够的建制空中力量来应对阿根廷的空军。该通讯社认为，英国最终将不得不全面接受阿根廷军政府提出的条件。加尔铁里将军认为，在这种情况下，英国要想发动一次两栖作战是不可想象的，更别提打赢了。海军上将阿纳亚对此更是深信不疑。① 不仅阿根廷政府持这种观点，在1982年4月的美国报刊上，也刊载了许多美国陆海军将领对于英国能否获胜表示怀疑的相关报道。例如《华盛顿邮报》（Washington Post）援引一位美国海军上将的话说："英国海军仅仅是为了完成特定的北约任务而建，因此在这个过程中它已经失去了独立作战的能力。"②

英军将领的确坚信能够赢得最后的胜利，只有少数人认为，如果阿根廷军政府拒绝改变态度，那么两国之间肯定就是"一场无法在军事上速决的，长期、血腥的战役"。正如特混舰队总司令、海军上将约翰·菲尔德豪斯（John Fieldhouse）在阿森松岛所说："我希望人们能够意识到，这是自第二次世界大战以来我们遇到的最困难的事情。"③ 鉴于这种观点甚为普遍，因此阿

① Interview with Oriana Fallaci, *The Times*, 12 June 1982. Also the Sunday Times Insight Team, *The Falklands War* (London: Andre Deutsch, 1982) p. 138.

② *The Washington Post*, 4 April 1982, and *The Wall Street journal*, 27 Apr. 1982.

③ Comment by Admiral Woodward (later Rear-Admiral Sir John Woodward) quoted in the *Guardian*, 29 April 1982, and Admiral Sir John Fieldhouse, quoted in Max Hastings and Simon Jenkins, *The Battle for the Falklands* (London: Michael Joseph, 1983) (hereinafter Hastings & Jenkins) p. 123.

根廷政府判断英国不会做出军事反应也就不意外了，即使英国动武，阿根廷也能够保卫自己。

根据上述简要分析可得出这样的结论：双方都试图把海军作为一种近乎不流血的外交手段，这是一个极为复杂的过程，其中有很多事情可能都搞错了，但大部分是正确的。这种类型的海军外交是一项充满了天然的错判和误解的、艰难而又危险的事业。它的基本功能当然是促进冲突的快速解决，但在 1982 年的福克兰群岛（马尔维纳斯群岛）争端中却没有发挥作用。英国的海上威慑失败了，阿根廷也没有能够按照自己的意愿重塑态势。因此，危机开始滑向了战争。

这是一场极为特殊的战争。正如迈克尔·霍华德所指出的，这场战争不是"双方不惜兵力和财产损失，必须彻底打败对方的……那种总体战争"，而是一场用有限手段实现有限目标的有限战争，有点类似"200 或 300 年前英国和西班牙为了争夺加勒比海岛屿而进行的战争"。[①] 这场冲突清楚地验证了海权在有限战争中的诸多优点，弗朗西斯·培根和朱利安·科贝特等海上战略家对此都有明确的阐述。[②] 这次冲突的克制程度，与黎巴嫩，特别是以色列和巴勒斯坦之间那种更普遍的冲突模式相比，存在着明显的巨大差异。迈克尔·霍华德补充道："如果福克兰群岛（马尔维纳斯群岛）是位于两国接壤的边境地区的话，那么战争升级的危险将非常大。"因为实际情况不是这样，所以这种危险被最严格遵守的有限战争秘密规则控制住了。其中一个是"准确判明政治目标。实施（有限战争）的技巧……在于可用手段与预期目标之间的精确匹配"。还必须承认，"不应把我方兵力的安全看作高于一切，将它与其他同等重要的因素一起进行仔细权衡，是非常重要而且必须要做的事情"[③]。也许最重要的是，要摒弃那种认为战争与和平就像白天与黑夜一样不能同时存在的错误观点，看到交战双方都是在一种持续的暮光昏影中展开行动的，这其中的政治逻辑至少和军事逻辑一样重要。

在这种情况下，每一方的海军行动既是为了实现某种军事目的，也是在

---

① M Howard, 'Invade or Withdraw', *Sunday Times*, 9 May 1982.

② See above, pp. 21, 41.

③ Howard, op. cit.

向对方传递某种政治信息。英国海军陆战队中尉，22 岁的基思·米尔斯（Keith Mills）率领一支陆战分队在南乔治亚岛进行的抵抗，就是运用军队传递国家意志的一个极好例子。米尔斯的目标不是守住该岛——因为这个任务显然超出了他的能力，而是要迫使阿根廷采用武力，从而很好地证明英国对于福克兰群岛（马尔维纳斯群岛）的所有权（其守卫部队已经投降），与属地的所有权是不同的。在击落一架"美洲狮"直升机，并用卡尔·古斯塔夫反坦克火箭和轻武器重创了 1000 吨的"格里科"（Guerrico）号护卫舰之后，米尔斯中尉认为他已经充分表明了自己的立场，于是决定投降。他后来的报告表述："我们确信，福克兰群岛（马尔维纳斯群岛）和南乔治亚岛是两个不同的问题。"①

英国特混舰队的远航及随后的整个军事行动，都可以被视为一种可控的竞争性决心的展示。面对阿根廷政府明显不愿妥协的态度，英国报之以越来越大的压力。首先是特混舰队的出航。向民众公开特混舰队的启航（尽管事实上也很难保密）和兵力编成，都是在向布宜诺斯艾利斯传达英国的威慑信息。甚至特混舰队中的绝大多数人也认为，他们就是这个原本不该出现的吓唬人的庞然大物的一部分，他们对于是否需要投入作战也深感怀疑。接下来英国宣布禁航区（范围和程度不断扩大），并在 4 月 18 日做出向阿森松岛以南进军的关键决定。一周之后，英军占领南乔治亚岛，但这并不意味着谈判大门已经关闭；恰恰相反，英军至少有部分作战行动是为了增加阿根廷的灵活性，进而为形成一个可接受的折中方案增大可能性。② 此后，击落阿根廷飞机、空袭斯坦利机场、袭击佩布尔岛（Pebble Island）以及随后的登陆作战，这一系列的军事行动都是为了确保英国的权利具有实际意义，但也可以看成是极端外交中不断升级的说服性行动。在此次事件中，不可能通过谈判解决问题，于是英国最后只好借助"既成事实型兵力"强行恢复战前状态（status quo ante bellum）。

---

① 援引自《卫报》（Guardian），1982 年 4 月 21 日。译者注：《卫报》《泰晤士报》和《每日电讯报》被称为英国三大报。一般认为《卫报》的政治观点中间偏左，对国际问题持"独立"观点，主要读者是政界人士、白领和知识分子。

② Guardian, 20 May 1982.

在结束对福克兰群岛战争（马岛战争）中海军外交领域的简要分析时，似乎可以得出这样一个教训（如果可以这样称呼的话）：现在的海军兵力能够为冲突双方提供比之前要广泛得多的政治选项。战区位置偏远、人口稀少，这个特点与海空兵力的严格控制使用结合在一起，都有助于政治家把战争控制在有限范围之内。然而，误解和错判的危险仍然存在。相互妥协的可能性越来越小，有时战场上的胜利会导致局势进一步雪上加霜。比如，据《著名的失败者》记载，加尔铁里将军曾要求通过谈判摆脱当前的不利态势，但被阿纳亚海军上将强硬地拒绝了。阿纳亚认为，阿根廷人民对此次战争期望很高，而现在阿军损失又这么大，所以他们不会支持谈判。我们的失败不会让敌人更加理性，只会进一步固化他们的冷漠无情，这种状态下，除了坐等难以置信的结局之外，什么事也干不了。更糟的是，运用军事力量有时可能会导致事态的意外升级。因此，制定细致的交战规则，是实现严密的政治控制的需要，尽管这样也未必保证政治家们能够勒住缰绳以免战争变成脱缰之马。另外，也有人认为，实际情况有时正好相反。① 最后，对于交战双方来说，无论在军事上、政治上和经济上，冲突绝不是一次免费的练习。事实表明，任何一方事先都难以准确地估算出冲突的代价。在这次战争中，阿根廷付出的代价远远超出了预期，而英国的代价则比预期要少很多。

（二）海权的来源与要素

现在，我们来专门讨论一下福克兰群岛战争（马岛战争）的军事问题，即已经充分展示出来的，海权的传统来源和要素对于最终结局的影响。比如，福克兰群岛战争（马岛战争）展示了国家资源和政府类型，在决定海权特点和战时影响海军运用方式等方面的重要作用。人们普遍认为，在事件发生之后，尽管情况不甚明朗，但英国建立的战争管理机制总体上运行非常高效。② 这与阿根廷的情况恰好形成了鲜明对比：阿根廷控制战争的能力受到了政府混乱状态和军种内部尖锐矛盾的严重削弱，这反过来也反映出国家的政治和

---

① Thus Admiral Lewin, *Telegraph*, 26 May 1982. Also Hastings and Jenkins, pp. 230, 256, 311.

② Thus Admiral Lewin, *Telegraph*, 26 May 1982. Also Hastings and Jenkins, pp. 329-330.

经济正濒于崩溃。尤其是乔治·阿纳亚上将和他的"阿根廷共和国无敌舰队"（Armada Republica Argentina）在此次事件中的主导作用，展示了海军在政治上和军事上的危险性，因为他们把自己视为政策的制定者，而不是单纯的执行者。

对于英国来说，主要的困难是在远离本土 8000 海里的极其荒凉的地区，进行一场激烈而且很可能持久的战争。因此，阿森松基地把巨大的后勤挑战降低至可管理的范围之内，其价值无法估量。这个小小的火山岛变成了重新组织、存储和供应各类装备物资的一个不可或缺的中转站。岛上名为"彻夜不眠"（Wide awake）的机场真是名副其实，甚至一度成为世界上最繁忙的空港。阿森松岛作为一个通信中心、演习场和军事航空基地，对于防空飞机（air defence aircraft）、远程侦察机和"火神"轰炸机遂行任务具有重要价值。另一方面，一度丧失的南乔治亚岛和福克兰群岛（马尔维纳斯群岛）提醒我们，如果不能在这些遥远的属地建立起必要防卫的话，它们很可能成为产生战略弱点的一个根源。

海上的自然地理条件对于冲突性质具有很大的决定作用。阿根廷距离这些岛屿要比英国近得多，大约 150 海里①，因此冲突的性质对于双方而言差别非常大。作战行动的效果在很大程度上取决于天气状况。尽管有各种现代技术的辅助，但海上的舰长和船长们，以及岛上的空军指挥官们在观察清晨的天气时，依然和他们的祖先一样惴惴不安。

在这场战争中，商船队对于国家海权的持续贡献得到了最令人信服的展示。3 艘大型客轮、15 艘油轮、8 艘滚装船、1 艘集装箱船、1 艘敷缆船、5 艘拖网渔船、4 艘客货混装船、6 艘散货船、4 艘近海补给船和 4 艘拖船被征用，承担了各种各样必不可少的任务。其中许多船只还必须进行作战改装，变成了直升机母舰、补给船等。在预先未得到通知的情况下，这么多船只能够在几天之内完成改装，我们应该为英国造船厂和修船厂强大的多样化能力点一个大大的赞。海军商船队（merchant navy）共有约 330 名官员和 1170 名

---

① 译者注：马岛距离阿根廷本土约 500 千米（270 海里），距离英国本土 13000 千米（7200 海里）。因此，150 海里的数据可能是作者的笔误。

水手，他们经常在巨大的危险之中工作。皇家舰队辅助勤务队的 21 艘各类船只（主要是油船、补给船和后勤登陆船），也为特混舰队提供了支援，虽然这些对于他们而言都是常规工作。在冲突结束时，海员联合会主席吉姆·斯莱特（Jim Slater）对此进行了非常精练的总结："简而言之，如果没有商船队提供支持，皇家海军的舰艇恐怕只能停在港内了。"①

总之，福克兰群岛战争（马岛战争）表明，海运业的传统力量对于取得现代战争的胜利仍然具有决定性作用，一如马汉和其他人首次证明的那样。此后，技术、政治和经济的发展变化似乎并没有明显减少这些力量的价值，至少在这类有限战争中仍是如此。在战争期间以及战争结束以后，英国海运业的代言人反复指出，这对于未来意味着什么。比如，英国造船协会主席罗伯特·阿特金森（Robert Atkinson, Chairman of British Shipbuilders）认为："如果允许造船能力衰退，对于国家而言将是一个重大损失，国家在危急时刻将无船可用。造船业和航运业一样，属于战略性产业。"②

这种情况也完全符合阿根廷的实际，只是规模更小一些而已。阿海军的辅助船（拖船、运输船和登陆舰）和补给船在攻占福克兰群岛（马尔维纳斯群岛）和南乔治亚岛的行动初期，以及在随后支援岛上新建守备部队的过程中，都发挥了重要作用。就海权的作战手段而言，"阿根廷共和国无敌舰队"是一支均衡的、现代化程度和作战效能都相对较高的区域型兵力，包括 1 艘航空母舰、1 艘巡洋舰、9 艘驱逐舰、5 艘护卫舰、4 艘潜艇和若干辅助船只。较老的舰艇已进行了改装，装备了现代化的导弹和雷达。空军和海军航空兵约有 250 架现代化作战飞机，装备和训练水平（主要由美国、以色列和法国支援）已经明显超出了够用的标准。

阿根廷海军和英国海军之间的战略联系主要有两点。一是两国海军有许多相同的装备，如海王式直升机、飞鱼导弹和 42 型驱逐舰。英国不得不在自己的 42 型驱逐舰上喷涂识别标志，以减少可能出现的混乱。英国也知道阿根廷人能够有效地操纵这些舰艇，因为他们的部分舰员正是在英国接受的训练。

① *Guardian*, 14 May 1982.

② *Telegraph*, 2 June 1982.

例如，在冲突爆发前的几个月，阿根廷的 42 型驱逐舰"圣·特立尼达"号（Santisima Trinidad），在威尔士的阿伯波思（Aberporth in Wales）附近的英国国防部靶场进行了导弹试射。英国海军接受的针对性训练是作战思想和装备完全不同的对手，而现在完全出乎意料，作战对手是一支遵循相同作战原则和使用相同装备的海军。正如英国"无敌"号（Invincible）航母舰长杰里米·布莱克（Jeremy Black）上校曾经说过的："飞鱼对飞鱼，嗯……这好像不太妙。"①

　　二是两国海军（以及空军支援兵力）之间的平衡是动态的，发展趋势对阿根廷极为有利。首先，这次冲突发生在英国防御优先顺序刚刚进行重大调整之后，而这次调整对于英国水面舰艇部队特别不利。对于此次大调整所要求的海军相关工作的冷嘲热讽余音犹在，英国报刊就开始迅速集中地报道特混舰队在即将关门和倒闭的船坞中准备启航的消息了。特混舰队的核心是两艘原计划提前退役的航空母舰（"竞技神"号和"无敌"号，HMS Hermes and Invincible），而且裁员通知已经揣在了数百名舰员的口袋里。实际上，在一线最早参与危机处理的"忍耐"号破冰船，也在退役计划之内。阿根廷海军则恰恰相反，他们正在进行一项重大的装备更新计划〔然而非常奇怪的是，阿根廷在 6 个月之前刚刚退役了主力两栖战舰"坎迪多·德·拉萨拉"号（Candido de Lasala）〕。最近已经和有望获得的舰艇包括在西德建造的 4 艘快速护卫舰和 6 艘高效的 209 型潜艇，数艘"麦科"级（Meko class）护卫舰和更多的飞机、导弹。只可惜阿根廷军政府并没有耐心坚持到战略平衡对其更为有利的时机，因而无法全面掌控局势。

　　尽管自 1945 年以来海军实力每况愈下，但英国此次仍然有能力派遣一支强大的特混舰队，包括 33 艘主力战舰、11 艘小型军舰和 70 多艘各型辅助船只。特混舰队对于突发情况做出如此迅速的反应，充分反映了皇家海军在补给和支援设施上的实力，以及海军兵力内在的灵活性。虽然英国海军是为满足北约作战需要而建，但它并没有变成一支不能承担其他任务的专业性力量。专为反潜作战设计的舰艇，比如"无敌"号和 22 型护卫舰"钻石"号，前者

① Hastings and Jenkins, p. 116.

是轻型攻击型航母，后者装备了"守门员"防空系统，仍然具有执行多种不同任务的综合能力。

特混舰队的主力是两艘航空母舰，其舰载飞机至关重要。其他主力是两艘最近暂缓退役的两栖攻击舰"无畏"号和"勇猛"号（HMS Fearless and HMS Intrepid）——它们的作用不可或缺，以及规模较小但同样重要的潜艇兵力，包括 5 艘核潜艇和 1 艘柴电潜艇。在战争期间，这些作战单元可得到一支由 23 艘驱护舰组成的编队的支援。在当时和随后曾有许多失真、夸大的报道，认为水面舰艇在整体上很脆弱，英国的水面舰艇尤其如此。甚至只有大规模战争才可能出现伤亡，而且也只会给对方造成伤亡。这些观点显然受到了稀奇古怪思想的影响，报刊上一旦登出遇难舰船的悲惨照片，会流传更广。由此产生的神话模糊了一个真正的问题：不是军舰太脆弱〔当然是这样，在福克兰群岛（马尔维纳斯群岛）的战争环境中更是如此〕，而是军舰太容易受伤而无法完成任务。很明显，军舰不行。关于福克兰群岛战争（马岛战争）中水面舰艇的整个争论，实际上是与法国青年学派、与一战时的潜艇制胜论、与两次大战之间的空军制胜论，以及与核时代赫鲁晓夫式怪异海军思想家之间争论的惊人再现，只不过是形式有所不同而已。①

然而，两国海军之间存在的明显差距被许多因素抵消了，这不禁让我们想起了前面已经讨论过的在海上战略中玩弄数字游戏的危险。② 首先，尽管不得不打一场福克兰群岛战争（马岛战争），但英国还有其他一些需要完成的海上任务，因此不可能跟阿根廷一样，把全部的海上力量都集中用于这个方向；其次，阿根廷靠近海战场的地理优势，以及空中力量的数量优势，也能够大大缩小甚至是抵消差距。最后，也是最关键的一点，阿根廷海军可以将与乌拉圭海军公开的联合演习作为掩护，突然登陆福克兰群岛（马尔维纳斯群岛），几乎不给英国一点预警时间，一旦做到了这点，就能够极大地提升在面对仅拥有名义优势的对手时的战略地位。实际上，整场战争都在提醒我们，实现战略上的出其不意仍然是可能的，而且具有太多的明显的军事优势。

---

① Hastings and Jenkins, pp. 36-37, 176-177, 181-183.

② Hastings and Jenkins, p. 88.

（三）战争实施过程

大家都很清楚，在福克兰群岛（马尔维纳斯群岛）进行对抗性登陆将是一次冒险的作战行动。此类登陆作战一直都很困难，在敌人拥有强大海空兵力的情况下遂行这种作战尤为危险。因此，英国海军特混舰队决定在实施大规模两栖作战之前，先对敌人发起一次猛烈的打击。如前所述，在行使制海权之前，首先夺取有效制海权应该是合乎逻辑的。[1] 如果特混舰队能够先打败或者重创阿根廷的海军和（或）空军，那么它就能在更加安全的环境里实施两栖作战。为此，以两艘航母为核心，英军战斗群于 4 月 18 日从阿森松岛南下，把大量的两栖兵力留在后方。

当战斗群的主要兵力进入福克兰群岛（马尔维纳斯群岛）禁区时，它的一支小股兵力已经以零伤亡占领了南乔治亚岛。对阿根廷军队的主要作战行动在 5 月 1 日发起，而此时对阿根廷守岛部队的攻击也已经开始。阿根廷至少有一部分海上兵力接受了这次挑战。由"贝尔格拉诺将军"号（General Belgrano）巡洋舰和两艘驱逐舰组成的一支小编队（79.3 特混大队）在群岛以南占领阵位，另一支规模大得多的编队（分为 79.1 和 79.2 特混大队）在群岛以北和以西占领阵位。这三支编队积极刺探英军的防御部署，被定性为重大威胁。5 月 2 日英军击沉了"贝尔格拉诺将军"号。"5 月 25 日"号航母战斗群在该海域又停留了两天，有迹象表明阿根廷航母企图对英国航母战斗群发动突袭。[2] 但到了 5 月 4 日，"5 月 25 日"号航母战斗群接到命令返回港内。此后再也没有一艘阿根廷的主力战舰驶出过领海。英国海军不费吹灰之力就打败了阿根廷海军，并在后续的战争期间有效地迫使阿根廷海军无所作为，尽管英国海军当时并不完全清楚这一点。

当时阿根廷空军（得到了包括后来"5 月 25 日"号航母舰载机在内的海军航空兵力的加强）并没有实施大的突击行动。在此期间，有几架阿军机（幻影式和堪培拉式各两架，Mirages and Canberras）被击落，英国一艘驱逐舰

---

[1] Hastings and Jenkins, p. 135.

[2] Capt C. W. Koburger, 'Argentina in the Falklands. Glory Manque', Navy International, May 1983.

（"谢菲尔德"号）被击沉，但是阿根廷的大部分空中力量都停留在本土的机场，推测其原因可能是，阿军认为在英军登陆之前在远海进行海空作战不是最有利的选择。事实上，主要的作战行动被推迟了。这表明：首先夺取有效制海权，然后通过主动地、战略性地利用海洋来行使制海权，这种有条不紊的做法已经被证明是行不通的。正如戈尔什科夫上将提醒我们的那样，事实上这种情况普遍存在。①

出于上述原因，双方都是在两栖作战的同时，展开海空优势争夺战。因此，英国特混舰队既要对付阿根廷空军，又要保护登陆作战中的易损舰船。这意味着特混舰队必须分散配置兵力，并将其中一些军舰部署在非常暴露的阵位上。而阿根廷空军或多或少地知道目标的确切位置，其中绝大多数舰艇的位置实际上是固定不变的。搞清了这些外部问题就能够很好地理解，为什么英特混舰队宁可依次执行这两项任务，而阿空军却愿意同时执行这两项任务。

本文并不是要详尽地分析双方在海上优势争夺战中运用的技战术方法，但是，仍然可以总结出几个普遍性结论。第一是关于海空作战。特混舰队几乎自然而然地采用了一种复杂的防空系统，非常类似于1944—1945年太平洋战争末期双方舰队采用的那种系统。英国海军舰艇的数量不足，但需要同时保卫圣卡洛斯（San Carlos）登陆场，支援岸上的地面部队和保护航空母舰，因此不可能在任何时间都具备这种防空系统的全部要素。但至少在理论上，这个系统应当由一个完整的多层同心圆构成。

防空系统的最外层弧线代表了抗击敌空军的最好方法，即打击机场地面上的敌机。尽管没有采取直接轰炸阿根廷空军基地的方案，但特混舰队仍然尽最大努力摧毁了福克兰基地的阿军飞机。比如，对佩布尔岛（Pebble）实施了极为成功的特种突击，特混舰队的"鹞"式战斗机和阿森松岛上的"火神"轰炸机对斯坦利机场进行了空中压制。后者是航空史上距离最远的轰炸行动，这的确是一个非常伟大的成就。这些行动的目标只有一个，就是让阿根廷空军的"幻影""天鹰"或"超军旗"战斗机无法使用岛上的机场。从

① Hastings and Jenkins, p. 191.

英军当时的既有装备来看，实际上也很难实现其他更多的目标。1945 年英国太平洋舰队对先岛诸岛（Sakishima Gunto）[①] 的艰苦作战表明，要让机场彻底丧失功能是多么困难。

阿根廷的相应做法是攻击英国的航空母舰。阿军击沉了"大西洋运输者"号（Atlantic Conveyor）以及船上运载的直升机，取得了一次规模不大但对胜利具有潜在好处的战果。既然与敌近战所带来的好处完全抵不上随之而来的额外风险，特混舰队的航母不得不与敌人拉开距离。确保飞行甲板的安全可靠，实际上是"经典的航母作战方式"[②]。

防空系统的第二层弧线，是在英军编队没有预警机的情况下，利用潜艇和水面舰艇的雷达警戒哨对来袭飞机的航向和性质进行及时识别。当时的积极防御从空中战斗巡逻的舰载"鹞"式飞机，以及担负"导弹陷阱"的舰艇开始。"鹞"式飞机共击落 23 架敌机[③]，建立了超越阿根廷空军的全面优势。这个巨大优势使得"鹞"式飞机在截击阿空军攻击时的威慑作用越来越大。根据阿方资料，阿军在 445 次的出击架次中，只有 302 架次真正到达了预定目标。因此，里卡多·卢塞洛（Ricardo Lucero）中尉说道："我是在第四次试图攻击英军登陆场时被击落的，前三次攻击都因遭到'鹞'式飞机的海上拦截而被迫放弃。我们把炸弹投在水中然后返航，就是为了远离那些飞机。"[④]"鹞"式飞机经常与水面舰艇联合行动，舰艇的高性能雷达能够保障空中截击控制的可能性和有效性。对于水面舰艇来说，有时把导弹系统互补的 22 型护卫舰和 42 型驱逐舰成对地混编成合同作战大队，这就是广为人知的"22-42套装"（22-42 Combo）编队。"考文垂"号（Coventry）驱逐舰在 5 月 25 日被击沉之前，与"大刀"号（Broadsword）护卫舰的配合作战一直非常高效。

防空系统的第三层弧线，是由舰载自卫系统提供的。在圣·卡洛斯登陆

---

① 译者注：先岛诸岛，琉球群岛最南端的岛群，亦称"南琉球群岛"，由宫古列岛和八重山列岛组成，面积约 818.45 平方千米，历史上归琉球国所有。1879 年日本吞并琉球国后，清政府与日本展开多次谈判，未有结果。不论是清朝提出的三分法方案，还是日本提出的两分法方案，先岛诸岛的主权都属于中国。目前日本冲绳县对先岛诸岛行使管理权。但原文中 Sakashima Gunto 的拼写有误，应为 Sakishima Gunto。

② Admiral Woodward quoted in the *Telegraph*, 5 July 1982.

③ Confirmed and probables as claimed in *The Falklands Campaign: The Lessons* (London: HMSO, 1982) p. 45.

④ See Gregory R. Copley, 'How Argentina's Air Force Fought in the South Atlantic War', *Defense and Foreign Affairs*, Oct 1982, and interview with Lt Lucero in the *Telegraph* and other papers, 28 May 1982.

场附近，3—4 艘军舰在福克兰海峡（Falkland Sound）① 的入口内构成一条"炮火线"。其任务是保护两栖舰船（其中包括最易受损的大型客轮"堪培拉"号，以及装载弹药和油料的船只），把自己楔入攻击者与真正目标之间，尽最大可能击落更多的敌机。这是一项危险而残酷的任务，是在没有完全取得空中优势的情况下实施登陆或撤离行动时，经常出现的一种作战样式。将1940 年挪威和敦刻尔克的作战以及 1941 年克里特岛作战的损失与 1944 年诺曼底作战的损失进行对比，就会得到上面的结论。在英军登陆首日，为了这一刻战斗而保存下来的阿根廷空军，集中 72 架飞机独立地对圣·卡洛斯登陆场实施了 12 次空中打击。

英国的防空导弹迫使阿军飞行员降低高度飞行，以错误的角度投下炸弹。这样常常会导致引信失效，并在水面形成跳弹并震坏弹内的构件，炸弹还经常跳过被攻击的舰船之后爆炸，效果大打折扣。这种被迫采取的攻击方法限制了飞行员的战术选择。他们通常会攻击看到的第一艘舰船，即位于"炮火线"上的作战舰艇，而不是攻击停泊在内侧的更为脆弱的其他舰船。毫不奇怪，双方的损失都很大。

从登陆之日起形势已然明朗，阿根廷空军在追求战略目标的过程中失败了。当登陆场的防御配系开始生效〔锚泊舰船的防空武器、岸上部署的"轻剑"（Rapier）防空导弹和其他武器系统，构成了特混舰队完整防空系统的核心〕的时候，形势发生逆转，阿根廷空军的处境极为不利，攻击的成功率明显降低，英军的损失则大为减少。然而，在 6 月 8 日阿空军进行了最后一次大规模攻击，英国护卫舰"普利茅斯"号（Plymouth）在圣·卡洛斯遭到重创，登陆舰"加拉哈德爵士"号和"特里斯特拉姆爵士"号（Sir Galahad and Sir Tristram）在布拉夫湾（Bluff Cove）遭到攻击。登陆舰艇遭袭事件表明，如果英军的防空系统（由于各种原因，在布拉夫湾的防空措施还不是很充分）不是如此成功的话，不知道会发生怎样的严重后果。

在海上，为航母担任警戒的舰艇相当于圣·卡洛斯的"炮火线"。海上的

---

① 译者注：福克兰海峡位于福克兰群岛的西福克兰岛和东福克兰岛之间，呈西南—东北走向，长约 80 千米，宽为 2—32 千米，海峡内多小岛。

主要威胁不是来自常规的炸弹，而是飞机发射的飞鱼导弹，比如在战争初期"谢菲尔德"号就是被一枚飞鱼导弹击沉的。阿根廷海军航空兵此后又发动了两次攻击，一次是在 5 月 25 日，另一次是 5 天之后。特混舰队应对导弹袭击的办法是发射箔条弹，采用其他的欺骗式技术，以及直接击落导弹。"复仇者"号（Avenger）① 护卫舰曾经用 114 毫米（4.5 英寸）舰炮击毁过一枚飞鱼导弹。那些发射导弹的"超军旗"轰炸机几乎都被"鹞"式飞机截击，而"天鹰"式攻击机（必须飞得更近）则会被目标舰击落。但在 5 月 25 日，单独航行、没有护航的"大西洋运输者"号被导弹击中而沉没。6 月 11 日，最后一枚飞鱼导弹在斯坦利港附近由岸上发射，击中了刚刚完成对岸炮击任务的"格拉摩根"号（Glamorgan）驱逐舰。尽管该舰受损，有人员伤亡，但仍可保持航行速度和操纵能力，经抢修之后不久又参加了作战行动。

阿根廷海军的无所作为，把争夺海空优势的战斗基本上变成了阿军飞机与英国舰艇之间的战斗，但并非全部如此。阿根廷有许多小型舰艇和辅助船只在群岛周边积极活动，其中多数被英国飞机击沉击伤，包括在水面航行的"圣菲"号（Santa Fe）潜艇，"独角鲸"号（Narulhal）侦察渔船，一艘武装拖船，几艘巡逻船，一些补给船和支援船。

第二，简要探讨在福克兰群岛（马尔维纳斯群岛）附近海上优势争夺战中的水下作战。在这个隐蔽的水下世界里，特别是在南大西洋反潜作战条件极为恶劣的环境里，要想弄清真实情况是非常困难的。有几份报告反映，5 月 5 日阿军一艘 209 型潜艇"圣·路易斯"号（San Luis）试图攻击英特混舰队，在鱼雷攻击失败之后，该艇在水下被英国舰艇连续追杀了 3 天。不管实际情况是否如此，英国海军反潜作战的传统经验在整个战争中都得到了广泛运用。

当然，此次战争水下作战的主要亮点，是英国潜艇"征服者"号对"贝尔格拉诺将军"号的攻击，作战环境在前面已经谈过。随之出现的更细节的

---

① 译者注：该舰是英国 21 型护卫舰，是在更先进但更昂贵的 22 型护卫舰之前的一款过渡型产品，满载排水量 3600 吨，全长 117 米，宽 12.7 米，最大航速 30 节，续航力 4000 海里。1971—1978 年共建造了 8 艘，F185"复仇者"号最后入列。在马岛战争中，共 6 艘 21 型参战，出色地完成了多项任务；但其弱点也暴露无遗：防空火力太弱，无法有效抗击阿军飞机。在战争中共有 2 艘沉没、2 艘重伤。20 世纪 90 年代，英国让 6 艘 21 型护卫舰全部退役并将其卖给巴基斯坦海军。巴方对其进行了现代化改装，服役至今。

问题是攻击的性质，这个情况表明对于实施攻击的潜艇来说，这种攻击并不像起初想象的那样容易或者没有风险。① 潜艇，即使是核动力潜艇，也不比先前的武器更神奇，能够解决所有问题，罗斯基尔上校把这些武器贴切地称为"单平台谬论"（fallacy of the single weapon）。

然而，这次潜艇攻击使得阿根廷海军自此以后再也不敢出海作战。"谢菲尔德"号被击沉不久，英国在 5 月 7 日的公告中进一步强化了这个信息：在 12 海里领海以外航行的阿方舰艇和飞机，都将遭到英国的攻击。这实质上就是近距离封锁，其新颖之处在于封锁主要由潜艇来执行。这是英国一系列公告的顶点，目的是制止阿方海空军在南大西洋的随意行动。

这些封锁公告可分为两类，因为声明的目的截然不同。第一类公告是为了引起公众注意。这类公告的企图，是通过建立和最大可能地加强福克兰群岛（马尔维纳斯群岛）周边 200 海里的海上禁区，把阿根廷军队封锁在该范围之内。伦敦曾经一度认真讨论过为加强海上封锁而限制英国海军行动的可能性，但提议被当场否决，因为如此一来封锁将耗时更长才会生效，而这将使得特混舰队在恶劣天气和敌方攻击的消耗中变得更加脆弱，并且还将从根本上削弱在这场战争中的政治声势。②

第二类封锁公告是为了提高英国特混舰队自身的安全系数。这类公告有很多（有些并没有引起公众应有的关注），其中特别重要的是 4 月 23 日的公告。除了其他问题之外，英国在公告中希望阿根廷能够清楚这一点，依据联合国宪章第 51 条，"阿根廷军舰的任何接近行动……都将被认定为威胁并干扰英军在南大西洋执行任务，这类行动必将遭到应有的回击"。9 天之后对"贝尔格拉诺将军"号巡洋舰的攻击，就是在这项公告的范围内进行的。此次攻击行动的效果之一，是迫使阿根廷水面舰艇部队退出了战场，对战争结局未发挥任何重要作用。而英国潜艇则保持战备，以确保这种态势持续下去。

有些人认为，面对英国的禁令，阿海军表现得过于消极。福克兰群岛战争（马岛战争）之后，阿空军的《航空航天》（Aerospace）杂志指出："英国

---

① See particularly, the interview with HMS *Conqueror*'s Commanding Officer Cdr C. Wreford-Brown given in Geoffrey Underwood, *Our Falklands War* (London: Maritime Books, 1983).

② Hastings and Jenkins, p. 125.

潜艇在战区的数量很少，不足以有效地监视其所控制的辽阔海域。"① 基于这个观点，有人建议，阿海军应实施更为积极的"存在舰队战略"，这将使英国特混舰队的制海权面临更大的压力，特别是在 5 月 21—25 日这个关键时期里，英特混舰队既要抗击阿空军的突袭，又要掩护圣·卡洛斯的登陆行动。② 但是阿海军什么都没干，它的全部所为只是用最消极的方式保住了海军兵力，使其成为战争结束时英国应当考虑的一个因素而已。

现在剩下的唯一一个问题是，探究英国取得的制海权程度以及利用制海权的情况。这场战争表明，制海权在此类冲突中存在两个方面的问题。第一，制海权非常非常必要。对任何一方而言，海上拒止都是不够的。对英国来说，行使制海权的军事意义（假定作战决心不是长期封锁），在于对岸投送兵力并确保后勤补给。这是对海洋的积极利用，需要具备控制海上事件的相应能力。除非哪天我们拥有了水下航母和水下补给舰，或者只是单纯地实施空中打击，否则要想积极地运用海权显然还需要水面舰艇兵力。即便如此，有时仍可以听到诸如"水面舰艇的黄金时期已经结束了"之类的说法，这也充分说明，通常意义上对于海权的理解也是如此。英国非常清楚这一点，他们振奋精神迎接那些无可避免的危险，他们自我安慰，种种迹象表明这场战争很可能是一场短期战争，因此高战损率不会持续很久。有意思的是，阿根廷对这场战争也持有完全相同的认识。为了夺取福克兰群岛（马尔维纳斯群岛）并长期坚守，需要海上控制能力。阿根廷针对英国特混舰队的行动，并不只是单纯地实施海上拒止。阿海军很清楚，除非最终夺取从海上和空中补给岛上守备部队的自由，否则岛上的阵地终究难以坚守。简而言之，这场战争有力地证明，对于制海权的渴望不仅仅为海洋强国所独有。

战争还表明，制海权是相对的而非绝对的。很明显，英国获得了大部分制海权，但绝非全部。这种情况在海空作战中表现得尤为明显。特混舰队没有足够的力量夺取空中优势，最理想的结果是在有限的时间内建立局部的空中优势。不能指望绝对地实现海上禁区。特混舰队的行动有些类似于海关的

① *Aerospacio*, Sep. 1982, quoted in The Times, 20 Oct 1982.

② Koburger, op. cit.

做法。英国海关希望通过惩罚被捕的罪犯，来震慑其他人，但他们也很清楚漏网之鱼在所难免。特混舰队对福克兰群岛（马尔维纳斯群岛）的封锁没有做到，在当时情况下也不可能做到滴水不漏。换句话说，英国人的制海权不是绝对的。不仅是英国人，任何熟悉情况的人都不指望能够做到这一点。

然而，这种制海权的程度足以保证英国按照书中所述的传统方式来利用海洋，进行人员和物资的运输与补给，实施登陆作战。英国的海上补给线特别长，从理论上讲很容易遭到阿根廷的攻击。5月11日，布宜诺斯艾利斯发布了一份公报称："任何悬挂红色英国商船旗的船只，只要它驶往作战海域或可能对阿根廷安全构成威胁，都将被视为敌意船只，后果自负。"① 对特混舰队来说，最幸运的事可能就是阿海军坚决反对购买英国的"奥伯龙"（Oberon）级潜艇，而他们的209型潜艇的海上破交能力又非常有限。② 然而，英国仍然非常严肃地对待这种威胁。阿根廷在海上破交作战的努力，仅限于5月29日在南乔治亚岛以北350海里处，对"不列颠怀伊"号（British Wye）油船的一次临时发起的无效空袭，以及6月8日对空载的利比里亚"大力神"号（Hercules）油船的一次错误攻击。因此，英国利用海洋作为运输媒介的能力实际上没有受到任何损害。与此同时，英国手中的制海权，却让阿根廷为岛上被围部队进行海上补给的行动难以进行。

英国反对对阿根廷实行全面的商业封锁，因为这件事在军事上不现实，在政治上又很愚蠢，尽管劳埃德保险公司（Lloyd's）发布了一份声明，提出关于战争风险的保险政策不适用于广阔的南大西洋海域，但确实破坏了进出拉普拉塔河（River Plate）③ 的航运。英国规定，特混舰队的作战任务只限于切断福克兰群岛（马尔维纳斯群岛）与阿根廷之间的补给线。5月11日夜晚，英国"活泼"号（Alacrity）④ 护卫舰在福克兰海峡击沉了"埃斯塔多斯岛"号（Cabo de los Estados）补给船，飞机则击沉、击伤数艘企图通过封锁

---

① *Guardian*, 12 May 1982.

② *Telegraph*, 22 May 1982.

③ 译者注：原文为 River Plate，为旧称。现称为 River La Plata。拉普拉塔河是南美洲第二大河流，位于阿根廷和乌拉圭之间，注入大西洋，其河口最宽处达 230 千米，是世界上最宽的河流。

④ 译者注：该舰是英国参战的 6 艘 21 型护卫舰之一，舷号为 F174；退役后被卖给巴基斯坦，被称为驱逐舰，舷号为 184。

线的货船和供应船。英国还曾试图切断阿根廷通往岛上的空中补给线。根据阿根廷《航空航天》杂志报道，从 5 月 1 日到 6 月 14 日，阿根廷空军运输机共飞抵斯坦利港 33 架次，运送物资 450 吨，撤走伤员 264 人[1]，这个数字显然远远低于岛上守军的需要，或者说如果福克兰群岛（马尔维纳斯群岛）的空域未受限制，那肯定是另外一番景象。

第三，现在开始探讨对岸作战。攻占南乔治亚岛和福克兰群岛（马尔维纳斯群岛）的"罗萨里奥行动"，是阿根廷海军全力以赴的作战，动用的兵力包括"5 月 25 日"号航空母舰、6 艘驱逐舰、2 艘护卫舰、1 艘潜艇、1 艘登陆舰和 2 艘运输船（载运第 2 陆战营）以及一些辅助船只。一切都按计划执行，共约 2500 人及其装备登陆上岸。福克兰群岛（马尔维纳斯群岛）的登陆行动本身未遇到抵抗，但英国陆战队的一支小分队在南乔治亚岛利斯港进行的抵抗提示我们，在敌前登陆是多么困难。

英国最后面对的抗登陆作战规模要比这次大得多，并且遇到了极大的军事和后勤困难。重新夺回南乔治亚岛并不像原先设想的那样，是一次外科手术式的精确行动。这些情况提醒英国，在充满危险的环境中事态很容易向错误方向发展，这个提醒非常有用。这次作战行动，也许把在斯坦利港进行完全的诺曼底式登陆作战的哪怕一丝丝闪念，都给彻底清除了。相反，英国做好了长途跋涉的作战准备。

特混舰队有条不紊地经历了大规模两栖作战所有的常规阶段，这主要是因为作战距离太远所造成的复杂情况。特混舰队必须带上需要的每一件东西，并按战斗序列进行打包和运输，而且还要针对丢失和敌方行动所造成的损失，预留适量备份。对于可能登陆地点的侦察任务，由直升机、潜艇和输送上岸的特种小分队完成。英军想方设法通过佯动和牵制性袭扰作战，迷惑和扰乱敌人，有些行动反复进行，事实上成就了这场非常公开化的战争。英国不能奢望实现战略上的突然性，而仅仅希望能够实现战术上的灵活多变。圣·卡洛斯登陆作战从 5 月 21 日开始，英军不得不采用极其危险的方式保卫登陆场，这一点在前面已经讨论过。

---

[1] *The Times* 20 Oct. 1982.

地面部队登陆之后，特混舰队转入对岸作战的第二阶段，即近距离支援。最初由舰炮提供火力支援，这种支援对于陆上作战非常重要，有时甚至是决定性的，这再次打破了战后怀疑主义的疑云。事实证明，海军的舰炮火力支援极为精确，为许多作战行动提供了宝贵的掩护火力，尤其是某些时候能够通过瓦解敌人士气支援陆上作战，在南乔治亚岛的战斗就是一个例证。特混舰队也可为岸上部队提供空中掩护、拦截敌机，用炸弹和火箭摧毁敌岸上的坚固支撑点，等等。英军的此类作战行动与阿空军大多数的无效行动形成了鲜明对比，使梅南德斯少将（Menendez，岛上阿根廷地面部队司令）和阿曼瑞克·达合尔少将（Americo Daher，岛上阿军地面部队参谋长）痛感空中支援的匮乏——尽管"普卡拉"攻击机①的性能优良。② 由于人员和军用物资在陆上运输极为困难，特混舰队的直升机在提高地面部队的机动性和打击力方面贡献巨大——尽管永远无法满足全部需要。最后，特混舰队为支援岸上部队而实施了辅助登陆，比如 6 月 7—8 日在布拉夫湾实施的代价虽大但最终很有效果的登陆作战，以及 6 月 12 日对无线岭（Wireless Ridge）东端发起的牵制性攻击行动。③ 一言以概之，福克兰群岛战争（马岛战争）为传统的两栖作战行动提供了一个堪称范本的战例。

四、结论

通过分析最近发生的海上事件，可以给出三个关于当前海上战略的不成熟的结论。第一，这些海上事件的范围和程度进一步验证而非否定了海洋对

---

① 译者注："普卡拉"攻击机，是阿根廷自行研究的双发螺旋桨式双座攻击机，1969 年首次试飞，1974 年正式投产。在马岛战争中，这款速度慢、看似落后的飞机却非常活跃，取得了令人刮目相看的战绩，但损失也非常严重。

② *The Times* 20 Oct. 1982. and 28 Mar. 1983.

③ Described in Hastings and Jenkins, p. 304.

于绝大多数国家的安全与繁荣具有重要意义的传统观点。和平时期，海洋在经济上的重要性正在增长且将继续增长。关于增长的程度，菲利普·马森（Phillipe Masson）在《海与洋》（*Marines et Oceans*，巴黎：国家印刷局，1982）一书中给出了极好的阐述。很显然，保护和监管海洋经济利益的需求也将进一步增长。鉴于大多数国家的主流态度是避免实际使用武力——这一点非常值得称赞，海洋仍将作为和平时期政治活动的一个重要舞台，只要认真阅读1979年的海上事件记录，上面的例子就可以信手拈来。此外，福克兰群岛战争（马岛战争）与正在进行的黎巴嫩战争之间的反差，也加强了这个观点：在有限战争政治—军事斗争的晨钟暮鼓中控制海上事件，要比控制陆上事件更容易一些。

最近十几年来的事件已经雄辩地证明，海洋对于战争进程的重要影响一如既往。当交战双方被辽阔的海洋隔开时，就像福克兰群岛战争（马岛战争）或者东西方冲突之类的情形，出现上述观点也许毫不奇怪。但是1973年的阿以战争和1979年的历次战争也显示，当邻国之间爆发有限的领土战争时，上述观点依然成立。在这些事件中，海权可为辅助的、次要的目的服务。他们的海军除了互相削弱之外，很难发挥什么作用。但至少这些国家需要去实践海上拒止：他们必须确保敌人不能无代价地利用海洋。一度有人认为，如果埃叙两国海军能够在濒临特拉维夫和海法（均为以色列港口城市）的海域随意行动，那么1973年战争的结果将大相径庭，这表明拒海功能能够轻松地发挥极其重要的战略作用。而且所有的历史经验都表明，至少有部分海上拒止任务必须由恰当的海军兵力来承担。但在类似的1973年阿以战争中，海权的实际作用决不仅限于实施上述拒止任务。简而言之，把海上战略或海权的普遍性观点看作只有历史学家才会感兴趣的故纸堆，这种论点根本不成立。恰恰相反，海权至少仍然跟过去一样重要：海权非常复杂，但并不被陆权或空权所排斥，它仍然经常是影响陆上战争结局的基本因素。

第二，过去的理论和当前的实践都表明，无论是海权还是制海权都不是绝对的，而是一个相对程度的问题。因此，拥有海岸和重大海上利益的国家（这类国家的数量更大的可能是增加，而非减少）都愿意按照比例分配的原则，分享类似的海上优先权。由于这个原因，海权和海上战略的一般概念，不是也不应该被视为蓝水海军所独有的东西，或者是航运大国的固有传统。最近的经验进一步证实，没有哪个国家会把自己的行动仅仅限于单纯消极的海上拒止之中。绝大多数国家都希望在这段或那段时间里，通过某种方式拥有或多或少的利用海洋的能力，以及保护这种能力的能力。因此，绝大多数具有强烈海上进取心的国家，无论是全球性的、区域性的还是地域性的国家，都将需要一定规模的水面舰艇兵力以应对可预见的未来，并相应地形成能够在术语所谓的多元威胁环境中积极行动的能力。大多数国家将继续需要一支能够提供多种手段和能力的舰队，因为只有这样才能保证具备在特殊情况下进行战术或技术迂回的灵活性。戈尔什科夫提出了类似看法：

> 海军的均衡性，体现在构成打击力和防护力的各个要素始终处于最佳的组合状态，此时的海军能够充分实现它的整体效能，即完成从核战争到任何可能战争中不同作战任务的能力。[1]

当然，戈尔什科夫在这里强调的是超级海军的应有能力，但其中的道理适用于任何规模的海军。

小规模海权国家（或者海权强国）能否实现它们自认为需要的均衡海军，当然是另外一回事。这个问题引出了更多的复杂问题，比如高质量与低数量的最佳比例，或者低质量与高数量的最佳比例，以及空中、水面、水下兵力的最佳比例等问题。具体的解决办法主要取决于一系列的具体环境，但是，对于那些殚精竭虑争取最优指导建议的规划人员、设计人员、分析人员、使用人员和大多数基层人员来说，即使为实现正确的均衡而付出巨大代价（更不用说错误均衡所造成的严重危害），也势在必行。

从本次调查中我们可以得出第三个结论，即从过去和现在的经验中仍然可以发现某些相似的有价值的东西。如果说现在的海权目标与过去的海权目标之间存在着许多相似之处，也许不会有人感到意外，但是人们却很少想到，从现在和过去的作战方法之中也经常可以得出某些有用的相似之处。比如，我们可以把福克兰群岛战争（马岛战争）看作导弹系统与反导防御系统之间一场新的殊死决斗，但同时也会看到，特混舰队实施了许多与近 40 年前先辈

---

① Gorshkov (1979) p. 253.

们在太平洋战场实施的相同的作战行动。因此，"新欢"不应当蒙蔽我们端详"故旧"的眼睛。

正是由于这个原因，那些对当代海上战略深感兴趣的人们，如果轻视了马汉、科贝特以及其他思想先贤的话，恐非明智之人——因为这些人的著作可以帮助我们像理解过去一样理解现在。他们的思想之所以价值久远，不在于他们给出了多少答案——因为答案往往自相矛盾或者后来被发现是错误的，而在于他们能够帮助我们确定那些需要思考的问题。鉴于前面所讨论的问题的重要性和复杂性，本书将有助于我们理解核时代的海上战略。